Dietz
Taschen
buch 20

Antje Dertinger

Weiße Möwe, gelber Stern

Das kurze Leben der Helga Beyer

Ein Bericht

Verlag J.H.W. Dietz Nachf.

Mit Rücksicht auf die Persönlichkeitsrechte noch lebender Menschen wurden von mir nahezu alle Namen — auch in den zitierten Dokumenten — geändert. Nicht geändert wurden lediglich die Namen solcher Persönlichkeiten, die inzwischen ohnehin zu allgemeiner, mindestens historischer Bedeutung gelangt sind; unverändert blieben auch die Namen der Familienmitglieder Helga Beyers.

Antje Dertinger Bonn, im Februar 1987

Da es nicht möglich war, alle Rechtsinhaber und -nachfolger für die Abbildungen aufzufinden, bittet der Verlag, eventuelle Ansprüche bei ihm geltend zu machen.

ISBN 3-8012-3020-1

Berlin · Bonn
Godesberger Allee 143, D-5300 Bonn 2
Umschlag: Manfred Waller, Hamburg
Satz: Elco Satz Riemel, Bonn
Druck und Verarbeitung: Clausen & Bosse GmbH, Leck

Printed in Germany 1987

*Dem Andenken
der Kinder
Helga, Jinny und ihrer Freunde.*

Begegnung am Mahnmal

Nein, Anna konnte sich das Grauen nicht vergegenwärtigen. Die nüchternen Zahlen: mehr als 130.000 Frauen und Kinder aus 20 Nationen hierher verschleppt, über 90.000 umgebracht, ermordet, zu Tode gequält, davon 60.000 durch Hunger und Krankheit, 30.000 und mehr vergast, Hunderte im berüchtigten Erschießungsgang durch Genickschuß zu Tode gebracht. So still war es hier. In der Ferne, allerdings, hörte man dann und wann Kettenfahrzeuge über holprigen Boden fahren; das Gelände ringsum war — befremdlich genug — jetzt sowjetischer Truppenübungsplatz. Aber Menschen sah man an diesem Morgen in der Gedenkstätte kaum. Nur jene alte Frau, der Anna nun schon mehrfach begegnet war. Und Robert natürlich, der gerade ein Foto machte, weil er überall auf der Tour durch die DDR fotografierte: Anna, winzig vor dem Mahnmal hockend, vor jener steinernen Frau, die schon seit vielen Jahren — einen erschöpften Menschen tragend, einen Toten vielleicht — in stiller Entschlossenheit über den See schaut, über den zauberhaften Schwedt-See nach Fürstenberg zu. Anna blinzelte in das silbrige Wasser: Seltsam zu wissen, daß Tausende, Tausende von Frauen, gequälte, geschundene, sterbende Menschen diesen selben Blick hatten über den See nach Fürstenberg, jenem kleinen Ort am südlichen Ende der Mecklenburgischen Seenplatte, der, von hier aus betrachtet, nur seinen Kirchturm sehen läßt, damals im Krieg aber mehr als einen beherbergte, der aus der Ausbeutung der Frauen im Lager seinen Gewinn gezogen hat, biedere Bürger und Bauern, von denen der eine oder andere vielleicht noch lebte.

Anna ertappte sich plötzlich bei dem Gedanken: Wie schön es sich auf diesem lieblich gelegenen See segeln ließe. Erschrocken erhob sie sich, ging von dem hier alles überragenden Mahnmal über den freien Platz zum Erschießungsgang, blieb vor den dort niedergelegten Plastiknelken stehen und versuchte sich vorzustellen, was hier geschehen ist, damals: Diese schmale Schlucht, gebildet aus zwei Mauern, Licht von oben und Licht am Ende, Licht aber, das keine Hoffnung bedeutete. „Durch Genickschuß erledigt." Und auf der Mitteilung an die Verwandten stand dann „Herzversagen" oder „Lungenentzündung". Es gibt ja genug Literatur darüber. Doch eine Betroffenheit wollte sich bei Anna auch angesichts des Ortes nicht einstellen; die Greueltaten entzogen sich ihrem Vorstellungsvermögen. Sie ging hinüber zu der tonnenschweren Straßenwalze, die sie von Häftlingszeichnungen her kannte. Zehn bis 14 ausgemergelte Frauen, immer zwei nebeneinander, hatten, mit Schlägen angetrieben wie Vieh, an der eisernen Deichsel ziehen müssen, damit der mühsam sich drehende zylinderförmige Koloß aus Stein die Straßen im Lager plattwalzte, Straßen, welche zwischen Dutzenden von Holzbaracken auch von den Frauen angelegt worden waren.

Sie ging hinein in den früheren Zellenbau, das berüchtigte Lagergefängnis: Zelle um Zelle, Tür um Tür rechts und links, ein schmaler Laufsteg jeweils davor mit Blick in den Gang des Untergeschosses, in dem, wiederum Raum an Raum, die Dunkelzellen lagen. Nun ist dies alles Museum, Gedenkstätte, Ort der Verehrung tapferer Widerstandskämpferinnen. In den Dunkelzellen des Untergeschosses — bis auf zwei, die in ihrem finsteren Zustand belassen worden sind — sah sie, geordnet nach Nationen, Gedenkräume für die Opfer jedes der damals im Lager vertretenen Länder: Polen, die Sowjetunion, die Tschechoslowakei, Frankreich, Belgien, ja, auch Deutschland; aber die meisten Frauen waren aus dem Ausland hierher verschleppt worden. In den Zellen des Obergeschosses dagegen wird der Versuch unternommen, darzustellen, was damals hier geschehen war: Fotos sind ausgestellt, Schrifttafeln, kleine erhaltene Objekte des Alltagsbedarfs, Blechnäpfe für die Wassersuppe, darunter ein Hinweis: „Ein Liter Wassersuppe und 250, später 150 Gramm Brot, das war die Hungerration im Jahre 1944." In einem Glaskasten sah Anna zum erstenmal einen jener dürftigen breit gestreiften Lagerkittel, schmutziges Blau-Grau, dazu Schuhwerk, nein, Pantinen, für Frauenfüße viel zu groß. Aber es war ja nicht darauf angekommen, die auszubeutende Arbeitskraft durch gute Ernährung und witterungsgerechte Kleidung zu pflegen. Nachschub war genug da, kam immer wieder, wurde waggonweise herangeschafft, Transport um Transport. Bei einer zu erwartenden Überlebensdauer von neun Monaten im Konzentrationslager hatte ein an Betriebe ausgeliehener Häftling der SS einen Reingewinn von durchschnittlich 1.631 Reichsmark eingebracht; dabei waren die Mieteinnahmen für die Arbeitskraft von 5,30 Reichsmark pro Tag ebenso berücksichtigt, wie die rationelle Verwertung der Leiche. Nach jahrelanger Erfahrung war eine bereits vorausschauende Buchführung möglich gewesen.[1]

Mahnmal für Helga — Mahnmal für 130.000 Frauen und Kinder: Das ehemalige Frauenkonzentrationslager Ravensbrück ist heute nationale Gedenkstätte der DDR; die Skulptur schuf Willi Lammert.

Vor dem Prügelbock sah Anna die alte Frau wieder. Stumm stand sie da vor dem hölzernen Foltergerät. Und plötzlich wußte das junge Mädchen, warum es bisher nicht angerührt war von all dem, was hier ausgestellt wird. Anna hatte an dem schrecklichen Möbel vorbeigesehen; sie hatte es nicht wahrnehmen wollen. Doch jetzt überwand sie sich, starrte, wie die Frau, auf das hölzerne Gestell, sah zwei nackte dürre Frauenbeine in der vor den Bock montierten Schließe, sah den vornübergebeugten abgearbeiteten, ausgehungerten Frauenkörper mit breiten Lederriemen festgeschnallt auf dem Bock, den Lagerkittel hochgeschoben, den Hintern entblößt. Kein Entrinnen. Und irgendein Folterknecht daneben, ein weiblicher meistens, in Uniform, Stiefeln, einen Stock in der Hand. 25 bis 100 Schläge, je nach Härte der zu vollziehenden Strafe, hatten die Frauen zu erleiden. Sie durften nicht schreien; sie mußten mitzählen, klar und deutlich, eins, zwei, drei . . . hundert — wenn sie nicht schon vorher bewußtlos wurden, den Verstand verloren oder gnädig starben. Die Frau stand noch immer in stummem Entsetzen vor dem monströsen Gerät. Anna schauderte, fröstelte, umschlang sich mit den eigenen Armen, lief hinaus aus diesem Horrorkabinett, hinaus in die Frühlingssonne vor die Lagermauer, vor das Massengrab Hunderter von Frauen und Kindern, schlenderte, immer noch fröstelnd, hinüber zum Mahnmal am See, hockte sich wieder zu dessen Füßen nieder, Massengrab, Museum, Krematorium, Straßenwalze, Erschießungsgang im Rücken, und schaute auf den silbrigen See. Robert, der Freund, sagte glücklicherweise nichts, unterließ es auch zu fotografieren und setzte sich neben sie. Lange saßen sie still da und schauten über das Wasser nach Fürstenberg.

Robert bemerkte zuerst, daß die alte Frau in ihrer Nähe stand. Außer ihnen beiden und den zwei jungen Mädchen im Kiosk des Lagermuseums sowie einem Uniformierten, der auf dem abgelegenen Parkplatz immer wieder ihr Auto umschlich, dabei hineinschaute, als gäbe es dort etwas zu entdecken, war diese Frau immer noch der einzige Mensch weit und breit. Stumm stand sie da und schaute auf das Wasser. Dieses Stückchen mecklenburgische Seenplatte am nördlichen Ende des Havelgebietes hat etwas Beruhigendes. Ein paar Wolken darüber, ein paar winzig kleine, schnelle Wellen, auf denen sich hin und wieder eine Möwe forttragen läßt, vertrocknetes Schilf vom Vorjahr ringsum. Mitte bis Ende sechzig mochte die Frau sein, wie Großmama, dachte

Anna; und aus dem Westen kam sie, das war klar; irgendwie sah man das sofort. Klein war sie, kurz geraten, höchstens einsfünfundfünfzig groß. Ein freundliches, rundes, aber keineswegs volles Gesicht. Über der Nase, die einen ganz leichten Schwung nach oben nahm, eine Brille; deren Fassung war farblich abgestimmt auf das wellige mittelbraune, vielleicht ein wenig nachgetönte Haar. Unter dem breiten Revers des hellen Übergangsmantels schaute der Rollkragen eines feingestrickten hellblauen Pullovers hervor; dazu Handschuhe, Handtasche und Schuhe mit sehr hohen Absätzen aus hellbraunem Leder. Eine gepflegte Mittsechzigerin, dachte Anna nochmals, wie Großmama. Sie schwankte zwischen Neugier und Zurückhaltung. Zu gern hätte sie die Frau angesprochen. Irgendeine besondere Beziehung mußte sie haben zu dem früheren Frauen-KZ, eine persönliche, eine andere, als Anna sie aus bloßem zeitgeschichtlichen, wohl auch politischen Interesse aufbrachte. Und sie stand noch immer stumm da, die Frau, tief versunken in Gedanken, vielleicht auch in Erinnerungen, schaute über den See und nahm die beiden jungen Leute zu Füßen des Mahnmals überhaupt nicht wahr.

Daß ihr plötzlich die kleine Broschüre über „Die nationale Mahn- und Gedenkstätte Ravensbrück" entfiel, war ein Glücksfall. Anna sprang auf in altmodischer Wohlerzogenheit, jedoch nicht ganz uneigennützig; und noch ehe die stumme Besucherin sich hatte bücken können, stand das junge Mädchen vor ihr, reichte das Heftchen hoch und fragte, einige einleitende Floskeln der Entschuldigung über die Zudringlichkeit murmelnd, was die Frau hierhergeführt habe, ob sie womöglich selbst zu den Frauen von Ravensbrück gehört hätte. „Meine Schwester ist hier umgebracht worden", antwortete die Besucherin ohne Überraschung und fügte mit einem geraden Blick in Annas Gesicht hinzu: „Helga war damals so jung wie Sie."

Anna fühlte sich auf eine Weise angerührt, wie sie sie vorher — auch angesichts des schrecklichen Prügelbocks — nicht hatte empfinden können. Alles, was sie an dieser Stätte des Gedenkens gesehen hatte, gewann plötzlich Realität: Sie war damals so jung wie ich. Mit zwanzig Jahren umgebracht? Durch Erschöpfung, Verhungern, Vergasen oder durch Krankheit, Prügel, Erschießen? Totgetrampelt beim Kampf um die Wassersuppe oder gestorben durch nicht mehr ertragbare Demütigungen? Die nationale Gedenkstätte war plötzlich wieder KZ. Die liebevoll dekorierten kleinen Räume der Verehrung von Widerstands-

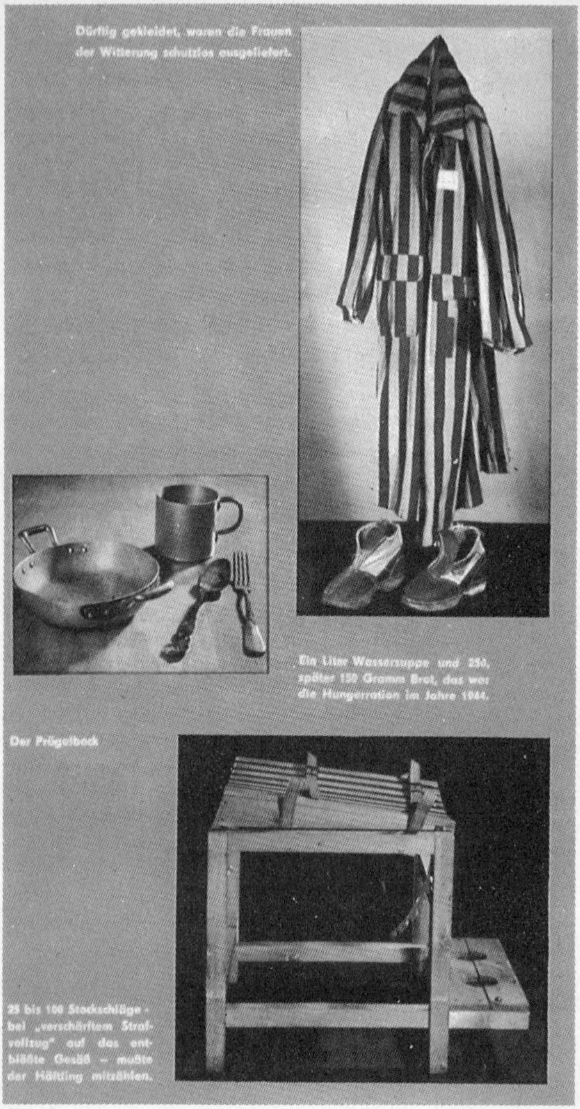

Bilder einer Ausstellung: Kittel, Blechnapf, Prügelbock des Frauen-KZ Ravensbrück erinnern und mahnen.

kämpferinnen aus zwanzig Nationen waren feuchte, finstere, eisigkalte Dunkelzellen. Die längst abgerissenen, dutzendweise aneinandergereihten Holzbaracken standen in ihrer ganzen Trostlosigkeit vor Annas Augen. Die drei eisernen Öfen im Krematorium erinnerten in nichts mehr an eine riesenhafte Brotbackstube. Und an der tonnenschweren Straßenwalze sah das junge Mädchen sich selbst. Als es die Frau bat, mit ihm noch einmal den früheren Zellentrakt anzusehen, drehte diese sich wortlos um, ging mit festen Schritten auf das flache Gebäude zu und begann zu sprechen, unaufgefordert, als wäre sie froh, ihre Erinnerungen nicht allein tragen zu mussen:

„Als ich die Nachricht von ihrem Tod erhielt, war ich schon einige Jahre in der Emigration. Wir sind alle geflüchtet, die ganze Familie, 1938, 1939, spät genug. Nur eine Tante, eine sehr liebe Tante, ist damals hiergeblieben. Sie wollte auf Helgas Entlassung warten und uns dann folgen. Aber im März 1942 erhielt sie eine Urne geschickt, von der man ihr mitteilte, daß sie Helgas Asche enthalte; sie sei an Lungenentzündung gestorben. Damals haben wir das glauben müssen. Wir haben geglaubt, daß sie an Lungenentzündung starb, denn viele Häftlinge starben ja wirklich daran. Und wir haben glauben müssen, daß es ihre Asche war. Heute weiß man freilich durch Überlebende aus Ravensbrück, daß vor dem Krematorium immer ein Haufen Asche lag und daß irgendein Häftling sie in irgendeine Urne schaufeln und den Verwandten mit irgendeiner Begründung zuschicken mußte. Es war eben die Asche von irgendwelchen Opfern."

Dieses „Irgendein" und „Irgendwelches" irritierte Anna. Als noch seltsamer empfand sie die Sprache der Frau: Ein kaum zu bemerkender, ganz leichter amerikanischer Akzent verfremdete einen deutschen Dialekt, der das junge Mädchen an frühe Kindheitstage erinnerte, an den Urgroßvater; der stammte aus Niederschlesien. „Heute weiß ich auch", fuhr die Frau unvermittelt fort, „daß meine Schwester als kerngesunder, ja, man kann sagen: als gut erholter Mensch sicherlich mehr als ein halbes Jahr im KZ hätte überstehen können. Aber genau einen Monat, bevor wir von ihrem Tod erfuhren, war vom Frauenlager aus der erste Transport nach Bernburg ins Gas gegangen."

Sie waren im oberen Trakt des Zellenbaus von Raum zu Raum gegangen und nur hier und da stehengeblieben, vor rührenden, aus Lumpen gefertigten Stoffpüppchen, vor den in drei Etagen übereinander gestapelten Bettgestellen, deren Höhe ein Aufrichten des Körpers nicht erlaubte, vor Fotos, die fast vollkommen skelettierte Frauenkörper in diesen Schlafstellen zeigten, dann noch einmal vor dem Glaskasten, in welchem die Häftlingskleidung ausgestellt war, der grob-gestreifte Kittel und die Pantinen.

„Wir sind Breslauer Juden", sagte die alte Frau nun, ohne daß Anna weitere Fragen gestellt hätte. „Meine Eltern waren 1938 eigentlich als Besucher in die Vereinigten Staaten gefahren, dann aber illegal dort geblieben. Ich war damals schon verheiratet und bekam meinen Mann nach der sogenannten Reichskristallnacht aus Buchenwald frei, weil ich Schiffskarten nach Schanghai vorweisen konnte. Ach", unterbrach sie sich, „das ist eine so lange Geschichte. Jedenfalls dauerte es mit unserer Überfahrt noch eine ganze Weile, denn wir, meine Schwester und ich, hatten unseren Prozeß abzuwarten. Wir hatten in einer jugendlichen Widerstandsgruppe gearbeitet, Helga länger und intensiver als ich, waren aufgeflogen und standen schließlich vor dem Volksgerichtshof in Berlin. Mich sprach man mangels Beweises frei; das gab es damals noch. Helga bekam dreieinhalb Jahre. Ich habe sie nie wiedergesehen. Nur Briefe sind von ihr übriggeblieben, Briefe aus dem Gefängnis; sie waren voller Zuversicht und Hoffnung."

Sie hatten den Zellenbau verlassen, waren wieder hinaus in den Frühling getreten und steuerten, wie magisch davon angezogen, auf den immer noch silbrig in der Sonne glänzenden See zu. Es gab keine Sitzgelegenheit weit und breit, nur ein paar flache Stufen, die vom Platz um das große Mahnmal zum Wasser hinunterführten. Dort saß Robert, der die beiden Frauen beim zweiten Gang durch das Museum nicht begleitet hatte. Sie setzten sich zu ihm und stellten sich nun auch einander vor. Die alte Frau hatte einen slawisch klingenden Ehenamen, den Anna nicht verstand und später noch einmal erfragte. Auf die Schwester, von der sie gern mehr erfahren hätte, mochte sie die Frau zunächst nicht ansprechen; sie empfand eine gewisse Scheu, wollte der alten Dame und ihren Erinnerungen nicht zu nahe treten. Deshalb bat sie, ihnen die „sehr lange Geschichte", die über Schanghai, zu erzählen. Und während Robert die Gesprächspartnerin aufforderte, sich noch einmal zu erheben — er faltete dann umständlich seinen Trenchcoat und bot ihn ihr als Sitzgelegenheit an —, fragte Anna: „Übrigens: Wieso ausgerechnet Schanghai? Das ist doch sehr weit weg."

„Ja", sagte die alte Frau, „Tausende von Kilometern. Aber

Schanghai war für uns Auswanderer, für uns Flüchtlinge damals der einzige Ort, für den wir nur Schiffskarten brauchten — kein Visum, kein Vorzeigegeld."

Sie hatten sich in Bremen eingeschifft. Kleine, positive Erfahrungen waren der Frau in Erinnerung geblieben. „Die Stewards auf dem Schiff waren besonders nett zu uns; oft brachten sie doppelte Essensportionen, weil wir ja so ungewissen Zeiten entgegengingen. Ein Steward schenkte meinem Mann eine weiße Leinenhose, weil er fand, so etwas brauche man dringend in Schanghai. Dann noch dies: Auf Druck einiger Nazis an Bord mußte der Kapitän die jüdischen Passagiere nötigen, den Swimmingpool nur zu gewissen Stunden zu benutzen; demonstrativ gingen daraufhin einige nicht-jüdische Passagiere zu den Zeiten schwimmen, die den jüdischen Gästen vorbehalten waren."[2]

Ausgestattet mit je zehn Mark — das waren damals vier amerikanische Dollars, und mehr durften jüdische Emigranten nicht mitnehmen — waren die beiden in Schanghai angelangt und zunächst durch ein jüdisches Komitee, welches sich um die vielen Flüchtlinge, so gut es eben ging, kümmerte, einer Massenunterkunft zugewiesen worden; vier Personen hatten sich dort ein Zimmer teilen müssen. Die Unterkunft hatte im südlichen Teil der Stadt, im „International Settlement" der Millionenstadt Schanghai gelegen, in jenem exterritorialen Bezirk also, der damals bereits jahrzehntelang dem ausländischen Konsularkorps unterstellt gewesen war. Der nördliche Teil der Hafenstadt dagegen hatte ein Bild der Zerstörung geboten, eine Folge des 1939 schon sieben Jahre währenden Krieges zwischen China und Japan. „Die Unterbringung war natürlich sehr primitiv — keine Küche, kein Badezimmer, kein Spülklosett, nur ein Eimer, der jeden Tag abgeholt wurde. Nach einem halben Jahr war es uns dann möglich, ein eigenes Zimmer zu mieten. Wir lebten sehr elend, versuchten hier und da durch irgendeine Arbeit Geld zu verdienen, hatten es aber bald noch viel schwerer, nachdem Ende 1941 der Weltkrieg den Pazifik-Raum erreicht und Japan die ganze Stadt Schanghai übernommen hatte. Da gab es dann kein International Settlement mehr. Im Gegenteil. Engländer und Amerikaner wurden interniert, und wir Staatenlosen — wir waren inzwischen von Nazi-Deutschland ausgebürgert worden — wurden von den Japanern in so etwas wie ein Getto einquartiert. Eigentlich haben wir dort nur überlebt, weil es den amerikanischen jüdischen Organisationen gelungen war, für uns 20.000 Emigranten über die Schweiz und über Schweden Geld zu schicken. So hatten wir täglich eine warme Mahlzeit und ein Brot. Daß dies im Vergleich zu den Verhältnissen in Europa fast so etwas wie ein Paradies war — das war uns damals und dort freilich nicht bewußt."

Schanghai war für Tausende von Flüchtlingen aus Europa noch jahrelang Zufluchtsort geblieben; und oft mußten sie für Jahre dort bleiben, selbst wenn sie im Besitz aller erforderlichen Unterlagen für eine Einreise in das überwiegend gewählte Zielland USA waren; denn die amerikanische Regierung hatte inzwischen jenes Quotensystem eingeführt, welches jährlich nur einer beschränkten Anzahl von Menschen die Einwanderung gestattete. Die vielen Juden, die aus Deutschland und aus den von Deutschen besetzten Ländern geflüchtet waren, hatten alle lange Wartezeiten in Kauf nehmen müssen. Von ihrer endlich doch erfolgten Reise in die Vereinigten Staaten erzählte die alte Frau, als habe es sich dabei um eine Urlaubstour gehandelt. Aber so etwas ähnliches war es für sie vielleicht ja auch gewesen, dachte Anna.

„Wir kamen schließlich im März 1947, fast zwei Jahre nach Ende des Krieges, in den USA an — nach einer übrigens sehr schönen Schiffsreise auf einem Truppentransporter; denn damals gab es noch keine regulären Passagierschiffe. Die Reise führte uns über Hongkong, wo wir eine Rundfahrt machten, dann nach Manila, das vollkommen zerstört war — der Hafen war voll mit den Masten der versenkten Schiffe —, anschließend nach Honolulu, welches uns wie ein Paradies erschien: schöne, saubere Straßen, vor allem die Geschäfte voll mit den herrlichsten Sachen. Endlich dann San Francisco, eine ebenfalls wunderschöne Stadt. Meine Eltern schickten uns das Fahrgeld für eine Überlandreise mit der Eisenbahn; und so ging es dann quer durch Amerika. Eines der beeindruckendsten Erlebnisse war ein Blick auf die Rocky Mountains, auf denen der Schnee während des Sonnenaufgangs rosa leuchtete. Über Chicago kamen wir nach New York; dort erwarteten uns meine Eltern, die ich fast zehn Jahre lang nicht gesehen hatte. Trotz der Wohnungsknappheit besorgte uns mein Vater eine kleine Unterkunft, Wohnzimmer, Schlafzimmer, Badezimmer, Küche — für uns nach dem Leben in Schanghai etwas ganz Überwältigendes. Mein Mann und ich fanden glücklicherweise auch bald Arbeit, und so begann dann allmählich ein ganz normales — oder, wenn Sie so wollen: bürgerliches — Leben. Wir arbeiteten sehr fleißig und schafften uns sogar nach fünfzehnjähriger Ehe noch ein Kind an. Vor zwei

Jahren", fügte sie dann hinzu und lachte dabei ihre beiden jugendlichen Zuhörer an, „habe ich mit meiner Tochter eine China-Reise unternommen. Und stellen Sie sich vor: Ich habe in Schanghai, in dem riesenhaften Schanghai, das Haus wiedergefunden, in dem sich unser Emigrantenquartier befand; ich habe es meiner Tochter zeigen können."

Nach Europa war die Familie jedoch seither nie gereist; man empfand keinerlei Bedürfnis danach. Ein Treffen Breslauer Juden und in diesem Zusammenhang ausgesprochene Einladungen verschiedener alter Freunde hatten zumindest die alte Frau nun doch hierhergeführt, eigentlich nur nach Western Germany, wie sie sagte. Aber um das Lager zu sehen, in dem die Schwester die letzten Monate ihres Lebens hatte zubringen müssen, habe sie diesen kurzen Besuch in die DDR unternommen, in eine Gegend übrigens, die sie auch in Vorkriegszeiten nicht kennengelernt hatte.

Nachdem die Schwester von der Frau nun wieder erwähnt worden war, meinte Anna, nach ihr fragen zu können. Die Betroffenheit war nicht abgeklungen: Helga war damals so jung wie Sie, hatte die Frau gesagt. Um die zwanzig, also, dachte Anna; und heute wäre sie Mitte sechzig, wäre vielleicht gerade Rentnerin, wäre so aktiv, so reiselustig wie Großmama. Ob sie ein Foto von Helga besitze, wollte Anna nun wissen und nannte die Schwester der alten Frau, als sei sie mit ihr bereits sehr vertraut, beim Vornamen. Ja, sie hatte ein Foto, trug mehrere Bilder in der Handtasche mit sich herum, zog aus einem stabilen Briefumschlag aber nur eines hervor, eine Gruppenaufnahme. Anna, ein wenig zaghaft, nahm das Foto in die Hand: Fünfzehn oder zwanzig Kinder und Jugendliche, Jungen und Mädchen, schauten da vergnügt dem Fotografen entgegen; der hatte die in einem Hof oder Garten stehende Gruppe von einem dort aufgestellten Reck aus aufgenommen. Ein paar Jungen — sie mochten zwischen zwölf und sechzehn Jahren alt gewesen sein — trugen weiße Hemden und ein unter dem Kragen zusammengerolltes Halstuch, das die Knopfleiste der Hemden wie eine breite Krawatte verdeckte; auch einige der Mädchen trugen ein solches Halstuch. „Da in der Mitte", erklärte nun die alte Frau, „das Mädchen mit den Ponyfransen in der Stirn — das ist Helga."

Anna starrte auf das Bild: das kleine Mädchen mit den Ponyfransen in der Stirn, ein rundes Gesicht, sehr große dunkle Augen, ein Lächeln, ein sehr kleines Lächeln um den Mund, den Blick nicht ganz nach oben, dem Fotografen entgegen gerichtet, sondern ein wenig abwesend auf halber Höhe scheinbar etwas suchend.

„Ich müßte eine Weltkarte bei mir haben", unterbrach die Frau Annas Gedanken, „um Ihnen zu zeigen, wohin sie später alle geflüchtet sind — soweit man sie nicht umgebracht hat."

Anna gab das Foto zurück. „Werden Sie auch Breslau besuchen?" fragte sie. „Nein", antwortete die Frau, „die beiden Deutschland, Western Germany and GDR, sind mir ohnehin fremd genug. Und Breslau ist nicht mehr Breslau, sondern eine andere Stadt, die Wroclaw heißt."

Später nahmen Anna und Robert die Frau in ihrem kleinen japanischen Auto mit; sie hatten an diesem Tag denselben Weg. Auf der Straße, die von Greifswald aus dem Norden über Neubrandenburg und Neustrelitz weiter nach Süden verläuft, fuhren sie langsam dahin. Die Äcker ringsum waren voller großer Steine und kleineren Gerölls, dazwischen immer wieder einige Ausläufer der märkischen Seen und hohe zerzauste Kiefern. Kurz hinter Fürstenberg hielt Anna an; begleitet von spöttischen Bemerkungen ihres Freundes, schleppte sie einige besonders schön gestaltete Buntsandsteine von einem der Äcker in den Kofferraum des Wagens. „Für meinen Vorgarten", pflegte Anna bei solchen Gelegenheiten zu sagen und sagte es auch jetzt; selbstverständlich besaß sie keinen Vorgarten, sondern stapelte derartige Reiseerinnerungen in verschiedenen Winkeln ihrer Studentenbude. Dann ging es weiter über Gramzow, Gransee, Löwenberg und Oranienburg nach Berlin-Ost. Sie trennten sich erst von ihrer Gesprächspartnerin aus Ravensbrück, nachdem sie diese am Grenzübergang für Ausländer, an der Friedrichstraße, abgesetzt hatten. Von West-Berlin aus wollte ihre Mitfahrerin am nächsten Tag nach Frankfurt am Main, dann eine Woche später heim nach New York fliegen.

Beim Abschied versprachen sie einander, sich vorher noch einmal in West-Deutschland zu treffen; das kleine Taunusstädtchen, in dem Anna und Robert lebten, liegt nur eine halbe Autostunde von Frankfurt entfernt. Während sie über den Ost-Berliner Spittelmarkt zur Kontrollstelle für Bundesbürger an der Heinrich-Heine-Straße, dann zügig durch Kreuzberg nach dem nahen Neukölln fuhren, wo sie, ganz in der Nähe des Hermannplatzes, eine frühere Schulkameradin besuchen wollten, sann Anna angestrengt darüber nach, warum sie die Frau aus Breslau unbedingt noch einmal sprechen wollte.

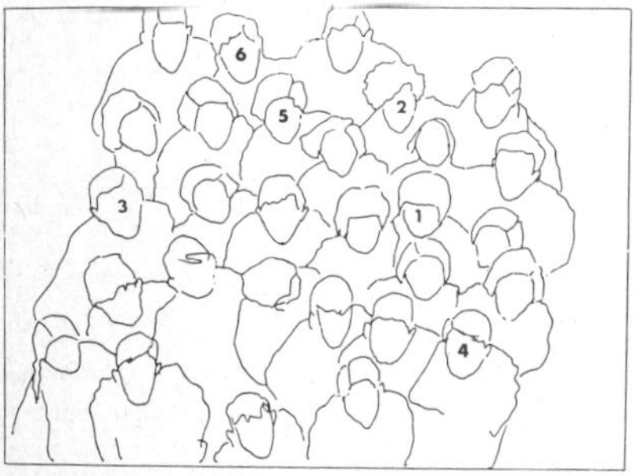

Gruppenbild mit Helga (1): Dieser Schnappschuß aus dem Jahr 1931 zeigt unter anderem ihre Freundinnen und Freunde Sophie (2), Jinny (3), Winfried Geldner (4), Elsa (5) und Urs Colbe (6)

„Helga war damals genauso alt wie ich“, sagte sie unvermittelt zu ihrem Freund, und: „Findest Du nicht auch, daß wir alles über sie herausfinden müssen, was man noch erfahren kann?“ Aber Robert fand das nicht. „Wahrscheinlich“, behauptete er, „wahrscheinlich war sie gar nichts Besonderes; es ging ihr eben wie Tausenden von Juden auch.“ Anna wandte sich enttäuscht ab. Männer, dachte sie, haben ebensowenig Einfühlungsvermögen wie Phantasie. Sie würde es eben allein versuchen. Es gibt außer der Frau, die sie noch einmal treffen würden, sicherlich noch andere Überlebende, vielleicht weitere Verwandte Helgas und Freunde, die davongekommen waren. Ich müßte eine Weltkarte haben, hatte die Frau gesagt, um zu zeigen, wohin sie alle geflüchtet sind.

Anna empfand eine eigentümliche Nähe zu dem Mädchen mit der Stupsnase und den Ponyfransen in der Stirn. Sie versuchte noch einmal, ihren Freund dafür zu interessieren, über dieses Mädchen mehr herauszufinden. Deshalb betrachtete sie nun die Angelegenheit von einer etwas weniger persönlichen Warte. „Es gab neben Stauffenberg und den anderen Männern des 20. Juli viele weitere Widerstandskämpfer, über die jahrzehntelang niemand gesprochen hat. Genauso ist es mit denen, die damals jünger waren. Wir haben in der Schule alles über Sophie Scholl und die Weiße Rose gehört, aber kaum etwas über die Edelweißpiraten und gar nichts über andere jugendliche Widerstandsgruppen. Findest Du nicht, daß es Zeit wird, über diese sogenannten Namenlosen zu sprechen?“ „Wie willst denn Du diese Namenlosen finden?“ entgegnete Robert in nur mäßig interessiertem Ton. „Nach dem Schneeballsystem“, antwortete Anna. „Helgas Schwester lebt, und wir kennen sie. Sie wird uns andere Menschen nennen, die ihrerseits noch Leute aus ihren früheren Kreisen ausfindig machen können.“ Doch während Anna am liebsten sofort mit ihren Nachforschungen begonnen hätte, hielt ihr Freund angestrengt Ausschau nach den Straßenschildern. Es hatte keinen Sinn, mit ihm darüber zu sprechen, stellte Anna traurig fest. „Wir sind gleich da“, sagte sie. „Dort ist schon der U-Bahnhof Hermannplatz.“

1933 — Frühling in einer deutschen Stadt

Der 1. April war ein Sonnabend, damals ein gewöhnlicher Werktag, ein gewöhnlicher Schultag. Helga blinzelte in die Richtung der Tafel und erweckte den Eindruck angestrengter Aufmerksamkeit. Tatsächlich aber folgte sie den Ausführungen ihrer Lehrerin über die Schwierigkeiten der Bruchrechnung mit eher beiläufigem Interesse. In Gedanken war die Zwölfjährige bereits unterwegs, auf der Radtour, die sie mit ihren Wanderbund-Kameraden am Nachmittag unternehmen wollte. Aber daraus wurde nichts, denn an diesem 1. April 1933 ereigneten sich in Breslau — und, wie man bald erfuhr, in allen deutschen Städten — merkwürdige, schreckliche Dinge. Sie waren auf Plakaten angekündigt worden, durch das seit erst zwei Monaten herrschende nationalsozialistische Regime; aber viele hatten die Ankündigung zum ersten reichsweiten Judenboykott nicht ganz ernst nehmen mögen — auch Klara Junker nicht, die an diesem Sonnabend vormittag durch die Stadt ging, um in einem der Textilgeschäfte Kattunstoff zu kaufen; der Sommer war nicht mehr weit, und ihre beiden Nichten, die jüngere Helga und die zwei Jahre ältere Ursel, brauchten dringend leichte Kleider. Zwar hatte Klara Junker die Aufforderung zum sogenannten Judenboykott nicht gerade für einen Aprilscherz gehalten, sondern zwischen Ungläubigkeit und Empörung geschwankt; aber was sie dann auf ihrem Weg in die Breslauer Innenstadt erlebte, übertraf alles, was sie sich unter dem Begriff „Boykott" vorgestellt hatte.

Von ihrer Wohnung in der Sadowastraße nahm sie den Weg zur Kaiser-Wilhelm-Straße, die wenig später übrigens in Straße der SA umbenannt wurde. Hinter der Bahnunterführung wechselte die Straße, die geradewegs zur Altstadt führte, den Namen, hieß nun Neue Schweidnitzer Straße. Nur wenige Schritte waren es von dort bis zum Tauentzienplatz, in dessen Mitte sich das bemerkenswert schlichte Ehrenmal für den einstigen Kommandanten der Festung Breslau, Bogislaw Tauentzien, erhob. Noch ehe sie die Tauentzienstraße, welche den Platz im rechten Winkel zur Neuen Schweidnitzer kreuzte, erreichte, bemerkte Klara Junker eine Unruhe, ein Hin und Her, ein Zurufen und Lärmen, wie es sonst selbst an geschäftigsten Sonnabenden nicht zu vernehmen war. Vor dem Kaufhaus Wertheim am Rand des Tauentzienplatzes beobachtete sie ein Gedränge, als gäbe es etwas umsonst.

Doch niemand gelangte hinein oder heraus. Über die Köpfe der Menschen hinweg konnte sie, obwohl nicht groß gewachsen, erkennen, daß fast alle Schaufenster beschrieben, beschmiert waren: *Jude*!, stand da in halbmetergroßen Lettern; außerdem erblickte sie angeklebte Zettel, rot leuchtend: *Deutsche, wehrt Euch! Kauft nicht beim Juden!* Unglaublich, dachte Klara Junker, geradezu anstößig. Wer war überhaupt „der Jude"? Sie kannte viele, nicht zuletzt dadurch, daß ihre jüngste Schwester Else einen geheiratet hatte. Schließlich kannte ein jeder weitere Juden, einen Arzt, einen Handwerker, einen Anwalt, einen Kaufmann. Aber in Klara Junkers Erwägungen darüber, ob sie die Dienste des einen oder anderen in Anspruch nehmen sollte, hatte die Frage von Glauben oder Abstammung nie eine Rolle gespielt; eigentlich hatte sie, was Juden anging, bis zum heutigen Tag überhaupt keine Meinung. Sie fand sie nett oder belanglos, wie sie überall unter Menschen nette und belanglose fand. Doch nun, da die Juden offenbar für alles Ungemach dieser Welt verantwortlich gemacht werden sollten, für wirtschaftliche und soziale Not, für politisches Versagen, sogar für den verlorenen Krieg, wie man zuweilen lesen konnte, nun empfand Klara Junker Sympathie und Mitgefühl für diese Menschen.

Bei Wertheim würde sie heute jedenfalls nicht einkaufen können. SA-Leute drängten jeden ab, der es trotz allem wagte, sich einem der Eingänge zu nähern. Stumm, breitbeinig, schwarz bestiefelt standen sie da, solange ihnen niemand zu nahe kam; mit einem unwürdigen Kommandoton wiesen sie Hausfrauen zurück, die ihre Besorgungen erledigen wollten. Andere Uniformierte liefen in der Menge hin und her, große Pappschilder vor Bauch und Rücken: *Deutsche, kauft bei Deutschen!* Angewidert wandte sich Klara Junker ab, bog nach links in die Tauentzienstraße, dann gleich nach rechts auf den Anger ein. Dort, im Winkel zum Schweidnitzer Stadtgraben, erhob sich eindrucksvoll die Synagoge; sie wurde die Neue Synagoge genannt, weil sie erst vor knapp sechs Jahrzehnten errichtet worden war. Nach der Berliner galt die Breslauer Synagoge als schönste und größte Deutschlands; beide wurden 1938, in der sogenannten Reichskristallnacht, dem Erdboden gleichgemacht. Doch am 1. April 1933 vergriff sich niemand an der Kultstätte; es gab hier ja weder Geschäfte zu machen noch zu verhindern. Eilig wandte sich Klara Junker wieder nach rechts, ging geradewegs auf das im pompösen Stilgemisch der kaiserlich-wilhelminischen Zeit erbaute Denkmal Wilhelms I. zu. Es war, wie sie fand, ein schreckliches Monument, ein Reiterstandbild auf hohem, durch Treppenaufgänge geradezu erhabenem Sockel, umgeben von steinernen, scheinbar zum Flug sich eben aufschwingenden Adlern, ein platzraubendes Denkmal zudem, zu dessen Bau einst ein gutes Stück der großzügigen Straße am Stadtgraben hatte geopfert werden müssen. Der Platz war allerdings nicht zufällig gewählt worden; hier endete früher Breslau, hier stand ehemals das südliche Stadttor, eines von mehreren, welche das alte Breslau, über den Schutz durch Oder und Stadtgraben hinaus, wehrhaft gemacht hatten. Jenseits des Grabens, der Altstadt zu, hieß die Neue Schweidnitzer Straße nurmehr Schweidnitzer Straße, von den Alteingesessenen kurz „Schwo“ genannt. Sie war eine Prachtstraße, großzügig angelegt, zu beiden Seiten gesäumt von eleganten Wohn- und Geschäftshäusern, aber auch von öffentlichen Gebäuden. Da gab es unter anderem das prächtige, nach Plänen des Baumeisters Langhans um die Mitte des 19. Jahrhunderts errichtete Stadttheater und das etwa zur gleichen Zeit, jedoch im florentinischen Stil der frühen Renaissance gebaute Breslauer Kommandanturgebäude.

Klara Junker hatte allerdings heute für die baulichen Schönheiten, an denen sie vor allem als junges Mädchen so oft vorbeiflaniert war, keinen Blick; niemand hatte einen Blick dafür, denn auch hier waren die Schaufenster beschmiert mit *Jude raus*! und *Deutsche, wehrt Euch*! Kleinere Gruppen von Menschen, als sie sie bei Wertheim gesehen hatte, standen umher und diskutierten. Sie aber blieb nun nicht stehen, ließ die Corpus-Christi-Kirche rechts, die Dorotheen-Kirche links liegen, bog ein in die Karlsstraße, an deren zum Stadtgraben hin gelegenen Seite Schloß, Museum und Hofkirche standen; die Straße endete auf dem Karlsplatz, der einst, der vielen jüdischen Anwohner wegen, Judenplatz geheißen hatte; später, nach dem Zweiten Weltkrieg, als Breslau Wroclaw genannt und mit ganz Schlesien Polen zugeschlagen wurde, war der Karlsplatz wieder Judenplatz: Plac Zydowski. Sie ging weiter nach rechts in die Schloßstraße, die geradewegs auf den Blücherplatz führte. Hier ein Standbild Blüchers, dort eines Friedrichs des Großen. Breslau war reich an Standbildern, ging es Klara Junker durch den Kopf, aber reicher noch an Kirchtürmen, gotischen und barocken, doch am reichsten an Brücken; vierzig sollten es einmal gewesen sein, nun waren es allerdings nurmehr zwei Dutzend.

Während Helga in der Schulklasse ihres zentral gelegenen Gymnasiums ungeduldig auf das Ende des Unterrichts wartete und nichts von dem mitbekam, was außerhalb des Schulgebäudes gerade jetzt geschah, erreichte ihre Tante Klara das Zentrum der alten Innenstadt, kam jedoch nicht mehr so rasch, wie sie wollte, voran. Zwischen den Armen der Unteren und der Oberen Oder auf der einen und dem Stadtgraben auf der anderen Seite konzentrierten sich die großen Geschäftshäuser — und viele von ihnen hatten jüdische Besitzer. Vor dem Textilhaus Bielschowsky an der Ecke Nikolai- und Herrenstraße gesellte sie sich dem kleinen Menschenauflauf zu. *Deutsche, kauft nur bei Deutschen!*, war auch hier an den mit kleinen, leuchtenden Zetteln beklebten Schaufenstern zu lesen. Da kamen die Juden, dachte Klara Junker, gar nicht mehr vor, zählten nicht mehr zu den Deutschen. Gewiß, es gab gerade hier, im Schmelztiegel Breslau, viele Juden polnischer und tschechischer Nationalität, und wer wußte, wozu das für die Betreffenden noch gut sein mochte; aber die überwiegende Mehrheit der Juden war deutsch, seit Generationen schon *„Staatsbürger kann nur sein"*, so pflegte ihr Schwager Adolf Beyer, dessen halbverwaiste Kinder sie betreute, zuweilen empört aus dem nationalsozialistischen Programm zu zitieren, *„wer Volksgenosse ist. Volksgenosse kann nur sein, wer deutschen Blutes ist, ohne Rücksicht auf die Konfession. Kein Jude kann daher Volksgenosse sein."* Ohne in den Schriften der nun Herrschenden je gelesen zu haben, kannte Klara Junker diesen Unsinn doch auswendig, so oft wurde diese sogenannte Philosophie im Hause Beyer diskutiert. Aber für Volk und Vaterland hatte der jüdische Mann ihrer verstorbenen Schwester sein Leben aufs Spiel setzen dürfen. Da hatte — und dies war schließlich erst fünfzehn Jahre her — niemand nach Glaube und Abstammung gefragt.

Ein Plakatträger riß sie aus den Gedanken. Er begnügte sich nicht damit, sein umgehängtes Pappschild umherzutragen, sondern brüllte die Aufforderung, daß Deutsche bei Juden nicht einkaufen sollten, auch noch rhythmisch in die umherstehende Menge, wie um sie zum Mittun, zum Skandieren seiner rassistischen Parolen anfeuern zu wollen. Bei Bielschowsky, jedenfalls, kaufte niemand; die Aufforderung wirkte, keiner traute sich hinein. Das Personal, allerdings nur das jüdische, denn das nicht-jüdische mußte an diesem Tag der Arbeitsstelle fernbleiben, stand hinter der geschlossenen Ladentür, auch hinter den verklebten Schaufensterscheiben und schaute stumm, ungläubig

Attraktion für Touristen gestern und heute: Die Breslauer Altstadt mit dem gotischen Rathaus, im Krieg zerstört, wurde seit den fünfziger Jahren mit viel Geschick rekonstruiert.

und angstvoll hinaus. Niemand drinnen im Geschäft schien ein Wort des Protestes zu wagen. Doch draußen auf der Straße bemerkte Klara Junker zu ihrer Genugtuung nicht nur angstvolles Schweigen, nicht nur gelegentliche Zustimmung zu den Maßnahmen der fast kriegsmäßig ausgerüsteten Nazigarde, sondern zuweilen auch durchaus unbotmäßige Äußerungen. „Und wenn das hier vorbei ist, kaufe ich doch wieder da, wo ich es am günstigsten antreffe!" Die Frau, die das sagte, erhielt zustimmendes Gemurmel der ihr Nächststehenden zur Antwort. Und als ein Mann mit vielen ausschmückenden Einzelheiten, wenn auch in verhaltenem Ton, erzählte, daß ein Haufen SA-Leute die Börse in der Wallstraße hatte stürmen wollen, dann aber, aufgeklärt, daß es sich um gar kein Geschäft handelte, erst recht kein jüdisches, unverrichteter Dinge hatte abziehen müssen, erntete er Gelächter. Es wirkte laut und befreiend.

Helgas Tante, damals schon eine Endfünfzigerin, ging, das hübsche geknüpfte Einkaufsnetz noch leer in der linken Hand, kopfschüttelnd weiter. Bei Lewy an der Reuschestraße, die Königs- und Blücherplatz miteinander verband, bot sich ihr das gleiche Bild wie vor den anderen großen Geschäften: leise diskutierende oder in stummer Empörung schauende Menschen, SA-Trupps als Bewacher der Eingänge Posten stehend, andere Uniformierte als Schilderträger umherlaufend: *Der Jude ist unser Verderben.* Und auf den Litfaßsäulen, die schon Donnerstag und Freitag beklebt worden waren, die Drohung: *Bis Sonnabend früh, 10 Uhr, hat das Judentum Bedenkzeit. Dann beginnt der Kampf. Die Juden aller Welt wollen Deutschland vernichten! Deutsches Volk! Wehr Dich! Kauf nicht beim Juden!* Bei Woolworth allerdings bemerkte Klara Junker geschäftiges Treiben; die Leute gingen ein und aus und kauften offenbar ungehindert. Woolworth klingt jüdisch, dachte sie, und doch scheint die Firma es nicht zu sein; der Name ihres Schwagers, ihrer Nichten, der Name Beyer, klingt deutsch, und doch sind sie Juden. Klara Junker konnte nicht wissen, daß die Geschäfte ausländischer Besitzer von Boykottmaßnahmen verschont blieben, zunächst jedenfalls.[1]

Am Ring — dorthin waren es nun nur noch ein paar Schritte — schien die Welt vollkommen in Ordnung zu sein. Wie immer an Wochenenden hatten sich vor der spätgotischen Fassade des wunderschönen Rathauses Touristen, Fotoapparate vor den Bauch oder vor ein Auge geklemmt, aufgebaut; das uralte Breslauer Rathaus war nun einmal das am häufigsten fotografierte Wahrzeichen der Stadt. Als sich Klara Junker einer der vom Stadtkern wegführenden Straßen zuwandte und dort gleich einer Gruppe rüpelnder Uniformierter begegnete, wurde ihr klar, warum der Ring am heutigen Tag frei von SA-Leuten war: Die vielen fremden Wochenendbesucher Breslaus hätten Anstoß nehmen können. Die Haufen machten einen gar zu erbärmlichen, auf viele Menschen wohl auch bedrohlich wirkenden Eindruck: das martialische Gebaren, die Hakenkreuzbinde am linken Arm, die langen schwarzen Schaftstiefel zu den selten gut sitzenden Uniformen, dazu das Herumtragen von Waffen. Viele sehr junge Leute konnte man unter den SA-Männern sehen, lange Zeit schon Arbeitslose darunter und, wie es schien, auch sonst in mancher Hinsicht zu kurz Gekommene. Hier tobten sie sich aus, rächten sich wohl auch dafür, daß andere besser als sie selbst durch die schwierigen zurückliegenden Jahre gekommen waren. Vor kurzem waren diese Menschen auch noch zu Hilfstruppen der Polizei avanciert und hatten längst die Jagd nicht nur auf Juden, sondern auf „Volksfeinde" jeder Art eröffnet; und wer ein „Volksfeind" war — das bestimmten die Uniformierten häufig genug selbst.

Klara Junker empfand plötzlich das Bedürfnis, eilig nach Hause zu gehen. Das Nähen der Sommerkleider für ihre beiden Mädchen kam ihr nun gar nicht mehr so eilig vor. Wenn dieser ganze Boykott-Spuk vorbei wäre, würde sie noch einmal in die Altstadt gehen und in den ihr vertrauten Geschäften nach hübschen Stoffen suchen. Zügig und ohne weitere Umwege ging sie zurück, wählte kleine Straßen und Gassen und entdeckte, daß sich der sogenannte Judenboykott auch gegen Arzt- und Anwaltspraxen richtete. Rote Klebezettel *Jude* und gelb aufgemalte Flecken verunzierten die sonst stets blank geputzten Messingschilder. *Meidet jüdische Ärzte! Geht nicht zu jüdischen Rechtsanwälten!* Davor wieder uniformierte Plakatträger: *Die Juden sind Euer Verderben!* Vor einer Kanzlei schien sich jemand zu wehren gegen Sachbeschädigung und Verunglimpfung. Ein Gebrüll, ein Gerangel, ein Geschiebe und Geschubse; dann wurde der Mann, großgewachsen war er und weißhaarig, von einem Hakenkreuzler einfach umgestoßen. Klara Junker unterdrückte einen Schrei, wollte sich einmischen, lief dann aber doch weiter, wurde plötzlich von einer schrecklichen Angst überfallen: die neuen Herren könnten sich auch an jüdischen Kindern vergriffen haben. Sie beschloß, Helga von der Schule abzuholen, die Nichte nicht allein durch die Stadt nach Hause gehen zu las-

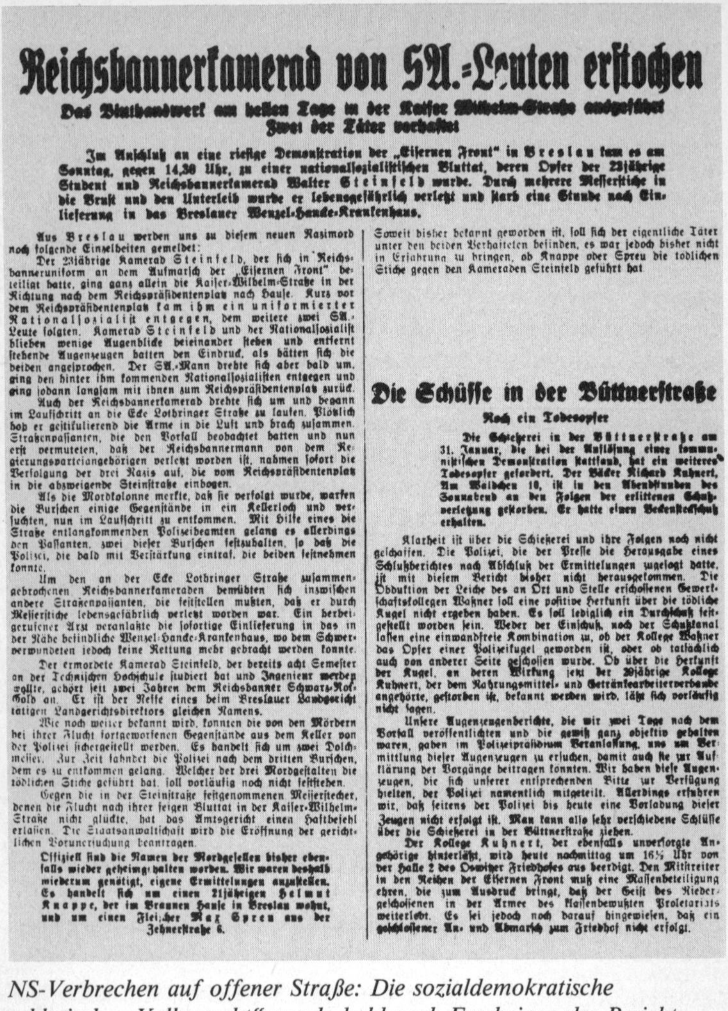

Reichsbannerkamerad von SA.-Leuten erstochen

Das Bluthandwerk am hellen Tage in der Kaiser-Wilhelm-Straße ausgeführt
Zwei der Täter verhaftet

Im Anschluß an eine riesige Demonstration der „Eisernen Front" in Breslau kam es am Sonntag, gegen 14,30 Uhr, zu einer nationalsozialistischen Bluttat, deren Opfer der 23jährige Student und Reichsbannerkamerad Walter Steinfeld wurde. Durch mehrere Messerstiche in die Brust und den Unterleib wurde er lebensgefährlich verletzt und starb eine Stunde nach Einlieferung in das Breslauer Wenzel-Hancke-Krankenhaus.

Aus Breslau werden uns zu diesem neuen Nazimord noch folgende Einzelheiten gemeldet:

Der 23jährige Kamerad Steinfeld, der sich in Reichsbanneruniform an dem Aufmarsch der „Eisernen Front" beteiligt hatte, ging ganz allein die Kaiser-Wilhelm-Straße in der Richtung nach dem Reichspräsidentenplatz nach Hause. Kurz vor dem Reichspräsidentenplatz kam ihm ein uniformierter Nationalsozialist entgegen, dem weitere zwei SA.-Leute folgten. Kamerad Steinfeld und der Nationalsozialist blieben wenige Augenblicke beieinander stehen und entfernt stehende Augenzeugen hatten den Eindruck, als hätten sich die beiden angesprochen. Der SA.-Mann drehte sich aber bald um, ging den hinter ihm kommenden Nationalsozialisten entgegen und ging sodann langsam mit ihnen zum Reichspräsidentenplatz zurück.

Auch der Reichsbannerkamerad drehte sich um und begann im Laufschritt an die Ecke Lothringer Straße zu laufen. Plötzlich hob er gestikulierend die Arme in die Luft und brach zusammen. Straßenpassanten, die den Vorfall beobachtet hatten und nun erst vermuteten, daß der Reichsbannermann von dem Regierungsparteiangehörigen verletzt worden ist, nahmen sofort die Verfolgung der drei Nazis auf, die vom Reichspräsidentenplatz in die abzweigende Steinstraße einbogen.

Als die Mordkolonne merkte, daß sie verfolgt wurde, warfen die Burschen einige Gegenstände in ein Kellerloch und versuchten, nun im Laufschritt zu entkommen. Mit Hilfe eines die Straße entlangkommenden Polizeibeamten gelang es allerdings den Passanten, zwei dieser Burschen festzuhalten, so daß die Polizei, die bald mit Verstärkung eintraf, die beiden festnehmen konnte.

Um den an der Ecke Lothringer Straße zusammengebrochenen Reichsbannerkameraden bemühten sich inzwischen andere Straßenpassanten, die feststellen mußten, daß er durch Messerstiche lebensgefährlich verletzt worden war. Ein herbeigerufener Arzt veranlaßte die sofortige Einlieferung in das in der Nähe befindliche Wenzel-Hancke-Krankenhaus, wo dem Schwerverwundeten jedoch keine Rettung mehr gebracht werden konnte.

Der ermordete Kamerad Steinfeld, der bereits acht Semester an der Technischen Hochschule studiert hat und Ingenieur werden wollte, gehört seit zwei Jahren dem Reichsbanner Schwarz-Rot-Gold an. Er ist der Neffe eines beim Breslauer Landgericht tätigen Landgerichtsdirektors gleichen Namens.

Wie noch weiter bekannt wird, konnten die von den Mördern bei ihrer Flucht fortgeworfenen Gegenstände aus dem Keller von der Polizei sichergestellt werden. Es handelt sich um zwei Dolchmesser. Zur Zeit fahndet die Polizei nach dem dritten Burschen, dem es zu entkommen gelang. Welcher der drei Mordgestalten die tödlichen Stiche geführt hat, soll vorläufig noch nicht feststehen.

Gegen die in der Steinstraße festgenommenen Messerstecher, denen die Flucht nach ihrer feigen Bluttat in der Kaiser-Wilhelm-Straße nicht glückte, hat das Amtsgericht einen Haftbefehl erlassen. Die Staatsanwaltschaft wird die Eröffnung der gerichtlichen Voruntersuchung beantragen.

Offiziell sind die Namen der Mordgesellen bisher ebenfalls wieder geheimgehalten worden. Wir waren deshalb wiederum genötigt, eigene Ermittelungen anzustellen. Es handelt sich um einen 21jährigen Helmut Knappe, der im Braunen Hause in Breslau wohnt, und um einen Fleischer Max Spren aus der Zehnerstraße 6.

Soweit bisher bekannt geworden ist, soll sich der eigentliche Täter unter den beiden Verhafteten befinden, es war jedoch bisher nicht in Erfahrung zu bringen, ob Knappe oder Spreu die tödlichen Stiche gegen den Kameraden Steinfeld geführt hat.

Die Schüsse in der Büttnerstraße

Noch ein Todesopfer

Die Schießerei in der Büttnerstraße am 31. Januar, die bei der Auflösung einer kommunistischen Demonstration stattfand, hat ein weiteres Todesopfer gefordert. Der Bäcker Richard Kuhnert, Am Wäldchen 10, ist in den Abendstunden des Sonnabend an den Folgen der erlittenen Schußverletzung gestorben. Er hatte einen Beckensteckschuß erhalten.

Klarheit ist über die Schießerei und ihre Folgen noch nicht geschaffen. Die Polizei, die der Presse die Herausgabe eines Schlußberichtes nach Abschluß der Ermittelungen zugesagt hatte, ist mit diesem Bericht bisher nicht herausgekommen. Die Obduktion der Leiche des an Ort und Stelle erschossenen Gewerkschaftskollegen Waßner soll eine positive Herkunft über die tödliche Kugel nicht ergeben haben. Es soll lediglich ein Durchschuß festgestellt worden sein. Weder der Einschuß, noch der Schußkanal lassen eine einwandfreie Kombination zu, ob der Kollege Waßner das Opfer einer Polizeikugel geworden ist, oder ob tatsächlich auch von anderer Seite geschossen wurde. Ob über die Herkunft der Kugel, an deren Wirkung jetzt der 29jährige Kollege Kuhnert, der dem Nahrungsmittel- und Getränkearbeiterverbande angehörte, gestorben ist, bekannt werden wird, läßt sich vorläufig nicht sagen.

Unsere Augenzeugenberichte, die wir zwei Tage nach dem Vorfall veröffentlichten und die gewiß ganz objektiv gehalten waren, gaben im Polizeipräsidium Veranlassung, uns um Vermittlung dieser Augenzeugen zu ersuchen, damit auch sie zur Aufklärung der Vorgänge beitragen könnten. Wir haben diese Augenzeugen, die sich unserer entsprechenden Bitte zur Verfügung hielten, der Polizei namentlich mitgeteilt. Allerdings erfuhren wir, daß seitens der Polizei bis heute eine Vorladung dieser Zeugen nicht erfolgt ist. Man kann also sehr verschiedene Schlüsse über die Schießerei in der Büttnerstraße ziehen.

Der Kollege Kuhnert, der ebenfalls unversorgte Angehörige hinterläßt, wird heute nachmittag um 16½ Uhr von der Halle 2 des Oswitzer Friedhofes aus beerdigt. Den Mitstreiter in den Reihen der Eisernen Front muß eine Massenbeteiligung ehren, die zum Ausdruck bringt, daß der Geist des Niedergeschossenen in der Armee des klassenbewußten Proletariats weiterlebt. Es sei jedoch noch darauf hingewiesen, daß ein geschlossener An- und Abmarsch zum Friedhof nicht erfolgt.

NS-Verbrechen auf offener Straße: Die sozialdemokratische schlesische „Volkswacht" wurde bald nach Erscheinen des Berichts über den Mord an Walter („Molly") Steinfeld verboten.

sen. Und als sie, schon ein wenig atemlos, die Kaiser-Wilhelm-Straße entlanglief, erinnerte sie sich des Mordes, der einige Wochen zuvor in eben dieser Straße verübt worden war, erinnerte sich auch der Schlagzeile in der „Volkswacht", die ihr Schwager gelegentlich kaufte: *Reichsbanner-Kamerad von SA-Leuten erstochen — Das Bluthandwerk am hellen Tage in der Kaiser-Wilhelm-Straße ausgeführt — Zwei Täter verhaftet*[2]. Walter Steinfeld hieß das Opfer; aus irgendeinem Grunde wurde er von seinen Freunden Molly genannt. Er war erst 23 Jahre alt gewesen, Student und Mitglied des Reichsbanners, das einst gegründet worden war zum Schutz der jungen und früh schon gefährdeten Republik.

Klara Junker hatte die Augusta-Schule erreicht. Sie hätte nicht so rasch laufen müssen; der Unterricht war noch nicht beendet. Während sie vor dem Ausgang des Gebäudes auf und ab ging, erinnerte sie sich in immer mehr Einzelheiten des Artikels aus der „Volkswacht". In Brust und Unterleib hatte man den jungen Mann mit einem Messer gestochen, als er friedlich nach einer Demonstration der Eisernen Front auf dem Nachhauseweg war: drei SA-Leute gegen einen Reichsbanner-Mann. Es gab Zeugen des Verbrechens. Die einen kümmerten sich um den Schwerverletzten, die anderen nahmen die Verfolgung der Täter auf. Während zwei von ihnen mit Unterstützung der Polizei sehr bald gefaßt wurden, starb Molly Steinfeld im Wenzel-Hancke-Krankenhaus. Aber das, ging es Klara Junker durch den Kopf, war ja nicht der einzige politische Mord zwischen Machtergreifung und Judenboykott in Breslau gewesen. In der Büttnerstraße hatten die uniformierten Helfershelfer der damals erst wenige Tage Regierenden einen Gewerkschafter erschossen. Als er kurz darauf auf dem Gräbschener Friedhof bestattet wurde, hatten sich Tausende von Mitgliedern der immer mehr sich zersplitternden linken Gruppen zur Trauerfeier versammelt, Anhänger der Sozialdemokratie und Kommunisten, Mitglieder der Eisernen Front und der Gewerkschaftsbewegung, auch Vertreter der Sozialistischen Arbeiterpartei Deutschlands, die sich von der Sozialdemokratie abgespalten hatten. Nur wenige Abordnungen mit roten Fahnen und bunten Kränzen, so hatte Klara Junker gehört, hatten in die Halle des Krematoriums eingelassen werden können; viele der Mittrauernden verharrten draußen in stummem Gedenken, aber auch in schweigendem Protest. Das Schrillen der Schulglocke riß Klara Junker aus den Gedanken.

Helga war ein frohes, lebhaftes und überaus intelligentes Kind. Wenn die Schulnoten gelegentlich schlechter ausfielen, als sie ohne Mühe hätten ausfallen können, dann lag dies an den vielen Dingen, die Helga weit mehr bedeuteten als Klassenarbeiten und Zeugnisse. Sie war dennoch eine erfolgreiche und angenehme Schülerin, deren Ziel es war, einmal gute Abschlußzensuren zu erhalten und dann Medizin zu studieren; Ärztin wollte übrigens auch Ursel, ihre Schwester, werden, obschon es in der Familie Beyer keinerlei Tradition hinsichtlich dieses Berufsfeldes gab. Mit knapp dreizehn Jahren — so alt war Helga an jenem 1. April 1933 — war sie ein etwas pummeliges Mädchen, ein Tatbestand, der ihr noch einige Zeit lang Kummer bereitete. Die beiden Beyer-Mädchen waren nicht groß von Gestalt; auch als sie später das Backfischalter hinter sich hatten, erreichte ihre Körperlänge nur wenig mehr als eineinhalb Meter. Das dunkelbraune glatte Haar trug Helga in der damals sehr modischen Pagenfrisur. Die Ponyfransen, welche die Hälfte der hohen Stirn bedeckten, ließen ihr Gesicht runder erscheinen als es tatsächlich war. Obgleich man ihr irgendwelche Eitelkeiten sonst nicht anmerkte, verriet sie eine gewisse Koketterie doch dadurch, daß sie es lange Zeit ablehnte, eine Brille zu tragen. Helga litt an einer früh erworbenen Kurzsichtigkeit; das Fehlen der Brille gab ihrem Blick oft etwas Angestrengtes, Bemühtes und ihrem ganzen Gesicht zuweilen eine Ernsthaftigkeit, die ihrem Alter und ihrem Temperament durchaus nicht gemäß war. Helgas Augen waren dunkel und sehr groß; manchmal schauten sie, wie Klara Junker dies sehr treffend kennzeichnete, etwas traurig nach innen. Doch im Grunde war Helga ein frohgestimmtes Kind, das die ein wenig nach oben geschwungene Nase selbstbewußt und neugierig in die Welt steckte. Als erstaunlich empfand jeder das Schriftbild Helgas. Wer Briefe von ihr sah, Aufsätze oder irgendwo notierte Lieder- und Gedichttexte, glaubte, es handelte sich um die Handschrift einer erwachsenen, reifen Persönlichkeit; und nichts deutete darauf hin, daß Helga Linkshänderin war. Tatsächlich war Helga reifer als die meisten Gleichaltrigen; doch das fiel im Umgang mit ihr selten auf, weil ihre lebhaften Bewegungen und Gesten durchaus altersgemäß erschienen.

Keinen Moment lang glaubte Helga, daß ihre Tante, wie diese behauptete, rein zufällig an der Schule vorbeigekommen sei. Auf dem kurzen gemeinsamen Heimweg sah sich Helga neugierig, doch ohne Angst um. In der Schule war an diesem Tag selbstverständlich darüber gesprochen worden, daß und warum die Geschäfte der Juden zu boykottieren wären. Auch der gutwilligste Lehrer hätte das Thema nicht vermeiden können; zu der exemplarischen Maßnahme — als solche wurde sie bezeichnet — war schließlich im Rundfunk, durch die Zeitungen, an den Anschlagsäulen aufgefordert worden. Helga war dies alles rätselhaft. Die scheinbar plötzliche Veränderung menschlichen Verhaltens wirkte auf sie äußerst irritierend; dabei war ihr freilich nicht bewußt, daß nichts wirklich plötzlich geschah. Auf dem Nachhauseweg erzählte sie ihrer Tante von einer Klassenkameradin, die eifrig der Lehrerin nachgeplappert hatte: Wenn doch die Juden unser Unglück seien, wolle sie mit denen — und dabei hatte sie unter anderem zu Helga hinübergeschaut — nicht mehr den Klassenraum teilen. Keine der Mitschülerinnen hatte dem zugestimmt; vielmehr hatte betretenes Schweigen geherrscht, war eine Stille eingekehrt, wie man sie sonst höchstens beim Schreiben von Klassenarbeiten erlebte. Das Mädchen hatte auf seine Bemerkung übrigens keine Antwort erhalten; die Lehrerin hatte von irgendwelchen Entwicklungen gesprochen, die noch nicht abgeschlossen wären, und vom Aufbruch in eine neue Zeit.

Auf dem Heimweg kamen sie an der Praxis eines Anwalts vorbei, den Helgas Vater gelegentlich zu Rate zog. Auch dessen Kanzleischild war rot beschmiert: *Jude.* So befremdlich Helga diese roten Lettern auf weißem Emailgrund fand, so lebhaft mußte sie in diesem Augenblick doch an einen anderen Juristen denken, der als Anwalt der Armen galt, als Sozialist und streitbarer Gegner der Nationalsozialisten, deren Opfer er bereits geworden war. Den Dr. Ernst Eckstein hatte Helga zwar nie gesehen; doch das Heim der Partei, die er in Breslau aus Opposition gegen die alte Sozialdemokratie unter dem Namen Sozialistische Arbeiterpartei Deutschlands gegründet hatte, das SAP-Heim also, lag nur einen Steinwurf weit entfernt vom Heim jener Gruppe, der Helga sich nach und nach anzuschließen begann. Und unter den jungen Leuten der einen und der anderen Gruppe gab es viele Kontakte von hüben nach drüben. Man war sich schließlich einig in der Ablehnung des neuen Regimes. Während sich Klara Junker, die von ihren beiden Nichten übrigens Tante Klurchen genannt wurde, nach der Rückkunft um die Zubereitung des Mittagessens kümmerte und beim Hin und Her zwischen Küche und Wohnzimmer von ihren Beobachtungen und Erlebnissen beim Gang in die Altstadt berichtete, interessierte sich Helga mehr für das Schicksal Ernst Ecksteins und verwickelte den Vater in ein Gespräch über ihn. Schließlich war Eckstein einmal Vorsitzender des sozialdemokratischen Ortsvereins Breslau gewesen; schließlich hatte die Mutter dieser Partei einmal angehört, und beide Eltern pflegten sie zu wählen.

Ernst Eckstein, bei seinem Ausschluß aus der SPD im September 1931 erst eben 30 Jahr alt, hatte sich in der vorangegangenen Zeit immer mehr von der Sozialdemokratie entfernt; er war keineswegs der einzige, der deren Wehrpolitik nicht gutheißen konnte und die Tolerierung der Notverordnungspolitik durch seine Partei heftig und öffentlich kritisierte. Die SPD auf der anderen Seite war nicht zimperlich im Umgang mit oppositionellen Mitgliedern. Eine wahre Ausschlußkampagne fand statt, und sie erfaßte skurrilerweise nicht nur reichsweit bekannte Politiker, sondern auch Austräger von Zeitungen und Zeitschriften der innerparteilichen Opposition; gelegentlich wurden Entscheidungen über Ausschlüsse von Mitgliedern nicht auf höchster Parteiebene, sondern auf regionaler und lokaler Basis mit schneller Hand getroffen, sofern die Kritiker dem nicht durch freiwillige Austritte zuvorkamen. Noch bevor die sozialdemokratische Opposition am 4. Oktober 1931 in Berlin zu ihrer ersten Reichs- und damit zur Gründungskonferenz zusammengekommen war, hatte sich in Breslau der erste Ortsverein der neuen Partei konstituiert; später allerdings stritten sich die Breslauer und die Klingenthaler im Vogtland um den Ruhm, die erste SAP-Ortsgruppe ins Leben gerufen zu haben. Es war turbulent dabei zugegangen; und für den, der sich dafür interessierte, blieb zeitweise unklar: Welche war nun in Breslau die echte Sozialdemokratie? Immerhin waren Tausende von Menschen aus Breslau und aus der niederschlesischen Umgebung am 2. Oktober dem Aufruf zu einer Konferenz der oppositionellen Sozialdemokraten gefolgt. Und schon anderntags berichtete ein Extrablatt der „Fackel" unter der Überschrift *Die Sozialistische Arbeiterpartei Deutschlands ausgerufen!* darüber. Damals, so erinnerte sich Adolf Beyer, hatten sich die Leute auf dem „Schießwerder" treffen wollen; aber die Parteibürokratie hatte den Genossen den Saal nicht genehmigt. Eckstein hatte dann den „Bergkeller", Saal und Garten, zum Treffpunkt bestimmt, ein an sich geräumiges Lokal; doch viele hatten dennoch keinen Einlaß gefunden. Die Versammelten hatten sich dort mit den bereits ausgeschlossenen

Parteimitgliedern der SPD solidarisiert und das ganze deutsche Proletariat zur Bildung der Sozialistischen Arbeiterpartei Deutschlands aufgerufen. Dabei hatte man betont, daß man eigentlich keine neue Spaltung in die Arbeiterklasse tragen wollte, jedoch anders keinen Weg sähe, *fern von jeder Putschtaktik die durch die Wirtschaftskrise immer mehr Ausgebeuteten und Unterdrückten in einer Partei sozialistischen und revolutionären Willens zu sammeln*"[3]. So war damals, bei der Gründung der SAP Groß-Breslau, argumentiert worden.

Als Helga sich mit ihrem Vater über Ernst Eckstein und seine Partei unterhielt, im April 1933, hatte sich die SAP bereits als stärkste unter den linken Gruppierungen neben den sogenannten etablierten Parteien erwiesen, und sie sollte es — zumindest in Breslau während der Zeit des illegalen Kampfes — bleiben. Übrigens waren die Breslauer SAP-Leute mit Recht stolz darauf, die Lassalle-Fahne, die, wie man sagte, älteste Parteifahne der deutschen Sozialdemokratie, gerettet zu haben. „Einigkeit macht stark" war in das rote Tuch gestickt. Und Einigkeit wäre spätestens in der Phase der zugrundegehenden Weimarer Republik das Gebot der Stunde gewesen. Aber die war nicht mehr herbeizuführen; und so kämpfte jede Gruppe für sich, die kleinsten am entschiedensten.

Ernst Eckstein, immer geradeheraus, immer kompromißlos, immer Anwalt der Armen auch außerhalb seiner Berufstätigkeit, wurde in Breslau zum ersten, in einem KZ zu Tode gefolterten Opfer der nationalsozialistischen Herrschaft. Es hieß später, Verwandten sei es gelungen, dem schwer mißhandelten, ohnehin sensiblen und körperlich schwachen Eckstein Tabletten ins Lager zu schmuggeln, mit deren Hilfe er den zum Tod führenden Qualen der Schergen vorzeitig ein Ende habe machen können. Als er im Mai 1933 begraben wurde, waren große Kundgebungen der Trauer nicht mehr möglich. Aber jede Woche war sein Grab auf dem Friedhof an der Gräbschener Straße mit frischen Blumen geschmückt. Zehn Wochen hatten die SA-Leute im Lager Breslau-Dürrgoy gebraucht, um ein so kämpferisches Leben zu beenden.

Dürrgoy liegt im Südosten der Stadt Breslau. Rasch nach ihrer Machtübernahme hatten die Nationalsozialisten dort ein erstes Konzentrationslager eingerichtet. Es war ein armseliges, kleines Lager, ein improvisiertes, das bald aufgegeben wurde, nachdem das ganze Reich

— und später auch die im Krieg geschlagenen Nachbarstaaten — mit einem Netz von Konzentrationslagern überzogen worden war. Das Lager Dürrgoy bestand aus einigen primitiven Wellblechbaracken, in denen die sogenannten Schutzhäftlinge glühender Sonnenhitze ebenso ausgeliefert waren wie der bitteren schlesischen Kälte im Winter; umgeben waren die Blechbaracken von einem rasch gezogenen, einfachen Stacheldrahtverhau. In einer ihrer zynischen Propagandaschriften, die sie bebildert unters Volk brachten, nannten die örtlichen Nazis das Lager *„Breslauer Aufbewahrungsanstalt für rote Systemgrößen bei Dürrgoy“*. Unter einem Foto, das den aus Breslau stammenden Politiker, vormaligen Reichstagspräsidenten und „Volkswacht“-Chefredakteur Paul Löbe zeigte, stand zu lesen: *„Der rote Reichtstagspräsident Löbe erholt sich im Lager von seiner jahrelangen anstrengenden parlamentarischen Tätigkeit.“* Ein anderes Bild präsentierte den Breslauern ihr abgesetztes Stadtoberhaupt, vor einem geräumigen Blechtopf stehend, mit den Worten: *„Der Breslauer rote Bürgermeister Mache holt sich sein Süppchen, das er sich selbst einbrockte.“*[4] Doch nicht genug damit. In ihren schlesischen Parteizeitungen, auch in der in Breslau erschienenen „Schlesischen Tageszeitung“, veröffentlichten die Nationalsozialisten ein Foto von Paul Löbes Empfang im Konzentrationslager Dürrgoy: Flankiert vom ebenfalls inhaftierten früheren Oberpräsidenten von Schlesien, Heinrich Lüdemann, hatte Löbe eine Häftlings-„Parade“ abzunehmen, bei der ein soeben eingelieferter Mann die mit drei weißen Pfeilen versehene rote Fahne der Eisernen Front vorantragen und eine Häftlingsgruppe als Schalmeien-Kapelle fungieren mußte. Diese grausame Inszenierung war das Werk des Fememörders Edmund Heines, der als schlesischer SA-Führer zum Schrecken der Breslauer Bürger den Posten des Polizeipräsidenten der Stadt erlangt hatte; seinen Intimfeind Löbe hatte Heines aus dem Untersuchungsgefängnis Berlin-Spandau ins Schlesische verschleppen lassen, um ihn in Breslau als „Verräter“ zur Schau zu stellen, ehe er ihn ins KZ einliefern ließ.

Für eine Inszenierung ganz anderer Art zeichnete fünf Wochen nach dem verordneten Judenboykott gleichfalls Polizeipräsident Heines verantwortlich, soweit es den Breslauer Bezirk anging. Überall in Deutschland wurden in jenen April- und Maiwochen des Jahres 1933 die Bücherverbrennungen vorbereitet: die Vernichtung von Literatur „wider den undeutschen Geist". Völkisches war nur noch gefragt, Blut-und-Boden-Schrifttum; der „jüdisch-marxistische Ungeist" sollte „ausgemerzt" werden. Die deutsche Studentenschaft schritt beflissen voran; ein erschreckend großer Teil der akademischen Jugend schichtete Scheiterhaufen auf. Wer Bücher verbrennt, verbrennt auch Menschen, hatte der Deutsche, der Jude, der Dichter, der Denker Heinrich Heine hundert Jahre vorher geschrieben; sein Werk verschwand aus Büchereien und Buchhandlungen. Vor allem aber wurden die Schriften von Autoren des 20. Jahrhunderts dem Autodafé übergeben: Heinrich und Thomas Mann, Erich Kästner, Kurt Tucholsky, Erich Maria Remarque, der Breslauer Alfred Kerr, Bertold Brecht, Alfred Döblin. „Schwarze Listen" wurden gefertigt mit Hunderten von Namen und Tausenden von Buchtiteln. Die Dienststellen der örtlichen politischen Polizei gaben Erfolgsmeldungen der Säuberungsaktionen in Schul- und Universitätsbibliotheken, in kommunalen Büchereien und privaten Buchhandlungen mit Zentner-Angaben weiter. Mancherorts wurden die Scheiterhaufen eifrig schon vor dem für die Bücherverbrennungen angesetzten Tag angezündet; und sie brannten dann am 10. Mai 1933 immer noch.

Die Breslauer Studentenschaft war eine der ganz wenigen, die immerhin rechtliche Bedenken bei der Beschlagnahme von Büchern hegte. Sie hatte 10.000 Bücher bei ihren Bemühungen um „Säuberung" zusammengesammelt und schrieb an das „Hauptamt für Presse und Propaganda der Deutschen Studentenschaft" in der Reichshauptstadt: *„Zwecks Verbrennung der Bücher oder weiterer Verfügung über dieselben erwarten wir Anweisung aus Berlin."* Die Antwort kam postwendend, ließ die Frage nach Recht oder Unrecht aber offen; man empfahl den Jungakademikern eine Zusammenarbeit mit Polizeipräsident Heines „als Hoheitsträger". Auch der erste Rundfunkvortrag, der Anfang Mai vom Sender Breslau ausgestrahlt und von Vertretern der Studentenschaft formuliert worden war, ließ erkennen, daß die akademische Jugend in Breslau gewisse Skrupel empfand und bemüht war, den Hörerinnen und Hörern ihre Aktion „wider den undeutschen Geist" wenigstens verständlich zu machen.

Helga saß an diesem Tag am großen Wohnzimmertisch, ein Blatt Papier vor sich. Sie kaute an der Kappe ihres Füllfederhalters herum und sann darüber nach, was sie ihrem vor kurzem nach Saarbrücken ge-

Konzentrationslager Breslau-Dürrgoy: Als der Sozialdemokrat Paul Löbe dorthin verschleppt wurde, mußte ein Teil der Häftlinge Spalier stehen, ein anderer den „Einzug“ des ehemaligen Reichstagspräsidenten mit Schalmeienklängen begleiten. . .

flüchteten Onkel Georg schreiben könnte; er hatte ihr einen Geburtstagsglückwunsch geschickt, und Helga wußte sehr gut, daß dies für einen politischen Emigranten kein Leichtes war. Deshalb wollte sie ihm, der Tante und den beiden Cousinen mehr als nur ein Dankeschön schreiben. Während Helga noch darüber nachdachte und der Vater im Sessel gegenüber in einem schmalen Gedichtband blätterte, schaltete sie, weiter am Füller kauend, das Rundfunkgerät an, um, wie ihr plötzlich einfiel, die erste Sendung aus Breslau zu hören. Sie glaubte,ihren Ohren nicht trauen zu dürfen, und auch der Vater horchte auf, als die folgenden Kästner-Zeilen zitiert wurden: *„Wenn wir den Krieg gewonnen hätten/Mit Wogenprall und Sturmgebraus',/Dann wäre Deutschland nicht zu retten/Und gliche einem Irrenhaus. . .“* Aber sofort wurde klar: Helga hatte den einführenden Anfang der Sendung verpaßt; es handelte sich hier und bei dem anschließend vorgetragenen Gedicht von Tucholsky offenkundig um Beispiele von ehrabschneidender „Schmutz- und Schundliteratur". Sie stellte das Gerät lauter, um sich nichts von dem zu erwartenden bitterbösen Kommentar entgehen zu lassen. Doch der Apparat gab unangenehm krächzende Geräusche von sich, der Vater erhob lebhaften Einspruch; deshalb schaltete Helga ihn wieder leiser und hockte sich dicht davor.

Der Sprecher erklärte, Menschen, die derartiges geschrieben, seien nicht wert, Deutsche genannt zu werden. Beklagenswerterweise gebe es eine Menge von, wie er sich ausdrückte, jüdisch-marxistischen Literaten, die den Fußspuren eines Erich Kästner folgten. Und dann forderte der Rundfunksprecher zur Tat auf: *„Es genügt nicht, daß die Schund- und Schmutzliteratur nun aus unserem öffentlichen Leben verschwindet, nein, jeder deutsche Mann und jede deutsche Frau müssen Hand ans Werk legen, damit auch diese Schmach in jeder privaten und Hausbibliothek entfernt wird . . . Wir wollen alle dafür sorgen, daß in unserem Verwandten- und Bekanntenkreise jene volksvergiftenden Bücher für immer aus der Welt geschafft werden . . . Nur echte deutsche Kunst soll von nun an triumphieren in unserem deutschen Vaterlande . . ."*[5]

Adolf Beyer stand auf und schaltete das Radiogerät ab. Aus dem Buch, in dem er geblättert und ein Gedicht gesucht hatte, las er seiner jüngeren Tochter einige Zeilen vor:

Im Kopfe trage ich Bijouterien,
Der Zukunft Krondiamanten,
Die Tempelkleinodien des neuen Gotts,
Des großen Unbekannten.
Und viele Bücher trag ich im Kopf!
Ich darf es Euch versichern,
Mein Kopf ist ein zwitscherndes Vogelnest
Von konfiszierlichen Büchern.
Glaubt mir, in Satans Bibliothek
Kann es nicht schlimmere geben;
Sie sind gefährlicher noch als die
Von Hoffmann von Fallersleben . . .

Beyer klappte den schmalen Band zu. „Deutschland, ein Wintermärchen“, sagte er nur, „von Heinrich Heine, jüdisch-marxistisch.“

Helga verschob das Briefschreiben an die Beyers im Saargebiet. Stattdessen griff sie das Buch, das der Vater gerade ins Regal zurückgestellt hatte, und las, was nun verboten war.

Am 10. Mai 1933 brannten auch in Breslau die Bücher. Für das Autodafé hatten sich die Veranstalter — die Breslauer Studentenschaft in Verbindung mit SA, SS und Stahlhelm — den Schloßplatz ausgesucht; der war geräumig und repräsentativ. Zuvor fand in der Aula der Universität eine Kundgebung statt, in deren Mittelpunkt die feierliche Rede eines Philologie-Professors stand. Das Feuer brannte lange. Es mußten 40 Zentner Papier vernichtet werden.

Kameraden

Adolf Beyer und seine Schwägerin Klara Junker, die auch er Klurchen zu nennen sich angewöhnt hatte, ahnten nicht im geringsten, daß Helga beim Deutsch-Jüdischen Wanderbund Kameraden längst nicht mehr nur wanderte und auf Fahrt ging. Hätten beide gewußt, daß sowohl Helga als auch Ursel etwa ein Jahr nach der Machtübernahme durch die Nationalsozialisten begonnen hatten, sich an illegaler politischer Arbeit gegen das Regime zu beteiligen, sie hätten zweifellos Verbote durchzusetzen versucht. Helga war seit 1934 regelmäßig — soweit in der Widerstandsarbeit von Regelmäßigkeit überhaupt zu sprechen ist — konspirativ tätig, vor allem als Kurierin und als Sammlerin von Hilfsmitteln für die Familien politisch Verfolgter. Hätten Vater und Tante von diesen antifaschistischen Aktivitäten gewußt, sie hätten womöglich auch die zuweilen in der Familie erörterte Frage der Emigration ernsthafter diskutiert.

Wie sehr hatte sich Beyer seinerzeit gefreut, daß nicht nur seine ältere Tochter, sondern wenig später auch die jüngere Helga Anschluß an die — kurz Kameraden genannte — Breslauer Wanderbund-Gruppe gefunden hatte. Die gab sich in Kleidung und Haltung zwar betont antibürgerlich, wurzelte aber doch, dessen hatte er sich versichert, in der ihm vertrauten Bündischen Jugend und fühlte sich auch deren Prinzipien verpflichtet: Selbstverantwortung, innere Wahrhaftigkeit, Ehrlichkeit. Zwar war Beyer durchaus bekannt, daß sich der Wanderbund als Organisation aufgelöst hatte; da aber Helga weiterhin in dem früheren Kreis verkehrte, nahm er an, daß sich hier, in Breslau, wenig verändert hätte. Weiterhin nämlich ging Helga zu den wöchentlich einmal stattfindenden Heimabenden ins Elternhaus einer der Kameradinnen; weiterhin wurden kleinere und größere Fahrten unternommen; weiterhin wurde viel Sport betrieben. Helga besaß in ihrer Gruppe gewissermaßen ein zweites Zuhause, ein ergänzendes, welches Möglichkeiten der Freizeitgestaltung bot, die weder Beyer und seine zweite Frau Emmy noch Tante Klurchen den Mädchen vermitteln konnten. Die Lieder, die besonders Helga von Veranstaltungen der Kameraden mitbrachte, waren nicht immer das, was sich Adolf Beyer als Sangesgut für junge Mädchen vorstellte; allerdings waren sie harmlos und zuweilen wohl auch parodistisch gemeint. Mit besonderem Vergnügen sang Helga ihm das Laatscher-Lied vor:

Der Frühling naht, wir zieh'n hinaus
und zupfen uns're Geigen.
Wir hüpfen froh durchs nasse Gras
und tanzen uns're Reigen.
Die Klampfe klirrt bei Schritt und Tritt,
die Kochgeschirre klappern mit.
Der Wald ist voll Akustik;
wir sind so schrecklich lustig.

Und rasten wir am Waldesrand,
dann schweigen uns're Klampfen;
dann lassen wir durchs weite Land
die Hafergrütze dampfen.
Die Maggisuppe duftet weit
durch Feld- und Waldeseinsamkeit.
Wie lustig schmort die Sauce
in der Konservendose.

Und ist die Grütze aufgekaut,
so wird in Blau und Rosa
das Seelenleben aufgebaut —
teils lyrisch, teils in Prosa.
Hoch in die Wolken geht der Blick,
wir zieh'n uns aus der Welt zurück
und singen leis' im Chore:
Rabindranath Tagore.

Wir fühlen uns nicht bürgerlich
und auch nicht proletarisch.
Wir wandeln auf dem Himmelsstrich
und leben literarisch.
Die schnöde Welt, wir hassen sie;
nur abgeklärte Poesie
ist uns're Seelenspeise.
Wir sind so schrecklich weise.

Pfui, Klassenkampf, wie ordinär!
Was kümmern uns Tarife!
Der Reichtum kommt von innen her,
aus uns'rer Seelentiefe.
Wer sich von innen her beschaut,
und Nietzsche liest und Rüben kaut,
was kümmern den die anderen?
Juhu, juhu! Wir müssen wandern![1]

Es war ein Kreis eigenwilliger junger Leute, dem Helga aufgrund der Anregung einer etwas älteren Cousine angehörte und dem dann auch Sophie Kolditz, die beste Freundin der beiden Beyer-Mädchen, beitrat.

Die jüdische Jugendbewegung und in ihr der Wanderbund Kameraden hatte ihre Wurzeln in der deutschen Bündischen Jugend. Die meisten Wanderbund-Kameraden entstammten der Mittelklasse, auch der oberen Mittelklasse vor allem der größeren Städte, und waren Kinder weitgehend assimilierter Juden. Das Verhalten der Kameraden, ihr Umgang miteinander setzte fort, was in der Bündischen Jugend vorgelebt worden war: Heimabende, Wanderungen, Fahrten, Sport, Landsknechtslieder zur Klampfe gesungen, die Kluft, der Wimpel, das Abzeichen; die stille Beobachtung nachts abgebrannter Feuer, der Heil-Gruß, das ein wenig gefühlsüberladene Vokabular.

In Breslau waren die Kameraden mit 150 Mitgliedern besonders stark vertreten; die jungen Breslauer Juden zählten zu den am besten organisierten und zu den aktivsten Gruppen in dem Bund, der insgesamt einige Tausend Angehörige besaß. Die Mitgliedschaft an einem jeden Ort war unterteilt in einzelne Züge, denen, nach Jungen und Mädchen sowie nach Altersgruppen getrennt, etwa je ein Dutzend Jugendliche angehörten. Jeder der Züge wurde geführt von einem ungefähr fünf Jahre älteren Kameraden; Führerin des Mädchenzuges, dem Helga sich angeschlossen hatte, war Adele Seifert, die das spätere politische Engagement eines Teils der Mitglieder allerdings nicht teilte. In diesem Punkt orientierte sich Helga denn auch mehr an den Jungen, von denen einige unmittelbar nach der Machtübernahme der Nationalsozialisten in die politische Illegalität, in den Widerstand gingen.

Doch ursprünglich wurde bei den Kameraden nicht politisiert; es herrschte vielmehr die Einstellung, Politik sei ein schmutziges Geschäft und verderbe den Charakter, eine Haltung, wie sie auch in vielen der Elternhäuser, aus denen die Jugendlichen kamen, verbreitet war. Als ausgesprochen anstößig galt den Kameraden die Beschäftigung mit parteipolitischen Fragen; hier wirkte — neben den ungeschriebenen Gesetzen des Bundes — zweifellos auch das Erleben der politischen Unruhen während der Jahre der ersten deutschen Republik mit. Da zogen es die jungen Leute vor, Lieder aus dem Zupfgeigenhansl und nach Texten von Hermann Löns einzustudieren oder die schönen, pathetischen, jugend- und kriegsbewegten Bücher von Walter Flex zu lesen. Häufig wurde an den Heimabenden auch ein Thema erörtert, welches die Kameraden gerade persönlich beschäftigte oder ihnen sonst diskussionswürdig erschien. Helga irritierte ihre Tante am Mittagstisch zuweilen mit der Aufforderung, sich als „Individuum im Staatswesen" zu definieren, mitzuteilen, was „der Sinn der Schule" sei, oder über die Frage „Ich und die Kunst" zu sprechen. Da es Tante Klurchen in aller Regel nicht gelang, zwischen dem Auftragen von erstem und zweitem Gang schlüssige Antworten zu geben, lieferte Helga sie selbst und wiederholte bei Tisch, was am vorangegangenen Heimabend in oft lebhafter Auseinandersetzung zur Sprache gekommen war. Bei solchen Gelegenheiten stellte Adolf Beyer zufrieden fest, daß seine Tochter bei ihren Kameraden in guter Obhut und sinnvoll beschäftigt war.

Wichtig schienen ihm auch die sportlichen Unternehmungen, denn Sport wurde bei den Kameraden ganz groß geschrieben. Übrigens eigneten sich die Jugendlichen bei ihren anstrengenden Rad- und Skifahrten eine körperliche Belastbarkeit an, die einigen von ihnen später, während der Zeit der politischen Verfolgung, das Leben in Zuchthäusern und Lagern leichter tragbar erscheinen ließ. Das Fahrrad war vom zeitigen Frühjahr bis hinein in den späten Herbst das wichtigste Fortbewegungsmittel. Es schleppte während größerer Touren den Fahrer oder die Fahrerin wochenlang und kilometerweit; es war zudem bepackt mit einem Rucksack und darum geschnallten Zeltbahnen; es trug Häringe, Zeltstangen, Decken, Kochgeschirr und mindestens eine Klampfe. Ehe es im Sommer auf große Fahrt ging, war bereits im Frühjahr das Ziel bestimmt, die Route ausgearbeitet und bei Eltern, die wegen der Erlaubnis für ihre Kinder noch zögerten, durch artige Besuche der Gruppenführer und -führerinnen gut Wetter gemacht worden.

Die Breslauer Kameraden waren sehr wanderbewegt und taten dies auch in ihrem Äußeren kund: kurze Hosen, giftgrüner Kittel mit weitem, meistens weißem Schillerkragen, darunter zuweilen noch ein Halstuch, das vorn, unter dem Kragen, mit der kurzen schwarz-grün-weißen Wanderbund-Kordel zusammengehalten wurde; trug man das Halstuch nicht, wurde die bunte Kordel durch ein Knopfloch gezogen. Doch das eigentliche Wanderbund-Abzeichen war eine sechseckige Anstecknadel, die eine weiße Möwe zeigte und an Hemd oder Bluse getragen wurde. Die Mädchen, freilich, trugen keine kurzen Hosen, sondern Röcke; doch Kittelhemd, Schillerkragen, Halstuch unterschieden sich durch nichts von der Kleidung der Jungen. Die Neigung, sich in Trachten oder Uniformen, sich in eine Kluft zu kleiden, war damals allen Jugendorganisationen eigen: Man wollte sich bekennen, sich als Anhänger einer weltanschaulichen Richtung ausweisen; und man wollte sich abgrenzen vom vermeintlich oder tatsächlich spießigen Äußeren bürgerlicher Mitmenschen. Dieses Abgrenzungbedürfnis — in viel späteren Zeiten wurde es durch Jeans, T-Shirt und Parka demonstriert — ging soweit, daß selbst junge Leute, die keiner Organisation angehörten, unbürgerliche Kleidung schätzten und besaßen. In Breslau übten in dieser Hinsicht Konzerte der Don-Kosaken einen gewissen modeschöpfenden Einfluß aus; manche Mütter mußten danach schwarze Russenkittel nähen, die sich im Schnitt von den Blusen wanderbewegter Jugendgruppen nur durch das Fehlen des Schillerkragens unterschieden.

Unter den grün-gewandeten Breslauer Kameraden befanden sich sowohl jüdisch-bewußte, zionistisch eingestellte Jugendliche als auch solche mit deutsch-nationaler, fast schon als völkisch zu bezeichnender Haltung und schließlich eine Gruppe, die zu den sozialistischen Parteien tendierte. Diese Unterschiede durch Herkunft, Erziehung oder Erfahrung blieben solange innerhalb der Gemeinschaft ohne entscheidende Bedeutung, wie die Kameraden sich an ihren Grundsatz hielten, sich nicht mit Politik zu beschäftigen. Doch die äußeren Umstände gegen Ende der zwanziger Jahre — wirtschaftliche Depression und allgemeine politische Radikalisierung — beeinflußten in immer stärker werdender Weise die Diskussionen im Kameraden-Bund. Viele der Jugendlichen begannen zu erkennen, daß die Zeit unpolitischer Zusammenkünfte ein für allemal vorbei war; daß die Jugend, insbesondere die jüdische Jugend, Stellung beziehen mußte zu dem, was um

Schnappschuß vor einem Winterausflug: Das Bild zeigt die damals elfjährige Helga (ganz links) mit einigen ihrer Kameraden aus dem Deutsch-Jüdischen Wanderbund.

sie herum geschah, was ihr Leben unmittelbar beeinflußte, oft auch beeinträchtigte. Einem Teil der Breslauer Kameraden schien ein irgendwie sozialistisch geartetes Engagement die Antwort auf ihre Fragen zu bieten; ähnliche Überlegungen fanden gleichzeitig in vielen anderen Wanderbund-Gruppen des Reiches statt. Aufgrund dieser Entwicklung stand der Deutsch-Jüdische Wanderbund Kameraden im Jahr 1931 faktisch vor seiner Auflösung.

Die wirtschaftliche Lage in Deutschland strebte in jenem Jahr einem ihrer Tiefpunkte entgegen. Die Arbeitslosenzahl erreichte fünf Millionen; unter den gewerkschaftlich Organisierten war sogar mehr als ein Drittel ohne Arbeit. Die Situation war derart verzweifelt, daß der amerikanische Präsident Hoover die Aussetzung der Zahlungen von Reparationen und Kriegsschulden auf ein Jahr erwirkte, damit der völlige finanzielle Zusammenbruch des Deutschen Reiches verhindert werde. Zwei große deutsche Bankunternehmungen stellten ihre Zahlungen ein und lösten damit eine allgemeine Geldkrise aus. Auch die Reichsanstalt für Arbeitslosenversicherung sah ihre Zahlungsmöglichkeiten schwinden und kürzte die Unterstützungsdauer auf die Zeit von sechzehn Wochen. Der nationalsozialistische Terror nahm in jenem Jahr 1931 vorher nicht geahnte Formen an; die Gerichte dagegen gingen den immer mehr um sich greifenden staatsgefährdenden Umtrieben mit einer Lässigkeit nach, die ernsthafte Zweifel an der Loyalität der beamteten Richter dem republikanischen Staat gegenüber aufkommen ließ. Während sich die Linke zersplitterte, erklärte rechts die „Harzburger Front“ aus Deutschnationalen, Nationalsozialisten, Stahlhelm und Reichslandbund, es sei der fortschreitende Kulturbolschewismus, es sei der Blutterror des Marxismus, die zu einer Politik der Entmannung Deutschlands geführt hätten; deshalb sei es an der Zeit, der nationalen Opposition, womit die „Harzburger Front“ sich selbst meinte, die Regierungsgewalt zu übergeben. Noch aber fand dies nicht statt. Noch wurde mit Notverordnungen weiterregiert, mit Notverordnungen, die die Löhne und Gehälter senkten, die Arbeitslosenunterstützung kürzten, eine Krisenlohnsteuer einführten, politische Ausschreitungen bekämpfen helfen sollten sowie Presse- und Versammlungsfreiheit einschränkten.

Am 15. Mai 1932 rief Bundesleiter Hermann Gerson die Kameraden zu einem letzten Treffen in Kassel zusammen: Der Deutsch-Jüdische Wanderbund wurde aufgelöst. Es entstanden unmittelbar anschließend Nachfolgeorganisationen. Unter ihnen befand sich eine starke zionistische Gruppe, deren Angehörige sich „Werkleute“ nannten; die meisten von ihnen wanderten wenig später nach Palästina aus und gründeten dort den Kibbuz Hazorea, in dem bis heute das Kameraden-Archiv bewahrt wird. Eine gewissermaßen deutschnationale jüdische Nachfolgeorganisation des Wanderbundes bezeichnete sich als „Schwarzes Fähnlein“ und blieb unbedeutend; ihre Kluft glich übrigens jener, die die Hitler-Jugend bald auch trug. Die in Breslau größte Nachfolgeorganisation war jedoch die Freie Deutsch-Jüdische Jugend; der aus Nürnberg stammende Günther Eckstein — nicht verwandt mit dem Breslauer Ernst Eckstein — leitete sie in enger Anlehnung an die sozialistische Arbeiterbewegung. In Breslau gewann diese Gruppierung rasch sechzig Mitglieder. Sie waren ebenfalls sozialistisch orientiert und unterhielten lebhafte Kontakte zur Freidenker- und zur Naturfreundejugend; viele der Breslauer Mitglieder der Freien Deutsch-Jüdischen Jugend engagierten sich gleichzeitig im Sozialistischen Schülerbund, in der Arbeitersport-Bewegung und in den Sozialistischen Jugendorganisationen, wie zum Beispiel der SAJ, der Sozialistischen Arbeiterjugend; deren Kluft trug man denn auch zu Mai-Kundgebungen und ähnlichen Anlässen: dunkle Kniehose, blaues Hemd, rotes Halstuch.

Die Erwartung, die Hoffnung, links eine Heimat zu finden, gründete bei der Freien Deutsch-Jüdischen Jugend auf einer durchaus politischen, aber, wie sich zeigen sollte, kaum Erfolg versprechenden Auffassung: Wir kämpfen nicht als Juden gegen Nazis und andere Antisemiten; vielmehr kämpfen wir als Sozialisten gegen eine Gesellschaft, die Antisemitismus und Exzesse gegen Juden möglich macht. Es war deshalb nur folgerichtig, daß die jüngeren Mitglieder der Freien Deutsch-Jüdischen Jugend — sie nannten sich in der Regel übrigens weiterhin Kameraden — zu sozialistischer Haltung hingeführt und später als ältere, politisch geschulte Menschen Mitglieder einer der Arbeiterparteien werden sollten. Günther Eckstein als Leiter der Freien Deutsch-Jüdischen Jugend im Reichsgebiet strebte allerdings einen Unvereinbarkeitsbechluß über die gleichzeitige Mitgliedschaft in der FDJJ und der Kommunistischen Partei Deutschland an, weil er die Auffassung vertrat, die KPD neigte dazu, alle Organisationen, in denen sie vertreten war, zu beherrschen[2]. Aber Eckstein konnte sich nicht durchsetzen; er scheiterte am Votum der außerordentlich starken Breslauer Gruppe. Die trat zwar nicht der KPD bei, sondern wählte, fast geschlossen, den Weg in die Kommunistische Partei Deutschlands/Opposition, die zuweilen das Kürzel KPO, dann wieder die Kurzform KPDO benutzte.

Zehn Jahre war Helga alt, als sie 1930 den Kameraden beitrat; sie gehörte damit zu den sehr jungen Mitgliedern im Breslauer Wanderbund, zur dritten Generation gewissermaßen. Ihre Führerinnen waren etwa fünf Jahre älter als sie und deren ehemalige Gruppenleiterinnen und -leiter zum damaligen Zeitpunkt etwa 20 Jahre alt. Diese älteren, schon erwachsenen Mitglieder der Gründer-Generation der Kameraden bestimmten mit der nicht angezweifelten Autorität der Erfahrenen den Weg, auch den politischen. Die große Sozialdemokratie kam für sie nicht in Frage. Die machte die Politik der Tolerierung mit und schien den jungen Erwachsenen mitverantwortlich für das zu sein, was das ganze deutsche Volk zu erleiden hatte. Die Oppositionellen in der So-

Innerparteilicher Geheimbeschluß des ZK der KPSU

Gegen den Strom
Organ der KPD (Opposition)

Nr. 20 | 18. Mai

Herausgegeben von A. Thalheimer, H. Brandler, J. Walcher, E. Hausen
Begründet von der K. P. D.-Ortsgruppe Breslau (Opposition)

2. Jahrgang | 1929

Der Faschismus auf dem Vormarsch!

Dasjenige Ergebnis der Wahlen zum Sächsischen Landtag, das von **allgemeinpolitischer symptomatischer** Bedeutung für die **politische** Entwicklung ist, ist die Tatsache, daß die große **Linksbewegung der Wählerschaft**, die bei den Reichstagswahlen im **Mai** vorigen Jahres in Erscheinung trat, zum Stehen gekommen **und abgelöst** ist durch eine **Strömung nach rechts**, deren hervorstechendstes Merkmal der **Vormarsch des Faschismus** ist.

Die SPD. hat zwei Sitze gewonnen. Die KPD. hat zwei Sitze verloren. ...

... der Ausdruck der tatsächlichen organisatorischen Kraft, die die Opposition bei den Wahlen besaß. Diese war noch sehr schwach, in den Anfängen, die Frucht erst von wenigen Monaten Arbeit. Wir hatten **erst wenige feste organisatorische** Stützpunkte beim Eintritt in die Wahlen, ein einziges Wochenblatt gegenüber fünf Tageszeitungen der Partei. Die Stimmenzahlen der Opposition bedeuten **den Anfang ihres Aufstieges**. Die Stimmenzahlen der offiziellen Partei bedeuten **den Anfang eines Abstieges**. Die Stimmen für die Partei sind gegeben worden nicht für die Taktik

Gegen den Strom: Die Abspaltungen der „etablierten“ Links-Parteien — hier ein Zeitungsexemplar der KPO aus dem Jahr 1929 — kämpften am entschiedensten gegen die Gefahren einer nationalsozialistischen Herrschaft.

zialdemokratie, die gerade in der SAP Breslau eine Hochburg besaßen, hätten eine Alternative sein können; doch verhielten sie sich nach Einschätzung der ehemaligen Breslauer Kameraden-Führung nicht revolutionär genug. Vor allem aber wurde die Partei zu spät gegründet. Als im Herbst 1931 die SAP entstand, unterhielt ein Teil der Breslauer Kameraden bereits Kontakte zu den oppositionellen Kommunisten unter der Führung von August Thalheimer und Heinrich Brandler.

Die Kommunistische Partei Deutschlands/Opposition war Ende 1928 entstanden. Sie war ursprünglich keine Partei, wollte jedenfalls keine sein, verstand sich vielmehr als der bessere, der nicht in Bürokratie erstarrte Teil der KPD, die es zu retten, zu stützen und zu stärken galt. Als KPO war diese organisierte kommunistische Richtung entstanden, nachdem ihre führenden Anhänger als „Rechts-Abweichler“ aus der KPD ausgeschlossen worden waren — und zum „Rechts-Abweichler“ wurde man in den Jahren der Stalinisierung der Kommunistischen Partei Deutschlands schnell. Eine eigene Zeitung hatten sich die Oppositionellen in der KP schon vor ihrer Konstituierung als Partei geschaffen: „Gegen den Strom“ erschien erstmals im November 1928 in Breslau. Aber nicht in Breslau, nicht in Niederschlesien, sondern in Thüringen, Sachsen, Hessen-Frankfurt und Württemberg entwickelten sich die Hauptzentren der KPO, die freilich auch in ihrer Blütezeit nur einige Tausend Mitglieder zählte — Mitglieder allerdings, die überwiegend sehr befähigte, in der Parteiarbeit erfahrene Menschen waren und eine verblüffend intensive Propagandatätigkeit entfalteten. Tatsächlich bildete die kleine KPO unter den deutschen Kommunisten die geschlossenste, stärkste, auch die dauerhafteste Gruppierung.

In ihren Grundsätzen und Zielen unterschieden sich die oppositionellen deutschen Kommunisten keineswegs von der KPD. Es war eher ein Unterschied in der Methodik, eine Kontroverse über die Taktik, die die Oppositionellen von ihrer früheren Partei trennte: Die KPO kämpfte entschieden gegen die bürokratische Entartung der KPD, wandte sich entschlossen gegen die von der KPD vertretene Sozialfaschismus-Theorie über die deutsche Sozialdemokratie, sah den Feind nicht links, sondern rechts und stritt deshalb engagiert gegen die Sabotage der Einheitsfront-Politik durch die KP. Schließlich wandten sich die oppositionellen deutschen Kommunisten, anders als die KPD, auch gegen den Alleinführungsanspruch der Kommunistischen Partei der Sowjetunion — dies allerdings ebenfalls nicht aus prinzipiellen Erwägungen, sondern aus der Einsicht, daß die politischen und organisatorischen Methoden der KPdSU unter Stalin in der Sowjetunion wohl angebracht sein mochten, ihre mechanische Übertragung auf westeuropäische kommunistische Parteien aber weder sinnvoll noch praktikabel wäre. Es ging den KPO-Anhängern also um den von ihnen als richtig erkannten Weg innerhalb des Kommunismus. Für ihn warben sie unter den Mitgliedern der KPD, später auch systematisch unter den Gefolgsleuten der Sozialistischen Arbeiterpartei Deutschlands. Die SAP, nämlich, stellte sich innerhalb der Arbeiterbewegung, unter den Links-Parteien, als glaubwürdige Alternative dar und mußte den oppositionellen Kommunisten deshalb gefährlich erscheinen. Doch der KPO gelang die angestrebte Spaltung der SAP nicht; es gelang ihr auch nicht die von Brandler und Thalheimer proklamierte Überwindung dieser Partei. Das Gegenteil geschah: Noch vor der Machtübernahme durch die Nationalsozialisten in Deutschland wechselte ein bedeutender Teil der KPO-Mitglieder zur SAP über[3].

Im Jargon der Nazi-Justiz wurden die trotzdem dauerhaften Bestrebungen der KPO in einer Anklageschrift aus dem Jahr 1938 anschaulich geschildert. Über die *„hochverräterischen Bestrebungen der KPD-Opposition“* hieß es in dem Schriftsatz gegen 19 Breslauer KPO-Mitglieder, gegen die übrigens auch Helga als Zeugin aussagen sollte:

„Während die KPO bis zum März 1933 eine kaum nennenswerte Stimmzahl auf sich zu vereinigen vermochte, hielt sie nach der nationalen Erhebung ihre Zeit für gekommen, um eine stärkere illegale Agitationstätigkeit mit dem Ziele zu betreiben, sich zum Sammelboden aller marxistischen Elemente zu machen, die insbesondere der SPD und KPD nach der Nationalsozialistischen Revolution den Rücken gekehrt hatten. Sie erstrebt den Wiederaufbau der KPD auf der ‚Grundlage der Kämpfe und Erfahrungen ihrer kommunistischen Politik und Taktik‘ und hofft, daß früher oder später Krisen über die jetzigen Machthaber hereinbrechen werden, für die es zu rüsten gelte, um sie im gegebenen Augenblick ausnützen zu können. In Flugblättern und ähnlichen Schriften suchte die KPO in derselben Weise wie die KPD die Staatsautorität zu untergraben, um mit der gleichzeitigen Aufforderung zum Zusammenschluß aller Kräfte für den revolutionären Klassenkampf den Boden für ein gewaltsames Vorgehen zu bereiten und die Massen der Arbeiterschaft zur Mitwirkung im gegebenen Fall aufzuwiegeln und zu gewinnen ... Der erste Strafsenat des Oberlandesgerichts in Breslau hat schon in einer Reihe von Urteilen ... den hochverräterischen Charakter der KPO anerkannt.“[4]

Erwähnt wurde in diesem Zusammenhang ausdrücklich Werner Bott. Er war führendes Mitglied bei den Breslauer Kameraden und als deren unumstrittener politischer Kopf die treibende Kraft beim Eintritt eines großen Teils der Breslauer Freien Deutsch-Jüdischen Jugend in die KPO gewesen. Er war es, der immer wieder gesagt hatte, man könne den ideologischen Terror aus Moskau nicht mitmachen; man könne nicht dulden, sich Konterrevolutionär schimpfen zu lassen, nur weil man nicht gewillt sei, einen kritiklosen Stalinkult mitzubetreiben. Und zu Zeiten, da Bott noch hoffen konnte, frühere Freunde aus der KPD für die oppositionelle Richtung zu gewinnen, pflegte er diesen jenes Lenin-Wort entgegenzuhalten, welches inzwischen alle vergessen zu haben schienen: Es sei lächerlich, hatte der Führer der Oktoberrevolution gesagt, die gesellschaftspolitischen Umwälzungen in Rußland als Ideal für andere Länder darzustellen und sich einzubilden, einzig durch diese Umwälzungen seien geniale Entdeckungen und eine Menge sozialistischer Neuerungen eingeführt worden. Doch dieses kritische Wort löste nicht einmal Verlegenheit aus, wurde abgetan als zeitbedingte Einschätzung der Entwicklung des Kommunismus; jedenfalls machte die deutsche KP jede Phase des Mitte der zwanziger Jahre begonnenen Stalin-Kults mit und verteufelte jeden als „Rechts-Abweichler", als „Konterrevolutionär", der es wagte, die Führungsrolle der KPdSU innerhalb der kommunistischen Bewegung in Frage zu stellen.

Werner Bott, übrigens, kam nach dem Prozeß und während der Nazi-Zeit nie wieder frei. Er durchlitt alle Stadien nationalsozialistischer Terrorherrschaft, wurde von einem Zuchthaus ins andere, von einem Konzentrationslager ins nächste verschleppt. Seine Aufzeichnungen über den „Empfang" in einem der Lager sind erhalten:

„Fahrt nach Konzentrationslager Dachau: Vom Gestapogefängnis Breslau im Polizeiauto zum Bahnhof, dort in den vergitterten Gefängniswagen, der für acht Tage den Aufenthaltsraum darstellen sollte. Es gab ständig Unterbrechungen, Aufenthalte und Umwege. Im Münchner Polizeigefängnis Sammelstelle für alle nach Dachau bestimmten Gefangenen. Jeden Samstag vormittag gegen zehn Uhr Abholung von dort durch Dachauer SS-Leute . . . Bei den Fragen der verschiedenen SS-Leute, warum Einlieferung ins Lager erfolgte, hagelte es die ersten Ohrfeigen, Kinnhaken und Fußtritte. Am unbeliebtesten waren ‚Rassenschänder' oder ‚Beleidiger der Ehre einer deutschen Frau' . . . Nach dem üblichen Fotografieren und Fingerabdrucknehmen mußten wir uns im Freien — im Dezember — ausziehen, wobei die Nazi-Banditen die mitgebrachten Lebensmittel, Rauchwaren und Toilettenartikel gleich in ihren Aktentaschen verschwinden ließen. Nach einem kurzen Bad wurden wir zum Abtrocknen wieder ins Freie gejagt, von dort in einen Raum zur Einkleidung: Hemd, keine Unterhose, Drillichzeug. Das, was jedem zugeworfen wurde, mußte passen, auch die Schuhe. Zu eng oder zu groß, das gab es nicht. Von dort zum Tor, wo wir in dieser ‚Winterausrüstung' stundenlang im Freien stehen mußten.[5]"

Bott überlebte dieses und andere Lager. In der späteren Deutschen Demokratischen Republik bekleidete er verschiedene Ämter in der dortigen kommunistischen Partei. Angefangen hatte sein Weg jedoch bei den Breslauer oppositionellen Kommunisten. Und über die besaß die NS-Justiz detaillierte Kenntnisse:

„Die KPDO gliederte sich zunächst, ähnlich der KPD, in Ortsgruppen, Unterbezirke und Bezirke. An der Spitze der Organisation stand die sogenannte Reichsleitung, die von der höchsten Instanz, der Reichskonferenz, gewählt wurde. Die Reichsleitung, die auch die zentralen Presseorgane ‚Gegen den Strom' und ‚Arbeiterpolitik' herausgab, bildeten die Funktionäre Heinrich Brandler, August Thalheimer, Erich Hausen und Jacob Walcher. Die Gesamtzahl der Mitglieder im ganzen Reich betrug Ende 1932 etwa 6.500. Zur Betreuung der politischen Gefangenen und ihrer Angehörigen wurde, ähnlich der Roten Hilfe, eine besondere Hilfsorganisation, die Internationale Hilfvereinigung, geschaffen, der jedoch nicht nur ausschließlich Mitglieder der KPDO, sondern auch anderer linksgerichteter Organisationen angehören.

Die in Breslau gebildete Ortsgruppe der KPDO war ursprünglich sehr stark, ging jedoch einige Zeit nach ihrer Gründung wieder zurück und bestand im Zeitpunkt der Nationalen Erhebung nur noch aus einer geringen Anzahl von Anhängern . . . Die Leiter der KPDO Breslau zur Zeit der Nationalen Erhebung . . . flüchteten in die Tschechoslowakei. Die KPDO, im folgenden kurz KPO genannt, war nun in Breslau zunächst ohne Führung. Von der illegalen Parteileitung wurden darauf im Laufe des Jahres 1933 wiederholt Kuriere nach Breslau zwecks Bildung einer neuen Leitung in Breslau entsandt, die sich vor allem an Werner Bott wendeten und ihn zur Mitarbeit in der KPO aufforderten. Unter Führung von Werner Bott wurde sodann eine illegale Leitung der KPO in Breslau gebildet. Entsprechend den von der Parteileitung herausgegebenen Richtlinien wurden Fünfergruppen gebildet. Bott selbst übernahm die Leitung einer solchen Gruppe . . ."[6]

Überrascht zu werden vom plötzlichen Verschwinden ihrer Leitung — in diese Gefahr wollten die Breslauer Kameraden, nunmehr nicht unbedeutender Teil einer kommunistischen Splitterpartei, nicht noch einmal geraten. Sie bildeten deshalb für den Fall einer von heute auf morgen notwendig erscheinenden Flucht oder für den Fall einer überraschenden Verhaftung ihrer führenden Genossen Ersatz-Leitungen; innerhalb der KPO gab es fortan eine erste, eine zweite, eine dritte Leitung, ein Tatbestand allerdings, von dem die allerwenigsten Mitglieder Kenntnis besaßen. Jinny zum Beispiel, einer von Helgas Freunden, 1933 noch nicht 17 Jahre alt, erfuhr erst lange Zeit nach dem Zweiten Weltkrieg, daß sein großes Vorbild schon zu

Wanderbund-Zeiten, Erich Faust, nicht nur Leiter einer jener Fünfer-Gruppen in der Zeit der Illegalität war, sondern auch die zweite Leitung der KPO Breslau darstellte.

Über Faust, der seines integren Wesens und, nicht zuletzt, seines attraktiven Äußeren wegen auch zu den wenigen Vorbildern für die neun Jahre jüngere Helga zählte, war viele Jahre später unter der Überschrift *„In memoriam"*, zur Erinnerung, der folgende Zeitungsartikel zu lesen: *„Sommer 1931, Schwarzwald, auf großer Fahrt. In einer Jugendherberge treffen sich unsere Wege. Wir kommen beide — er, der Schlesier, ich, der Bayer — von dem alljährlichen Zeltlager einer deutsch-jüdischen bündischen Jugend. Auf großer Fahrt erwandern wir uns unsere deutsche Heimat . . . Das enge Zusammensein bringt einander nahe. Ein feiner Junge, zäh und untersetzt, gerade im Denken und Tun, stud. ing., ein technischer Kopf, zielbewußt und besonnen . . . — Herbst 1932, Berlin, Siemensstadt, die Bude eines Werkstudenten, wo er mit dem Freund und Studienkollegen haust. Sie arbeiten bei Siemens, leben unter Proleten. Die Wirtschaftskrise steht auf dem Höhepunkt . . . Die Krise mit ihrer Zuspitzung hat auch vor unserem Jugendbund nicht Halt gemacht, hat ihn vor Entscheidungen gestellt, an denen er zerbrochen ist. Wir finden uns beide auf dem Flügel, der unsere Verantwortung als Deutsche und als Juden darin sieht, in und mit der deutschen Arbeiterbewegung der Bedrohung . . . durch den Faschismus entgegenzutreten. — Sommer 1934, Prag. Die Welle des siegreichen Nationalsozialismus hat uns in die Emigration gespült. Eine illegale Jugendgruppe in seiner Heimatstadt fliegt auf, als einzigem gelingt es Erich, über von vielen Fahrten her bekannte Pfade des Riesengebirges zu entrinnen. Im Prozeß schieben die Freunde die Hauptschuld auf ihn, den sie im Ausland in Sicherheit wissen . . . Sein Freund, inzwischen Ingenieur in Stalinsk, fordert ihn auf zu kommen; es gäbe dort Arbeit für ihn, . . . die zugleich das ‚Vaterland der Arbeiter', den Erzgegner des Faschismus, aufbauen helfe . . . — Warschau, am 13.1.1938 schreibt Erich Faust: ‚. . . Hinter mir habe ich sechs Monate Untersuchungshaft in Moskau, sechs Monate, in denen ich Dinge durchgemacht und miterlebt habe, die sich nicht beschreiben lassen. Jetzt bin ich abgeschoben wegen ‚konterrevolutionärer Tätigkeit', gleich mir eine Unmasse Deutscher, die ebenso wenig auf dem Kerbholz haben . . . Was in der Sowjet-Union vor sich geht, ist ungeheuerlich. Alles, was auch nur halbwegs einen Kopf hat, sitzt. Die ‚Unter-*

suchungsmethoden' lassen sich nicht schildern. Ich bin ohne jede Nachrichten, und vieles, vieles fehlt mir zum Verständnis alles Vorgefallenen . . . Auf Euch ruht eine gewaltige Verantwortung . . .' — So endet das letzte direkte Lebenszeichen an die Freunde im Ausland . . . Von nun an ist seine Spur nur noch schwer zu verfolgen . . . Man weiß nur, daß Erich gleich an der Grenze verhaftet wurde. Prozeß, Urteil, mehrere Jahre Zuchthaus, Konzentrationslager, Tuberkulose, Transport nach Auschwitz . . . Die Gaskammer nimmt ihn auf . . ."[7]

Der Artikel stammte von Günther Eckstein, dessen Freier Deutsch-Jüdischer Jugenbund bereits im März 1933 verboten wurde. Eckstein konnte rechtzeitig emigrieren; er stellte seinem Namen ein „George" voran und kam nie zurück aus dem New Yorker Exil. Der Freund Fausts, den er in dem Zeitungsbeitrag erwähnte, war Valentin Rosshaupt, genannt Walroß. Er war ohne Umwege in die Sowjet-Union emigriert und hatte geglaubt, Kommunisten, wie er selbst, wie sein Freund Erich, seien im Heimatland aller Werktätigen vor Verfolgung sicher. Übrigens gelang Walroß die zweite Flucht. Er verbrachte die folgenden Jahre seines noch langen Lebens zunächst in Kolumbien, schließlich als Immobilienhändler in Las Vegas, USA.

Jinny empfand keine Sympathie für Walroß. Er erschien ihm grobschlächtig und in seinem Wesen — damals sagte man in Haltung und Gesinnung — nicht annähernd so vorbildhaft wie dessen Freund Erich Faust, der Jinnys Gruppenführer und zudem so etwas wie ein Vaterersatz wurde. Jedenfalls war es ein glücklicher Umstand gewesen, daß der damals schüchterne schmächtige Knabe zu Wanderbund-Zeiten zur Gruppe Erich Fausts gelangte. Dabei hatte Jinny zuerst gar nicht gewollt. Es bedurfte des Drängens eines Freundes aus der Nachbarschaft und des energischen Zuredens der Mutter, bis er zum erstenmal mitging zu den Kameraden. Und dann fand er dort alles, was er zu Hause vermißt hatte: Familie, Geborgenheit, Ernstgenommenwerden, Abenteuer und Glücklichsein. Zwar wohnte er in der Villa Eichendorff im feinen Breslauer Süden; doch die Ehe der Eltern, eine Medizinalratstochter aus Beuthen und ein Bauernsohn aus dem ostpreußischen Mehlsack, war nicht glücklich, so daß der Junge lange auf der Suche nach kameradschaftlicher Geborgenheit gewesen war, bis er sie bei den Kameraden fand. Selbstverständlich hieß er nicht wirklich Jinny, sondern gut-bürgerlich Karl-Heinz. Aber seine Freunde hatten ihn mit der gleichnamigen Gestalt aus einem Tierbuch, einem Äffchen, so stark identifiziert, daß er nicht nur dessen Namen annahm, sondern sich zum nicht geringen Entsetzen der Familie auch äffchenähnlich bewegte, zum Beispiel mit großem Geschick an Treppengeländern entlanghangelte und Wäscheschränke bestieg. Den Namen des Äffchens behielt Jinny sein Leben lang; aus dem Spitznamen wurde der Deckname, der ihn dann auch ins Exil begleitete.

Jinny widmete sich den Kameraden, später der Mitarbeit in der KPO, mit einer derartigen Ausschließlichkeit, daß sich seine schulischen Leistungen, die übrigens nie glänzend waren, in geradezu bedrohlicher Weise negativ entwickelten. Auf einem der mühsam erworbenen Versetzungszeugnisse des Realgymnasiums am Breslauer Zwinger stand die zutreffende Bemerkung, der Schüler sei anderweitig interessiert. Als dann zu Ostern 1933 gar die Mittlere Reife in Frage stand, setzte ihm sein Freund Erich Faust zu: „Du nützt uns nichts ohne Schulabschluß." Das wirkte. Jinny setzte ein Glanzlicht an den Abschluß seiner schulischen Laufbahn. Er schrieb einen mit „gut" benoteten deutschen Aufsatz über seinen eigenen Einsatz beim Reichstagswahlkampf:

„. . . geht man in die Proletarierviertel, so sieht man aus den Fenstern der großen Mietskasernen die roten Fahnen der Kommunisten, mit dem Sowjetstern oder Hammer und Sichel geschmückt. Etwas weiter sieht man vielleicht die Hakenkreuzfahne, das Symbol der Nationalsozialisten. An jeder Anschlagsäule haben die Parteien ihre Plakate angeklebt und viele Menschen stehen davor, reden, schimpfen und versuchen zu überzeugen. Sehr oft arten die Bekehrungsversuche dann in eine Schlägerei aus, so daß die Polizei eingreifen muß. Neben den nie Zeit habenden Geschäftsleuten sieht man viele Arbeitslose, die stundenlang bei den Propagandawagen und -türmchen stehen und mit wilder Leidenschaft für die Parteien werben, von denen sie hoffen, Arbeit und Brot zu bekommen. Auf einem großen Verkehrsplatz sieht man ein seltsames Bild. Vier Zeitungsverkäufer mit vier verschiedenen Weltanschauungen stehen in kurzem Abstand nebeneinander und rufen die neueste Ausgabe ihrer Zeitung aus: ‚Der Völkische Beobachter! Mit Hitler zum Sieg!' — ‚Der Volksbote, das Organ der SPD!' — ‚Die neueste Ausgabe des Stahlhelms! Laßt Hugenberg an die Macht!' — So hört man jeden Tag das Geschrei der Ausrufer. Uner-

müdlich ruft ein Arbeiter: ‚Die Arbeiterpolitik, die neue Arpo!', bis er von einem anderen abgelöst wird . . ."[8]

Der „Arbeiter", der die „Arbeiterpolitik", das Organ der KPO, anbot, war Jinny selbst; er hatte des Wahlkampfs wegen einen Schultag versäumt. Doch er schaffte den Schulabschluß und trug damit dazu bei, daß, wie sein Schulleiter schon lange forderte, das Realgymnasium am Zwinger „judenfrei" wurde. Doch der Junge fand keine Lehrstelle, ging nach Berlin, jobbte hier und da, wurde als Judenkind gedemütigt, auch offen mißhandelt, arbeitete schließlich in einem Büro als Helfer — und machte seinen ersten, seinen einzigen schweren konspirativen Fehler: Ein Mann, der sich als Reichsbanner-Mitglied ausgab, in Wahrheit aber sein Entrée in die SA verdienen wollte, kontrollierte heimlich täglich Jinnys Spind und fand dort eines Tages, was er suchte: Flugblätter, mit antifaschistischen Parolen bedruckt. Der Mann benachrichtigte sofort die Polizei — und trug anderntags SA-Uniform. Jinny aber, der Sechzehnjährige, wurde wegen Vorbereitung zum Hochverrat angeklagt und verurteilt: Zehn Monate Haft im Polizeipräsidium Berlin-Alexanderplatz, dann Strafhaft in Plötzensee, Arbeit in Gefängniswerkstätten, Schwerstarbeit im Steinbruch. Aber von seinen Kontakten in Breslau erzählte Jinny nichts.

Als er dorthin im Frühsommer 1934 zurückkehrte, fand er vieles verändert vor. Die erste Leitung der örtlichen KPO war bereits hochgegangen, sein Freund Erich Faust, die zweite Leitung, war nun verantwortlich für die illegale politische Arbeit. Zeit besaß er dazu mehr als ihm lieb war. Als Jude hatte er sein begonnenes Ingenieur-Studium nicht fortsetzen dürfen, stattdessen in einem Hinterhof eine Fahrradwerkstatt eröffnet. Sie lag in der ehemaligen Kaiser-Wilhelm-Straße, nun Straße der SA, und ernährte notdürftig den Mann, wurde aber gleichzeitig zum Treffpunkt der Breslauer KPO, zum Zentrum ihrer konspirativen politischen Tätigkeit. In dieser Werkstatt traf Jinny den Freund wieder, traf auch Walroß, den er nicht mochte, und zu seiner Überraschung Helga, das Mädchen, dessen Eltern von allem, was es außer Wandern und Singen trieb, nichts wußten; er traf schließlich Käschen, der eigentlich Hans Jakob hieß und für die Agitprop-Gruppe die schönsten Lieder komponierte.

Die „Roten Rufer" — so nannte sich die kleine Truppe linker Musikanten — traten vor 1933 während der übermäßig zahlreichen Wahlkämpfe auf, spielten mit Banjo, Gitarre, Klavier und Geigen vor Gruppen aus der Freidenker-Jugend, aus dem Sozialistischen Jugendverband oder aus der Monistischen Jugend, auch vor jugendlichen Anhängern der SAP, deren Heim, wie das der KPO, an der Siebenhufener Straße lag. Melodien von Hanns Eisler wurden von den „Roten Rufern" häufiger vorgetragen als die früheren Arbeiterlieder. Wenn es sich um neue Texte und Noten handelte, fand man sie in der Regel in den inzwischen illegal vertriebenen Zeitschriften der Arbeiterbewegung. Man übertrug, wie früher, Texte und Noten in ein Liederbuch, das jeder unter den Kameraden mit großer Sorgfalt führte. Helga war es, die in einer Ausgabe der „Arbeiter Illustrierten Zeitung" Eislers „Lied der Bergarbeiter" als erste entdeckt, abgeschrieben und vorgetragen hatte. Sie führte ihr Liederbuch mit der gleichen Sorgfalt wie alle Kameraden, schrieb die Texte allerdings nicht, wie die meisten, in Druckbuchstaben, sondern in ihrer Schreibschrift auf; das gegenüberliegende Blatt bot dann Platz für die Noten zu den Liedern. Besonders beliebt waren bei den jungen Leuten damals auch Texte des Literaten und Rezitators Erich Weinert. Wirkliche Popularität gewann dieser Künstler, neben Johannes R. Becher schon lange einer der „Hofdichter" der Kommunistischen Partei, allerdings bei den „Roten Rufern" erst, nachdem ihm durch ein bald spöttisch als „Lex Weinert" bezeichnetes Gerichtsurteil in Preußen Redeverbot erteilt worden war.

Und dann die Lieder der fast schon legendären „dj 1.11.", der „Deutschen Jungenschaft 1. November", deren Führer tusk — nur wenige wußten damals seinen wirklichen Namen Eberhard Koebel — der Reichsjugendführung des neuen Regimes geradezu hysterische Anwandlungen von Sorgen einflößte, hatte tusk es doch gewagt, seiner eindeutig sozialistisch orientierten „dj 1.11." den Eintritt in die Nazi-Jugendorganisationen nahezulegen, zum Schein, selbstverständlich, um „Jungvolk" und HJ von innen auszuhöhlen. Eines der nationalsozialistischen Presseorgane verstieg sich zu der Behauptung, die Restbestände der bündisch-jungenschaftlichen Bewegung seien Träger des Bolschewismus, was umso bedenklicher wäre, als in der „dj 1.11." eine hervorragende Disziplin herrschte; zudem wäre *„das Menschenmaterial von seltener Güte, keine andere Organisation, die ihm auch nur annähernd ähnliches entgegenzustellen hätte."* Die Bolschewisierung der „dj 1.11." wurde im Nazi-Blatt „Wille und Macht" folgendermaßen begründet: *„Wir können die Drahtzieher erkennen, wenn wir das*

Brauchtum dieser Gruppen näher betrachten. Da werden russische Lieder gesungen, man singt zur Balalaika, man schläft nicht im Zelt, sondern hat sich längst eine Kohte angeschafft, russische Tänze und Geschichten beleben die Gruppenabende . . . Hier wird auf dem Umweg über die Kultur durch Lieder, Literatur und Brauchtum die Jugend zum Kommunismus hingeführt . . . Es ist an der Zeit, daß diesem Hochverrat ein Ende gemacht wird . . .“[9]

Bei den Breslauer KPO-Kameraden riefen derartige — meistens noch als wissenschaftlich ausgegebene — Aufsätze Heiterkeit hervor und ein gewisses Gefühl von Stärke und Stolz: Was für eine Angst mußten die kleinen, illegalen kommunistischen, mußten überhaupt die antifaschistischen Gruppen bei den Herrschenden auslösen! Und die „Roten Rufer“ sangen sie fröhlich weiter, die schönen, melancholischen, wilden russischen Lieder der „dj 1.11.“.

Das taten sie auch jetzt. Besonders übermütig sang Jinny mit. Er war glücklich, die zehnmonatige Haftzeit unbeschadet überstanden zu haben; und er empfand auch so etwas wie Stolz darüber, daß er, der Junge fast noch, der erste unter den Breslauer Kameraden gewesen war, der eine derartige Erfahrung hinter sich gebracht hatte, der erzählen konnte, wie es war, als „Politischer“ von der Nazi-Justiz abgeurteilt zu werden. Er hatte schließlich nicht wirklich gelitten; und in schlimmen Stunden hatte er sich selbst Mut zugesprochen: Das muß man aushalten für die Revolution. Vergnügt sah er Käschen an und begann, das von ihm komponierte Breslauer Kameraden-Lied zu summen:

„Auf dem Hatzfeldweg zieh'n wir Proleten
und gehen baden am Oderstrand . . .“

Aber Erich Faust unterbrach ihn, winkte ihn in eine winzige, hinter dem eigentlichen Werkstattraum gelegene Kammer. Es mußte besprochen werden, wann und wie man sich unauffällig treffen und die Erfahrungen des vergangenen Jahres in Ruhe austauschen konnte.

Sie vereinbarten eine Fahrradtour durch die Auen zwischen Oder und Ohle, flußaufwärts in Richtung Jungfernsee, Ohlau. Sie hatten erörtert, ob sie nur zu dritt, zu viert oder in einer großen Gruppe fahren sollten. Aber Erich — und er hatte letztlich zu entscheiden — beschloß, einen Ausflug mit vielen Kameraden zu machen, mit Jungen und Mädchen, mit jüngeren und älteren, mit Zeltbahnen und Kochgeschirr, mit Badezeug und Klampfen: Eine buntgemischte Jugendgruppe würde an einem schönen Sommerwochenende nicht den geringsten Verdacht erregen. Fünf Tage später, am sehr zeitigen Morgen, fuhren sie los. Es war Sonnabend, der 30. Juni 1934 — und Erich Faust war nicht dabei. Kurz nach dem Gespräch, das Jinny mit ihm in der Fahrradwerkstatt geführt hatte, war Erich gewarnt worden. Hals über Kopf war er übers Riesengebirge in die Tschechoslowakei geflohen, nach Spindlermühle, wo Bekannte seiner Eltern ein Sanatorium betrieben. Später emigrierte er von dort aus in die Sowjet-Union. Jinny sah den Freund nie wieder; denn als dieser ausgeliefert wurde an die Gestapo, war Jinny in England in Sicherheit. Die Radtour aber wurde an jenem Sommertag 1934 dennoch unternommen; eine Änderung des Plans hätte nur Verdacht erregt.

Helga war es, die nach zweieinhalbstündiger Fahrt meinte, nun sei es Zeit Rast zu machen. Niemand hatte etwas einzuwenden; es war inzwischen sehr heiß geworden, und alle freuten sich auf ein kühles Bad in der Oder. Jinny dachte mit Schrecken an ein anderes Bad „am Oderstrand“: Es war — noch zu Zeiten der Existenz des Wanderbundes Kameraden — Mode geworden, nackt zu baden, nackt am Ausflugsziel in irgendwelchen Auen oder Waldlichtungen umherzutoben, nackt Völkerball zu spielen. Das galt als Zeichen der Freigeistigkeit, des Fortschritts, der Abkehr von bürgerlichen Normen. Während die älteren Kameraden nicht die geringsten Probleme mit derartigen Demonstrationen jugendlicher Unabhängigkeit gehabt zu haben schienen, hatte Jinny sich fürchterlich geschämt und bei dieser Gelegenheit erst wirklich begriffen, was das Wort meint: Einer möchte am liebsten im Boden versinken. Aber das war ebenso unmöglich wie das Eingeständnis der Scham. So hatte er sich scheinbar leger seiner Badehose entledigt und war ins Wasser gesprungen; da hatte er sich geschützt gefühlt und übrigens mit Erstaunen bemerkt, wie angenehm es war, das kühle wellige Wasser am ganzen Körper zu spüren. Dem Völkerball-Nacktspiel allerdings hatte er sich damals entzogen, indem er vorgegeben hatte, durch das Schwimmen halb erfroren zu sein. Derartige Probleme kamen, wie Jinny wußte, an diesem Ausflugswochenende nicht auf ihn zu; denn in Anwesenheit von Mädchen und jungen Frauen pflegten die Kameraden ihre Übungen in Freikörperkultur nie.

Während die jüngsten Kameraden den Auftrag erhielten, die Zeltbahnen zusammenzuknöpfen, und eine andere, größere Gruppe ausschwärmte, um Brennholz zu sammeln, schwamm Jinny mit einigen der gleichaltrigen Kameraden um die beiden ganz in der Nähe festgemachten Oderkähne herum; sie verließen das erfrischende Wasser aber rasch und bestiegen zu viert einen der beiden Kähne vom Ufer aus. Dort waren sie sicher, keine Lauscher zu haben. Jinny berichtete ausführlich und nicht ohne das wohltuende Gefühl einer gewissen Bedeutsamkeit von seiner Haftzeit in Berlin-Plötzensee, ließ auch Details nicht aus, zum Beispiel die Tatsache, daß er ausgerechnet im Gefängnis — oder, genauer, vom Gefängnis aus — wieder einmal eine Synagoge besucht hatte. Er war angesprochen worden von Mithäftlingen: Du bist doch Jude — warum gehst Du nicht in die Synagoge? Selbstverständlich hatte er dieses Ansinnen weit von sich gewiesen: Seit er mit dreizehn Jahren, nach jüdischem Glauben nunmehr Erwachsener, in schrecklich enger dunkler Samthose und braver weißer Bluse — die Mutter hatte ihn in diese Kleidung gezwungen — zur Bar-Mizwa gegangen war, hatte Jinny keine Synagoge mehr betreten, war, im Gegenteil, aus blankem Trotz zum Atheisten geworden. Aber die Mithäftlinge hatten ihn ausgelacht: Du sollst da nicht beten, sondern tauschen. Und so hatte Jinny getauscht, was mittellose Strafgefangene zu tauschen haben, zum Beispiel fetten gekochten Speck, vor dem er sich ohnehin ekelte, gegen ein Stück trockenen Brotes, einen halbverbrauchten Bleistift gegen eine Scheibe nicht mehr ganz frischen Käse.

Nachdem Jinny seinen Bericht schon eine Weile beendet hatte und nun in das glitzernde Wasser blinzelte, unterhielten sich die drei anderen Kameraden. Schließlich sagte der erste unter ihnen, sie fänden, es wäre Zeit für Jinny zu verschwinden, ins Ausland zu gehen; Erich hätte das bestimmt auch für richtig gehalten. Als Jude, als einschlägig Vorbestrafter wäre er in Gefahr, wäre auch eine Gefahr für die Gruppe, über deren illegale Aktivitäten Jinny, wie ihm auffiel, schon keine Einzelheiten mehr erfuhr. Er erschrak, war entsetzlich traurig; aber er fügte sich ohne Diskussion. Im Grunde sah er ein, daß es gut wäre fortzugehen.

Die vier auf dem Oderkahn blieben nicht mehr lange allein. Es war auch alles gesagt, was gesagt werden mußte. Einige der jüngeren Mäd-

Wanderfahrt in die Oder-Auen: Zu den älteren ehemaligen Wanderbund-Kameraden aus Breslau gehörte Erich Faust (mit Klampfe), zu den jüngsten Helga (auf dem Oderkahn rechts unten).

chen kamen von der Uferböschung her auf das Boot. Jinny machte Fotos: Helga, ihre Schwester Ursel, deren Cousine und die gemeinsame Freundin Sophie — sie alle auf dem Oderkahn. Die Bilder, kleine Fotografien im Sechs-mal-sechs-Format, umgeben von einem scheinbar unregelmäßig gezackten weißen Rand, begleiteten Jinny später nicht ins Exil, wo sie verlorengegangen wären; es war seine Mutter, die sie mitnahm in ihr Berliner Versteck, in welchem sie als Jüdin Krieg und Verfolgung überlebte. Für Jinny war dieses Wochenende am Oderstrand so etwas wie ein Abschied. Die Kameraden, allerdings, die sich anschließend zu ihnen auf das Schiff gesellten, erfuhren nichts von dem Gespräch, das dort in einer kleinen Gruppe geführt worden war. Die Zehn- bis Vierzehnjährigen wurden ohnehin nur in Ausnahmefällen einbezogen in illegale politische Aktionen und dann auch nur in solchen Situationen, in denen diese Kinder nicht überschauen konnten, in welchem Zusammenhang ihre Mithilfe erfolgte: ein Botengang, eine verschlüsselt formulierte mündliche Mitteilung, die Übermittlung irgendeines anderen Signals.

Einen solchen Dienst hatte Helga einem Bekannten Erich Fausts einen Tag vor dessen Flucht erwiesen, ohne geahnt zu haben, welchen wirklichen Zweck er hatte. Und da sie nun alle ein wenig bedrückt herumsaßen, dabei an Erich und an Walroß dachten, die sich inzwischen, wie die zurückgebliebenen Freunde hofften, in Sicherheit befanden, erzählte Helga, bei welcher Gelegenheit sie den gemeinsamen Freund Faust zuletzt gesehen hatte: Der Inhaber jener vielseitig genutzten und in späteren Prozessen aktenkundig gewordenen Fahrradwerkstatt hatte die um fast zehn Jahre jüngere Helga um einen Botengang, wie er sagte, gebeten; er hätte an diesem Tag einfach nicht die Zeit, einem Kunden das reparierte Fahrrad zu dessen Wohnung in der Brandenburger Straße zu bringen. Ob sie, Helga, dies netterweise für ihn erledigen wolle? Sie wunderte sich ein wenig über die Mühe, die sich Erich mit seinen Kunden machte, indem er diesen die Reparaturen frei Haus lieferte. Aber sie nickte, verabschiedete sich, sah Erich, wie sie wenig später erfuhr, dabei zum letztenmal in Freiheit, und dann radelte die kleine

Vierzehnjährige auf dem großen Herrenfahrrad los. Erst viel später, als Untersuchungshäftling, erfuhr sie, daß sie dem „Kunden" damit das für den äußersten Notfall verabredete Zeichen zur Flucht gegeben hatte.

Noch im gleichen Jahr begann sie, ähnliche und andere Dienste innerhalb ihrer Gruppe zu leisten — nun aber nicht mehr, ohne zu wissen, was sie da wirklich tat. Helga war für Kurierdienste, für diskrete Sammelaktionen sehr geeignet. Sie entsprach mit ihrem dunklen Bubikopf, der Stupsnase, den grau-blauen, sehr dunkel wirkenden Augen und ihrem frohen Wesen so gar nicht dem, was die Herrschenden als „den Juden" oder „die Jüdin" dem Volk vorzustellen pflegten. Sie sah „arisch" aus und besuchte später — aus Gründen der Tarnung — sogar ungehindert Tanzlokale, die von SA-Männern besonders stark frequentiert wurden. Aber sie erwies sich als vollkommen verschwiegen und zuverlässig. Zwar erzählte sie gern und alberte mit ihren Freunden, insbesondere mit Sophie, herum; doch neigte sie weder zum Sprücheklopfen noch zum Aufschneiden. Sie war eine selbstbewußte kleine Persönlichkeit und auch in den Jahren der Entwicklung zur jungen Erwachsenen relativ ausgeglichen. Dies alles war sehr wichtig für die konspirative Arbeit, in die sie nun mehr und mehr einbezogen wurde.

Die Gruppe von insgesamt 17 jungen Leuten fuhr, immer zwei Kameraden nebeneinander, am späten Sonntag nachmittag vom Oderstrand nach Breslau zurück; es war der 1. Juli 1934. Ihnen fiel die ungewöhnlich große Zahl Uniformierter auf, die ihnen nicht erst in Breslau, sondern bereits in der weiteren Umgebung der Stadt begegneten: Überall erblickten sie Polizisten. Plötzlich, noch auf der Landstraße, wurden sie angehalten. Die „Illegalen" unter den Jugendlichen standen furchtbare Angst aus; einige mußten annehmen, auf der Stelle verhaftet zu werden. Was für eine Erleichterung, was für ein befreites Gelächter, als sie nur darauf hingewiesen wurden, daß sie nicht zu zweien nebeneinander, sondern einzeln und hintereinander fahren sollten. Übermütig stimmten sie, sobald die Uniformierten nicht mehr in Sichtweite waren, das Kameraden-Lied an:

Die Straße klingt von unser'm Schritt
und lockt uns in die Weite.
Komm', Bruder, komm' und gehe mit
und geh' an meiner Seite.
Die weiße Möwe fliegt im Wind
und lockt zu neuen Taten.
Sie weiß, daß wir die Pimpfe sind
und treu den Kameraden.
Der Weg ist weit, der Weg ist frei,
und ferne Berge winken.
Bald ist der Freiheit Zeit vorbei,
drum laßt das jetzt uns trinken.
Die weiße Möwe fliegt im Wind . . .[10]

Zu Hause, dann, erfuhren sie den Grund für das lebhafte, hektische Treiben der Uniformierten in den Straßen der Stadt, auswärts, überall: Hitler hatte tags zuvor die gesamte Führung seiner SA ermorden lassen, weil angeblich Ernst Röhm, der oberste SA-Führer, einen Putsch geplant hatte. Genaueres erfuhr man damals nicht, vielmehr: Man erfuhr viel, aber nicht die Wahrheit. In Breslau war man, wie überall, entsetzt über diese Art der Blitz-Justiz. Andererseits — eines der Opfer war Edmund Heines, abgeurteilter Fememörder, SA-Chef und Polizeipräsident in Breslau, korrupt, niederträchtig, ja verbrecherisch. Manch einer in Breslau empfand, es habe Heines ein Ende ereilt, welches ihm gemäß war.

Eine jüdische Familie

Erschrocken schaute Adolf Beyer auf, als Helga mit einem übermütigen Schwung die Tür zum Wohnzimmer öffnete; er hatte, in Gedanken versunken, ein wenig grübelnd dagesessen. „Was gibt's, Vatel?" fragte Helga und gab ihm rasch einen Kuß. Dabei schaute sie auf den kleinen Stapel von Papierbögen, die Beyer vor sich in der Hand hielt. Er zögerte einen Augenblick, ihr den Bericht zu lesen zu geben. Seinen Inhalt hatte er, allerdings nur in groben Zügen, schon vor zwei Jahren, im März '33, erfahren, kurz nach dem Vorfall, dem Verbrechen; aber die Abschrift jenes Berichts von Wilhelm Sollmann, dem Chefredakteur der „Rheinischen Zeitung" in Köln, war ihm erst jetzt zugänglich geworden; er betraf, wenngleich nur am Rande, auch seinen Bruder Georg. „Was gibt's Vatel?" wiederholte Helga ungeduldig. Beyer gab seiner Tochter die dünnen, mit engen Schreibmaschinenzeilen bedeckten Bögen. Wozu Umstände machen?, dachte er. Das Kind hatte mit seinen 15 Jahren ohnehin schon mehr Unrecht gesehen und selbst erfahren müssen, als manche Menschen, die eine Generation älter waren.

Helga warf sich in einen tiefen, mit dunklem Polsterleinen bezogenen Sessel und hielt das Papier dicht vor ihre Augen.

„In der Nacht vom Mittwoch/Donnerstag, den 9. März, wurde die Wohnung des Redakteurs der Rheinischen Zeitung, Georg Beyer, in Köln von einer Anzahl SA- und SS-Leuten überfallen. Es befanden sich in der Wohnung nur eine Hausangestellte und ein junger Mann, den Beyer, weil er verreisen mußte, mit der Bewachung der Wohnung beauftragt hatte. Die SA- und SS-Leute durchwühlten das Arbeitszimmer und das Schlafzimmer Beyers. Sie erbrachen Schränke und andere Möbelstücke, versuchten auch, Gegenstände zu stehlen. Ein Überfallkommando der Schutzpolizei, das kurz nach den SA- und SS-Leuten eintraf, hinderte die Eindringlinge zwar am Stehlen, nicht aber am Durchwühlen der fremden Wohnung. Es stellte auch die Namen der Einbrecher nicht fest . . ."[1]

Helga las schaudernd weiter. Sie begriff plötzlich, was für ein großes Glück es gewesen war, daß sich ihr Onkel Georg gerade an jenem Tage auf Reisen begeben hatte. Wilhelm Sollmanns Aufzeichnungen enthüllten schreckliche Mißhandlungen, die ihm unmittelbar danach widerfahren waren: Nachdem die Nazi-Ganoven in der Wohnung ihres Onkels nicht allzu viel hatten ausrichten können, war Sollmann in seiner Wohnung überfallen und am Schreibtisch niedergeschlagen worden. *„Die Leute"*, so hatte er notiert, *„waren in einer Art Raserei aus Haß und Freude, daß sie an mir Rache nehmen konnten. Der größte Teil der Leute verteilte sich auf die übrigen Zimmer des Hauses und schlug buchstäblich in wenigen Augenblicken alles kurz und klein. Das Zerstörungswerk erfolgte mit einer Fixigkeit, die auf große Übung schließen ließ. Ich wurde unter Faustschlägen in ein offenes Auto geworfen."* Die Mißhandlungen wurden fortgesetzt. Sollmann wurde so grausig zugerichtet, daß er, der sozialdemokratische Reichstagsabgeordnete, an der Abstimmung über das sogenannte Ermächtigungsgesetz, die genau zwei Wochen später stattfand, nicht hatte teilnehmen können; nur 94 der 120 gewählten SPD-Parlamentarier hatten damals ihr Nein zur Entmachtung des Reichstags ausdrücken können; manchen anderen war es ergangen wie Sollmann, oder sie hatten bereits ins Ausland flüchten müssen.

Auch für Georg Beyer war dieses Ereignis, dessen Opfer er nur durch Zufall nicht geworden war, Anlaß zu sofortiger Flucht. Er ging, wie hunderte politischer Emigranten, nach Saarbrücken. Dort hat Adolf Beyer den Bruder auch einmal besucht; es war eine lange Reise von Breslau in das damals noch unter Völkerbundherrschaft stehende Saargebiet. Als dann aber „die Saar heimgekehrt war ins Reich", wie die Sprachregelung lautete, als bei der Abstimmung am 13. Januar 1935 über 90 Prozent der Wahlberechtigten für eine Rückgliederung nach Deutschland votiert hatten, besaß das Saargebiet die Funktion als erste Station politisch Verfolgter aus Deutschland nur noch für die Dauer einer knapp bemessenen Übergangszeit. Die Flüchtlinge strömten über die saarländisch-französische Grenze nach Westen. Dort gelangte das idyllische Städtchen Forbach bald zu einer — zumindestens in Kreisen der politischen Emigration — außerordentlichen Bedeutung. Die im Saargebiet vorher schon betriebene Emigrantenfürsorge von und für Sozialdemokraten und Kommunisten wurde von Forbach aus fortgesetzt; Mitteilungsblätter, kleine Informationsschriften wurden herausgegeben und verbreitet. Die Information diente verschiedenen Zwecken, zielte in unterschiedliche Richtungen: Kontaktpflege unter den Flüchtlingen und einzelnen ihrer Gruppen, Unterrichtung über die

Situation in Deutschland, schließlich Aufklärung der Deutschen im Reich über das, was mit ihnen politisch wirklich geschah. All dies war illegal und deshalb gefährlich, insbesondere der Schmuggel von Informationsmaterial „von draußen nach drinnen“, wie die Mitwirkenden das nannten. Als geübter Journalist und erfahrener Politiker beteiligte sich Georg Beyer intensiv an der wichtigen Informationstätigkeit; er arbeitete mit an der in Saarbrücken erschienenen „Deutschen Freiheit“, schrieb dann auch für den bald in Prag herausgegebenen „Vorwärts“ des ebenfalls geflüchteten SPD-Exilvorstandes und für dessen „Deutschlandberichte“.

Einen journalistischen Beruf hatte übrigens in der Breslauer Beyer-Familie zuvor noch niemand ergriffen. Helgas Vorfahren der väterlichen Linie waren Kaufleute und Handwerker; sie stammten, wie der Name nahelegt, aus dem Bayerischen, aus Augsburg. Dagegen war Helgas Urgroßelternpaar mütterlicherseits aus Bialystok nach Westen geflüchtet und hatte sich in Waldeck am Riesengebirge angesiedelt. Therese Simon, Tochter dieses Paares, heiratete Salomon Beyer, einen Kaufmann aus Hirschberg; mit ihm zog sie nach Breslau, wo alle vier Kinder, zwei Töchter und zwei Söhne, geboren wurden. Während Helgas Großvater Salomon bereits in den zwanziger Jahren starb, mußte die Großmutter Therese, die bis 1935 lebte, noch die ersten Schrecken der Nazi-Herrschaft miterleiden.

Beide Söhne aus der Ehe von Salomon und Therese Beyer — Georg wurde 1884, Adolf 1887 geboren — erlernten, wie selbstverständlich, den Kaufmannsberuf; beide traten schon in jungen Jahren der Sozialdemokratie bei. Doch während sich Adolf Beyer, wie auch seine verstorbene erste Frau Else, darauf beschränkten, die Partei regelmäßig zu wählen, wozu es in den Jahren der Weimarer Republik mehr als genug Möglichkeiten gab, arbeitete Georg Beyer aktiv in der Partei mit. Überhaupt besaß, wie es Adolf Beyer oft erschienen war, der ältere Bruder die stärkste Energie und Einsatzfreude unter den vier Geschwistern. Nach seiner Lehrzeit nämlich legte Georg Beyer als externer Schüler das Abitur ab, um in Leipzig Volkswirtschaft zu studieren; und schon während der Studienjahre wurde er Mitarbeiter der „Leipziger Volkszeitung“, später der „Arbeiterzeitung“ in Dortmund, der „Tribüne“ in Erfurt und schließlich, noch vor dem Kriegsbeginn 1914, der berühmten „Rheinischen Zeitung“ in Köln. In Köln ist Georg Beyer dann auch seßhaft geworden. Er avancierte zum Stellvertreter des Chefredakteurs Wilhelm Sollmann, der, seines zeitraubenden Reichstagsmandats wegen, einen verläßlichen und befähigten zweiten Mann in der Redaktion brauchte.

Georg Beyer genügte es nicht, Politik nur kommentierend zu begleiten; er betätigte sich auf diesem Feld auch sehr aktiv, beschränkte seinen Wirkungskreis aber auf Köln, wo er von 1919 bis 1933 als Stadtverordneter und lange Zeit als kulturpolitischer Sprecher seiner Fraktion tätig war. Gleichzeitig arbeitete er mit in der „Vereinigung der geistigen Arbeiter" Kölns und beim Aufbau der Volkshochschule sowie des Freigewerkschaftlichen Seminars. Durch diese bildungspolitischen Aktivitäten schuf sich der Schlesier viele Freunde in der rheinischen Arbeiterschaft, übrigens auch in jenen Kreisen, die dem christlichen Sozialismus verbunden waren. Feinde allerdings, einflußreiche darunter, hatte er auch, vor allem weil sich Beyer in Reden und Schriften scharf gegen die damals im Rheinland noch stark vertretenen separatistischen Bestrebungen wandte. Hinzu kam bald die frühe Gegnerschaft zum Nationalsozialismus; sie beruhte freilich auf Gegenseitigkeit. Zwar faßten die Nazis im katholischen Rheinland nicht so schnell und nicht so beherrschend Fuß wie in anderen Teilen Deutschlands; umso entschiedener aber bekämpften sie Menschen, die in ihrer Region als kluge Köpfe bekannt waren und gleichzeitig eine große Popularität besaßen. Georg Beyer war so ein Mensch[2].

Die Breslauer und die Kölner Beyers verstanden sich gut und sahen sich trotz der großen Entfernung regelmäßig. Helga liebte ihren Onkel sehr und bewunderte seine Artikel auch schon zu Zeiten, da sie sie zweifellos noch nicht ganz begreifen konnte. Zuweilen, vor seiner Emigration, hatte Georg Beyer nämlich Exemplare der „Rheinischen Zeitung" oder auch nur einen ausgeschnittenen Artikel nach Breslau geschickt und an den Rand einen Gruß gekritzelt, etwa: „Herzlichst — Euer Georg" oder „Statt eines Briefes", auch wohl einmal: „So sieht es heute in Deutschland aus!"

Einmal — es war nach dem 1. Februar 1933 und wenige Tage vor dem ersten Verbot der „Rheinischen Zeitung" — schickte Helgas Onkel einen großen Zeitungsbericht, der mit *Blutiger Tag in Breslau* überschrieben war. Die schrecklichen Vorfälle, die dort geschildert wurden, waren den schlesischen Beyers selbstverständlich bekannt; aber

Helga empfand es doch als sehr bemerkenswert, daß Vorgängen in Breslau im so fernen Köln derart starke Beachtung geschenkt wurde; jedenfalls las Helga den Artikel, als hätte sie von jenem neuerlichen politischen Mord noch nie gehört:

„Breslau, 31. Januar (Eigener Drahtbericht). In Breslau wurden Dienstag mittag bei Zusammenstößen eine Person getötet und sechs Personen schwer verletzt.

Der erste Zusammenstoß ereignete sich gegen 12 Uhr mittags während eines nationalsozialistischen Umzugs in der Gartenstraße. Es kam zu einem Handgemenge mit Kommunisten. Ein SA-Mann erhielt einen Stich in die Brust; er mußte ins Krankenhaus geschafft werden. Ferner trug ein Nationalsozialist Stichverletzungen am Kopf davon. Drei Angehörige der KPD wurden festgenommen.

Einige Zeit später erfolgte ein zweiter, weit folgenschwererer Zusammenstoß in der Bittnerstraße, im proletarischen Westen Breslaus. Ein überwiegend aus Kommunisten zusammengesetzter Erwerbslosen-Demonstrationszug, dessen Teilnehmer Sprechchöre gegen Hitler und angeblich verbotene Lieder sangen, wurde von der Polizei aufgelöst. Während die Massen vor den rücksichtslos mit Gummiknüppel vorgehenden Polizeibeamten flüchteten, schlugen einige kommunistische Demonstranten die Schaufensterscheibe eines SA-Kaufladens ein und rissen die im Laden befindlichen Auslagen auf die Straße. Daraufhin machten die Beamten von der Schußwaffe Gebrauch. Vier Demonstranten wurden getroffen und mußten mit schweren Verletzungen ins Hospital überführt werden. Außerdem wurde ein völlig unbeteiligter Mann, der 54jährige Steinsetzer Max Wasner, der mit der Sozialdemokratischen Partei sympathisierte, erschossen.

Die Pressestelle des Polizeipräsidiums teilt über die blutigen Zusammenstöße am Dienstag mit, daß von der Polizei lediglich Schreckschüsse abgegeben worden seien. Die Schüsse, durch die eine Person getötet und vier Personen verletzt wurden, seien während der polizeilichen Säuberungsaktion von Kommunisten hinter dem Rücken der vorgehenden Polizeibeamten abgefeuert worden.

Die amtliche Mitteilung der Polizeipressestelle ladet die Schuld an den Vorfällen eindeutig auf die demonstrierenden Arbeiter. Das steht im Widerspruch zu den Aussagen zahlreicher Augenzeugen."[3]

Noch ehe die Schuldfrage ernsthaft untersucht worden war, bot die Schießerei dem ungeliebten Breslauer Polizeipräsidenten den willkommenen Anlaß, bis auf weiteres alle Veranstaltungen der Kommunistischen Partei und der ihr nahestehenden Verbände zu untersagen. Wenig später wurde die Partei als Organisation verboten.

Artikel seines Bruders las Adolf Beyer gern im Familienkreis vor, wie er übrigens überhaupt gern vorlas. Es ging ihm dabei keineswegs nur um die Lektüre, sondern in gleichem Maß auch darum, wenigstens einmal am Tag in Ruhe mit seinen Mädchen, die ja schon frühzeitig eigene Wege gingen, beieinander zu sitzen. Während vieler solcher Abendstunden lernten Helga und Ursel unter anderem Remarques „Im Westen nichts Neues" kennen, ein Buch, in dem Beyer sich wiederzuerkennen glaubte. Als Jude, als Sozialdemokrat war er 1914 zwar nicht mit vaterländischer Begeisterung, doch mit der Selbstverständlichkeit patriotischen Pflichtgefühls Soldat geworden. Heimgekehrt war er verwundet, dekoriert und fast als Pazifist; deshalb seine Vorliebe für Remarques Antikriegsbuch, mit dem sich damals nicht nur Adolf Beyer identifizieren konnte. Seinen beiden Mädchen pflegte er in diesem Zusammenhang zu erzählen, er habe ohnehin immer nur in die Luft, nie in die Richtung eines Menschen geschossen. Die Kriegstreiberei der Nationalsozialisten — man konnte sie vielerorts, in Breslau aber besonders am zunehmenden Florieren der metallverarbeitenden Linke-Hoffmann-Werke beobachten — verfolgte er deshalb mit fast noch größerer Sorge als den immer skrupelloser um sich greifenden Antisemitismus.

Beyer war kein orthodoxer, er war nicht einmal ein religiöser Jude, und entsprechend liberal hatte er seine Töchter erzogen. Seine erste und seine zweite Frau waren nicht Jüdinnen, waren arisch, wie das neuerdings hieß. Die jüdischen Feiertage ehrte die Familie aus einer gewissen traditionellen Verbundenheit durch gelegentliche Besuche in der Neuen Synagoge; es gab dann wohl auch ein gutes, doch keineswegs immer koscheres Essen. Nachdem die Nazi-Herrschaft begonnen hatte, hätte Beyer ohne allzu große Gewissenskonflikte aus der Breslauer Synagogengemeinde austreten können. Aber er tat es nicht; er wollte gerade jetzt sein Judentum nicht verleugnen, gerade in Zeiten wie diesen nicht. Möglicherweise bestand seine jüngere Tochter Helga aus ganz ähnlichen Gründen darauf, in der Schule am jüdischen Religionsunterricht teilzunehmen; sie tat es freiwillig und mit so großer Entschiedenheit, daß ihre ältere Schwester Ursel schließlich auch die jüdischen Religionsstunden besuchte. Diese Haltung des Jetzt-erst-recht legte Helga noch entschlossener an den Tag, nachdem sie in Breslau die ersten antisemitischen Ausschreitungen miterlebt, von einigen allerdings durch verläßliche Zeugen auch nur gehört hatte.

Dem Judenboykott vom April 1933 waren 1934 die ersten Vertreibungen von jüdischen Mitbürgern aus deren Wohnungen gefolgt; neue Bewohner, arische, waren vor allem in jene ehemaligen Juden-Wohnungen gezogen, die in den besten Wohnbezirken Breslaus lagen. Schlimmer aber wurde es jetzt, 1935. Da fanden monatelang sogenannte Pranger-Umzüge statt: Frauen mußten mit Pappschildern um den Hals durch die Straßen der immer belebten Breslauer Innenstadt gehen, über den Ring, den Karls- und den Blücherplatz, die Antoninen- und die Graupenstraße. *Ich bin Rassenschänderin,* verkündeten die Pappschilder. Doch das genügte den Nazis noch nicht. Ein Juden-Pranger — finsterstes Mittelalter — wurde eingerichtet; dort schlug man sogenannte Rassenschänderlisten an. Und damit sich niemand daran vergriff, wurde der Pranger umschichtig von bewaffneten SA-Leuten bewacht. Angewidert rannte Helga nach Haus, nachdem sie dort zum erstenmal schwarz auf Weiß die Namen und vollständigen Adressen von Breslauer Bürgerinnen und Bürgern unter der Überschrift angeschlagen sah: *Hierher gehören folgende Frauenspersonen mit ihren jüdischen Schändern.* Sie sprach zu Hause darüber, aber offener noch mit ihren Kameraden, die alle diesen Schandpfahl gesehen hatten.

Die Freunde empfanden derartige Praktiken als ebenso menschenunwürdig wie Helga sie aufgefaßt hatte. Sophie lenkte die allgemeine Empörung schließlich in sachlichere Bahnen. „Warum wundern wir uns?“, fragte sie, ohne eine Antwort zu erwarten. „Hier ist doch alles vorgegeben.“ Und damit zog sie nicht etwa Hitlers „Kampf“ aus ihrer leinenen Umhängetasche, sondern mehrere sehr schmale Broschüren. Sie saßen zu Hause in Helgas Zimmer. Ursel war dabei, ihre Cousine Ilse, die Gruppenführerin Adele und als Hahn im Korb Winfried Geldner, mit dem Helga sich näher angefreundet hatte. *„Das Rassebüchlein für die deutsche Jugend“,* zitierte Sophie den Titel eines der Hefte. „Es wird in der Volksschule durchgenommen und gehört in eine Reihe *‚Zu Deutschlands Erneuerung‘.* Ich hab's von einem Mädchen in unserer Nachbarschaft.“ Diese Unterrichtsmaterialien waren mit besonderer Unterstützung der Breslauer Kreisgruppe des nationalsozialistischen Lehrerbundes herausgebracht worden. In rascher Folge erschienen Dutzende von Heftchen; sie wurden zum Stückpreis von zehn Pfennigen an die Kinder der Breslauer Schulen verkauft, ihr Inhalt im Unterricht durchgearbeitet. 70 der ersten 100 Hefte behandelten politische Themen; eines von ihnen erschien bereits nach sehr kurzer Zeit in zweiter Auflage. Es war versehen mit dem parteiamtlichen Unbedenklichkeitsvermerk und hieß *„Der Jude und der deutsche Mensch"*.

Was darin über *„körperliche Eigenheiten der Juden"* stand, löste bei Helga und ihren ausschließlich jüdischen Freunden — trotz der noch gar nicht verarbeiteten Empörung über den Breslauer Juden-Pranger — nichts als Heiterkeit aus: *„Die Augen sind mandelförmig, das Oberlid ist verdickt und hängt schwer über dem Augapfel. Das gibt dem Auge einen lauernden, verstohlenen Ausdruck . . . Der Gang hat etwas Weiches, Schleichendes . . ."*[4] Sie konnten dies einfach nicht ernst nehmen und verlegten sich aufs Albern. „In zweiter Auflage, sagst Du?" prustete Helga. Und Winfried tat ihnen den Gefallen, den ihnen derartig vorgestellten „typischen Juden" zu imitieren: mandelförmige Augen, schleichender Gang. Es glückte ihm nur unzulänglich. Sie fanden das Ganze ausnehmend komisch, wiederholten sich gegenseitig Textzitate aus den Schriften und begannen wieder zu lachen. Nur Sophie blieb ein wenig nachdenklich.

Im Lauf des Nachmittags lasen die Freunde in einigen der anderen Schriften *„Zu Deutschlands Erneuerung"* und sprachen dann auch ernsthaft über die dort vermittelten Lernziele, zu denen nach nationalsozialistischer Auffassung die Verunglimpfung von Juden ebenso gehörte wie die von Sozialisten. Zum Beispiel wurde in den Belehrungen über *„Das Judentum im politischen Leben"* der ihnen allen mehr oder weniger vertraute Name von Karl Marx in „Mardochai" verändert, was man kaum noch komisch finden konnte. Und aus dem in Breslau geborenen und begrabenen Mitbegründer der Sozialdemokratie, Ferdinand Lassalle, hatten die NS-Pädagogen „Lhasal" gemacht; das sollte so recht jüdisch klingen. Beide großen Denker und Politiker hätten *„aus der rechtschaffenen deutschen Arbeiterbewegung eine internationale, also vaterlandslose"* gemacht, während *„der Wiener Jude Hilferding 1923 sein Amt als Finanzminister mißbrauchte, um die Inflation herbeizuführen"*[5].

Helga verstand damals, mit 15 Jahren, längst genug von Politik, um es höchst unglaubhaft zu finden, daß ein einzelner Mensch, etwa ein Finanzminister, die ganze Welt in eine wirtschaftliche Krise hätte stürzen können. Der Vater hatte ihr gelegentlich alte Billionen-Mark-Geldscheine gezeigt und von der damaligen Not erzählt, von den Brotpreisen zum Beispiel. Ein Schein hatte zeitweise kaum für ein Drei-Pfund-Brot gereicht; und wer seinen Lohn bekommen hatte, der gab ihn so rasch wie möglich für das Lebensnotwendige aus, ehe das Geld weiter an Wert verlor. Nach den Unterrichtsheftchen des Breslauer Nazi-Lehrerbundes waren die Juden aber nicht nur für die Geldentwertung verantwortlich zu machen, sondern in gleichem Maße für die Vernichtung Tausender von Einzelhandelsgeschäften, denn: *„Eine jüdische Erfindung sind auch die Warenhäuser.“* Folglich mußten sie abgeschafft, mindestens aber arisiert werden, wie die nationalsozialistische Sprachregelung für die Überführung jüdischen Besitzes in die Hände von Deutschen lautete, die dem Regime genehm waren. Das Kaufhaus Wertheim, zum Beispiel, ging später unter großem Druck und ebenso großen Verlusten teilweise in den Besitz derer von Bülow über. Und das beliebte Breslauer Kempinsky-Restaurant, eine Filiale des Berliner Kempinsky, erhielt ebenfalls gut-deutsche Inhaber; lange und mutig, doch vergebens, hatten sich die Besitzer gegen diese Zwangsmaßnahme gewehrt.

Plötzlich durchdrang neues Gelächter Helgas kleines Zimmer. Ursel, nachdem sie sich gefangen hatte, zitierte mit übersteigertem Pathos einen weiteren Merksatz aus der Volksschul-Literatur: *„Wenn der deutsche Mensch den Anblick eines Bergwaldes in sich hineintrinkt, berechnet der Jude, wieviel Geld das Holz wohl wert sei.“* Niemand mochte glauben, daß dieser Unsinn dort wirklich abgedruckt war; jeder schaute in das Heft, ließ sich den Satz zeigen: *„Wenn der deutsche Mensch den Anblick eines Bergwaldes in sich hineintrinkt . . .“* Es war nicht zu fassen! Und doch war es wahr; sie alle wußten es. Es geschah noch Schlimmeres als der Abdruck dieser bodenlos-dummen Sprüche. Es wurden in jenem Jahr 1935 die sogenannten Rassegesetze beschlossen.

Zwei Tage nach dem Treffen der vier Mädchen und ihres Kameraden Winfried klebten an Laternenpfählen der Innenstadtstraßen kleine Zettel. Die Freunde hatten — auch mit einigen anderen Kameraden — lange über den Text diskutiert und sich schließlich für einen einfachen kurzen Satz entschieden: *Die Juden sind unsere Mitbürger*. Er war in Druckbuchstaben mit dickem, einigermaßen wischfesten Buntstift auf kleine Zettel gemalt und mit Hilfe von Tapetenkleister angebracht worden. Daß seine beiden Töchter zu diesem Zweck in einer Nacht für die Dauer von zwei Stunden aus der Wohnung verschwunden waren, ahnte Adolf Beyer nicht.

Als sie am übernächsten Tag, jede für sich, durch die Stadt gingen, bemerkten sie, daß die Zettelchen sämtlich abgerissen worden waren. Und sie bemerkten neue antisemitische Aktivitäten der örtlichen Nationalsozialisten. Um die mittelalterliche Staupsäule, die auf dem Ringplatz vor dem Rathaus stand, waren Plakate aufgestellt worden; sie waren beklebt worden mit Bildern von Breslauer Bürgern, die in jüdischen Geschäften gekauft hatten. Der eigens zu diesem Zweck in der Schweidnitzer Straße aufgestellte Holzturm trug antijüdische Plakate und die bekannte Aufforderung, Juden zu boykottieren. Sogenannte Rassenschänder wurden in diesen Tagen nicht nur durch die Bekanntgabe ihrer Namen an Litfaßsäulen denunziert, sondern durch regelrechte Umzüge von Plakatträgern, denen trompetenblasende SA-Leute vorausgingen. Kurz danach allerdings erfolgte ein in ungewöhnlich scharfem Ton abgefaßter Appell gegen Einzelaktionen durch den Breslauer Gauleiter. Es hatte freilich kein Sinneswandel diesen Appell veranlaßt, sondern eine politische Peinlichkeit: Während eines regelrechten Pogroms, den eines August-Sonntags ein SA-Trupp veranstaltete, war der schwedische Konsul in Breslau verprügelt worden . . .[6]

Im Gegensatz zu vielen anderen Breslauer Juden hatte Adolf Beyer während der ersten Jahre der nationalsozialistischen Herrschaft geschäftlich nicht zu leiden. Er betrieb eine Lampenschirmmanufaktur; in der Familie sprach man immer von „Fabrikation“, aber tatsächlich wurden die Schirme weitgehend von hand gefertigt. Der Vorzug dieser kleinen, aber die Familie durchaus ernährenden Manufaktur war, daß sie in nur zwei Räumen betrieben werden konnte, in zwei Zimmern der jeweils sehr geräumigen Wohnungen, in denen die Beyers lebten; es befanden sich also Arbeitsplatz und Wohnraum immer unter einem Dach. Zunächst betrieb Adolf Beyer die Produktion in der Wohnung an der Sadowastraße. Als aber sein Freund Immanuel Wagner — er war Geschäftsführer beim Zentralverband der Angestellten und dessen Leiter für ganz Schlesien — mit seiner Familie 1933 eilig nach Berlin zog, um in der großen Stadt vor Verfolgung ein wenig sicherer zu sein, mieteten die Beyers die ehemals Wagnersche Wohnung an der Gabitzstraße. Für Helga und Ursel war der Umzug der befreundeten Familie übrigens ein schmerzlicher Verlust, denn mit deren Tochter Esther waren sie täglich zusammen gewesen; sie waren gemeinsam in die Schule gegangen und hatten nahezu jede Stunde der Freizeit miteinander verbracht. Als Adolf Beyer Witwer geworden war, hatte Mutter Wagner sich der beiden Mädchen annehmen wollen; aber er meinte immer, seine beiden Töchter erzögen sich selbst. In den folgenden Jahren zogen die Beyers noch zweimal um; jedesmal ging es ein Stückchen mehr in die Richtung der Breslauer Innenstadt; die Familie lebte zeitweise in der Kaiser-Wilhelm-, schließlich noch in der Tauentzienstraße.

Die Lampenschirm-Manufaktur blieb an allen diesen Orten von Boykottmaßnahmen oder schlimmeren Repressalien durch die nationalsozialistischen Machthaber verschont, weil Adolf Beyer klug genug gewesen war, das kleine Unternehmen seiner arischen Frau — er heiratete 1934 zum zweitenmal — zu überschreiben; die wurde dann notgedrungen sogar Mitglied der „Deutschen Arbeitsfront", in der Arbeitnehmer und Arbeitgeber organisiert sein mußten. Erst in der sogenannten Reichskristallnacht am 10. November 1938, als in ganz Deutschland die Synagogen brannten, kam ungebetener SA-Besuch in die Manufaktur. Doch Ursel, Helgas damals schon zwanzigjährige Schwester, die allein zu Hause war, wies den Arbeitsfront-Ausweis der Stiefmutter vor — und die Uniformierten rückten unverrichteterdinge wieder ab. Ursels Mann allerdings, den sie zwei Monate zuvor geheiratet hatte, wurde in jener Nacht des November-Pogroms nach Buchenwald verschleppt.

1935 aber, als die Diskriminierung der Juden in den „Nürnberger Gesetzen" vorläufig gipfelte, nützte Helga die arische Mutter nichts und nichts die Tatsache, daß sie und die Schwester nur Halbjüdinnen waren; als Glaubensjuden waren sie der Nazi-Rassegesetzgebung vollständig ausgeliefert. Die „Nürnberger Gesetze" — sie hatten diese Bezeichnung, weil sie im Herbst 1935 auf dem NSDAP-„Reichsparteitag der Freiheit" in Nürnberg beschlossen wurden — umfaßten unter anderem das Reichsbürgergesetz, welches Juden von der deutschen Staatsangehörigkeit ausschloß, und das *„Gesetz zum Schutz des deutschen*

Blutes und der deutschen Ehre", welches Heiraten ebenso wie außereheliche Beziehungen *„zwischen Juden und Staatsangehörigen deutschen oder artverwandten Blutes"* bei Androhung hoher Zuchthausstrafen verbot[7]. Im Alltag unter dem Hakenkreuz bedeutete dies für viele Juden bereits weitgehend den Ausschluß aus dem gesellschaftlichen, dem wirtschaftlichen, dem sozialen und kulturellen Leben ihrer bis dahin gewohnten Umgebung *„deutschen oder artverwandten Blutes".* Helga jedenfalls — sie hatte zuletzt die Augusta-, dann die Charlotten-Schule besucht — mußte 1935 den Traum vom Medizinstudium begraben, denn nirgendwo in Breslau konnte sie auch nur die Voraussetzung dafür, das Abitur, erwerben. Zwar stellte der Reichserziehungsminister erst drei Jahre später fest, es könnte *„keinem deutschen Lehrer und keiner deutschen Lehrerin mehr zugemutet werden, an jüdische Schulkinder Unterricht zu erteilen, auch versteht es sich von selbst, daß es für deutsche Schüler und Schülerinnen unerträglich ist, mit Juden in einem Klassenraum zu sitzen",* deshalb seien *„alle zur Zeit eine deutsche Schule besuchenden jüdischen Schüler und Schülerinnen sofort zu entlassen";* aber tatsächlich hatten viele Lehrer und Schulleiter schon davor ihren Ehrgeiz darein gelegt, ihre Schulen lange vor 1938 „judenfrei" zu machen. Das wußte natürlich auch der Erziehungsminister; denn er sprach in seiner Anordnung über die Entlassung jüdischer Schüler von deutschen Schulen lediglich von einem *„Restbestand jüdischer Schüler",* der *„übriggeblieben"* sei.

Helga gehörte nicht zum „Restbestand". Sie war fünfzehn Jahre alt, ging auf sechzehn zu, als sie schon 1935 von der Schule gewiesen wurde. Nach langem Suchen fand sie immerhin eine Stellung als kaufmännischer Lehrling bei der Firma Juliusburger, einem Konfektionshaus in der Gartenstraße. Das war ein wirklicher Glücksfall; denn die wirtschaftliche Lage hatte sich noch keineswegs entscheidend verbessert, und entsprechend schmal war das Angebot an betrieblichen Ausbildungsplätzen — ganz besonders für Jüdinnen.

Der Staat geizte zudem mit Ausgaben, jedenfalls in Bereichen, die ihm nichts einbrachten. In Breslau wurde schon 1934 begonnen, erwerbslose Frauen und Männer als sogenannte Landhelfer nach Pommern zu verschicken; dort mußten auch die ungeeignetsten Personen gegen einen Hungerlohn bäuerliche Arbeit verrichten, und der Staat sparte unterdessen die Zahlung der Arbeitslosenunterstützung. Die sparte er auch bei der faktischen Abschaffung der Freizügigkeit für Arbeitslose; unterstützt wurden Mitte der dreißiger Jahre nur noch die in Breslau ansässigen Erwerbslosen. Bei all dem kam eine Verstärkung des politischen Drucks auf Menschen, die in Lohn und Brot standen, hinzu: Wer nicht gewillt war, den Nazi-Organisationen beizutreten, riskierte seinen Arbeitsplatz. Man brauchte schon eine Menge Mut, um standhaft zu bleiben oder sich gar, wie Helga und ihre Freunde, an kleinen und größeren antifaschistischen Widerstandsaktionen zu beteiligen.

Das Jahr 1935 brachte den Breslauern noch weitere Sorgen: Die Stadt wurde zur Notstandsgemeinde erklärt, was den schon vollzogenen Abbau von Fürsorgeleistungen im Nachhinein rechtfertigte. Und während auf dem Großmarkt der Stadt ein Margarineersatz angeboten wurde, florierte gleichzeitig der Schleichhandel mit Lebensmitteln, der Verkauf besserer Waren unter dem Ladentisch. Das Sammel-Unwesen für die von den Nationalsozialisten eingerichteten Hilfsorganisationen aber griff in einer Weise um sich, die nur noch mit dem juristischen Begriff der Nötigung zutreffend zu beschreiben war. Eine besonders brutal ausgeführte Sammelaktion wurde selbst von Anhängern des Regimes als ein Beispiel übertriebenen Eifers empfunden: Während der Pause einer Varieté-Vorstellung im Breslauer „Wappenhof" betraten acht bewaffnete SS-Männer die Bühne und erklärten, die Ausgänge seien besetzt, da sich Staatsfeinde in dem Etablissement befänden; die Freilassung aller Anwesenden wurde von einer Spende für das „Winterhilfswerk" abhängig gemacht. Etwa 50 SA-Leute, die danach in den Saal stürmten, verliehen der Spendenaufforderung Nachdruck; mit Sammelbüchsen gingen sie von Varieté-Sitz zu Varieté-Sitz. Von dem Geld wurde am 2. November 1935 in Breslau erstmals Essen an Bedürftige verteilt; mobile Feldküchen mit je vier Riesenkesseln voller Suppe fuhren durch die Stadt. Trotz einer Propaganda, die immer wieder das Gegenteil behauptete, erhöhte sich in Breslau, wie überall, die Zahl bedürftig werdender Menschen ständig. Die Familie Beyer litt damals keine wirkliche Not; Adolf Beyer empfand es jedoch als außerordentlich beruhigend, seine jüngste Tochter mit einer Lehrstelle versorgt zu wissen. Gegen eine solide kaufmännische Ausbildung war, so fand er, schließlich nichts einzuwenden. Und — wer weiß — vielleicht würden sie eines Tages doch auswandern müssen; dann würden seine beiden Mädchen nicht mit einem abgebrochenen Medizinstudium dastehen, sondern hätten beruflich bereits etwas in der Hand.

Helga, übrigens, stellte sich rasch um, trauerte der unerreichbar gewordenen akademischen Ausbildung nicht allzu lange nach; ihre lebensbejahende Grundeinstellung half ihr weiterhin, mit schwierigen, sogar mit unerfreulichen Situationen verhältnismäßig problemlos fertigzuwerden. Auch ihr Äußeres hatte sich — ungewöhnlich bei sehr jungen Menschen — in den vorangegangenen zwei, drei Jahren kaum verändert. Sie blieb mit wenig mehr als eineinhalb Metern Länge klein von Gestalt. Allerdings hatte sie ein wenig abgenommen, war nicht mehr das rundliche Kind von einst, sondern mit fünfzehn Jahren ein sehr hübsches junges Mädchen. Trotz des frohgemuten Ausdrucks, den ihr Gesicht weiterhin vermittelte, hatte sie sich gegenüber ihrer Umwelt ein wenig verschlossen; sie las viel, versank häufig in stilles Grübeln und entschied wirklich wichtige Fragen in der Regel ganz für sich allein. Bei all dem bewahrte sie sich jedoch eine kindliche Naivität, eine gewisse Unbekümmertheit, welche ihrer überdurchschnittlich stark ausgeprägten Intelligenz zuweilen einen Streich spielte und eine grundsätzliche Skepsis oder gar Mißtrauen angesichts der Schrecken, die sie miterlebte, nie aufkommen ließ. Mit dieser unbekümmerten Haltung wurde sie gelegentlich zu einer Gefahr für die Gruppe, in der sie illegal politisch arbeitete. Und sie gefährdete sich selbst. Der Familie und ihren Freunden machten Helgas Trotz und ihre Dickköpfigkeit oft zu schaffen. Die positive Kehrseite dieser Eigenheiten aber zeigte sich darin, daß sie immer durchstand, was sie sich vorgenommen hatte, auch Ziele, deren Verwirklichung sich als wenig vergnüglich oder als ausgesprochen anstrengend erwiesen. Die Ausdauer, mit der sich das sehr junge Mädchen politisch schulte, um zu begreifen, was geschah und geschehen könnte, ist von gleichaltrigen und älteren Freunden bewundert worden. Eine ausgeprägte Neugier für alles, was um sie herum geschah, besaß Helga schon als kleines Kind, zu Zeiten, da die Mutter noch lebte. Else Beyer starb, als ihre jüngere Tochter elf Jahre alt war. Helga war ihr unter den beiden Kindern das liebste, das sie verwöhnte und bewunderte, von dem sie annahm, es werde einmal „etwas ganz Besonders“ aus ihm, wie sie Freunden gegenüber wiederholt behauptete. Die beiden Mädchen haben den Tod der Mutter lange nicht verwinden können, auch wenn sie in ihrer Tante Klurchen einen liebevollen, geduldigen und immer um die beiden Nichten besorgten Mutter-Ersatz fanden.

Klara Junker war beträchtlich älter als ihre früh gestorbene jüngste Schwester Else, und sie hat ein schwereres Leben gehabt. Als ältestes unter fünf Geschwistern, die früh ihren Vater verloren hatten, mußte sie der Mutter helfen, die jüngeren Geschwister durchzubringen. Sie hatte sich früh daran gewöhnen müssen, für andere da zu sein, heiratete nie und ließ auch später in der Sorge um andere nicht nach. Die beiden halbverwaisten Nichten wurden zum Lebensinhalt ihrer letzten Jahre; sie waren ihr „Ein und Alles", wie sie oft erklärte. Was aus Klara Junker geworden ist, später, nach dem Zweiten Weltkrieg, hat niemand unter den überlebenden Verwandten in Erfahrung bringen können. Es scheint sicher zu sein, daß die damals über Siebzigjährige ein Opfer der Massenvertreibung aus Schlesien wurde; doch keiner fand heraus, wann und wo die alte Frau zu Tode gekommen ist.

Helga hatte noch zwei weitere Tanten, Schwestern ihres Vaters, Frauen also, die, anders als Klara Junker, Jüdinnen waren. Helgas Tante Paula wurde zusammen mit ihrem Mann nach Theresienstadt deportiert, später nach Auschwitz gebracht; sie haben beide nicht überlebt. Emma, die zweite Schwester Adolf Beyers, emigrierte 1936 ins damalige Palästina und entkam dadurch der Verfolgung und Ermordung der Juden in Deutschland.

Auch in der Breslauer Beyer-Familie wurde eine Emigration erwogen: als Georg Beyer ins Saargebiet flüchtete und dann, 1935, nach Toulouse ins südliche Frankreich; als Helga und Ursel ihre Schulzeit am Gymnasium nicht beenden durften; als ihre Tante Emma nach Palästina auswanderte. Besonders Georg Beyer versuchte, seinen Bruder, als dieser ihn einmal in Saarbrücken und viel später in Toulouse besuchte, von der Notwendigkeit der Emigration zu überzeugen. Aber es gab viele Gründe nicht zu flüchten, objektive Gründe und solche, die eher gefühlsbestimmt und von einer gewissen irrationalen Hoffnung getragen waren: Man war in Niederschlesien verwurzelt und mochte die Notwendigkeit fortzugehen eigentlich nicht einsehen; zudem blieb die materielle Existenz der Beyers, im Gegensatz zur Situation vieler anderer jüdischer Familien, lange Zeit gesichert. Freilich konnten die Beyers kein Vermögen ansammeln; die Einkünfte aus der

Lampenschirm-Manufaktur reichten nicht einmal zum Ansparen jenes „Eintrittsgeldes“, welches einige Länder von Einwanderern vorab verlangten. Helgas Tante Emma, zum Beispiel, mußte, ehe sie nach Palästina ging, die enorme Summe von zweitausend englischen Pfund — das waren damals mehr als zwanzigtausend Reichsmark — aufbringen. Die USA dagegen führten ein Quotensystem ein, das für gewisse Zeiträume nur einer knapp bemessenen Zahl von Menschen die Einwanderung erlaubte; da der Andrang von Flüchtlingen aufgrund des Terrors in Nazi-Deutschland immer größer wurde, entstanden lange, zeitweise sogar jahrelange Wartezeiten. Es blieb also vielen nichts als die Hoffnung, dies alles — und damit umschrieb man, wovor man die Augen verschloß — werde nicht von langer Dauer sein; früher oder später würden die Nazis abgewirtschaftet haben, früher oder später würde das Ausland reagieren auf das, was in Deutschland und bald auch darüber hinaus geschah.

Georg Beyer in Toulouse warnte, soweit er sich seinen schlesischen Verwandten noch mitteilen konnte, immer wieder. Als Adolf Beyer später, 1938, für sich und seine Frau vollkommen überraschend ein Besuchervisum für die Vereinigten Staaten erhielt und auf der Reise dorthin seinen Bruder in Südfrankreich besuchte, bat dieser die beiden Breslauer noch einmal dringend, ins Ausland zu gehen. Aber Adolf Beyer zögerte noch immer. Schließlich nahmen ihm die Ereignisse die Entscheidung ab: Während seines Amerika-Aufenthaltes verübten in der „Reichskristallnacht“ die Nationalsozialisten die bis dahin schlimmsten Ausschreitungen gegen Juden in Deutschland. Im selben Jahr wurden Helga und Ursel verhaftet. Adolf Beyer kehrte von seiner Reise in die USA niemals nach Deutschland, nach Europa zurück. Auch seinen Bruder Georg sah er nicht wieder.

Georg Beyer — dies sei hier ebenfalls vorweggenommen — arbeitete in Südfrankreich weiterhin als Journalist, schrieb sowohl für schweizerische Zeitungen als auch für die sozialistische Exilpresse, hielt sich und die Familie damit mühsam über Wasser. Als der Zweite Weltkrieg längst im Gange und Frankreich mit Ausnahme seines Südens von deutschen Truppen besetzt war, verlangte Hitlers Geheime Staatspolizei von der kollaborierenden Vichy-Regierung des französischen Marschall Pétain die Auslieferung vieler deutscher Antifaschisten aus dem noch freien südlichen Frankreich. Hunderte von Gegnern des Nazi-Regimes wurden zu einem Zeitpunkt, da sie sich im Ausland befanden und gerettet glaubten, auf diese Weise noch Opfer des Terrors in Deutschland, landeten vor Freislers Volksgerichtshof in Berlin oder gleich in Konzentrationslagern. Diesem Schicksal entging der Sozialist Georg Beyer durch den Erzbischof von Toulouse: Mit Hilfe des Geistlichen fand Beyer im November 1942 Unterkunft in einem Kloster; dort lebte er bis zu seinem frühen Tod unter falschem Namen. Unter falschem Namen ist Georg Beyer auch begraben worden. Seine Frau Eleonore und die beiden Töchter, Helgas Cousinen Gisela und Marie-Luise, überlebten Nazi-Herrschaft, Emigration und Krieg.

Ursel, Helgas Schwester, konnte sich ebenfalls zu guter Letzt retten. Der Prozeß — über ihn wird an anderer Stelle ausführlich berichtet — wurde ihr wie auch Helga im Januar 1939 gemacht; er endete für Ursel mit einem Freispruch. Aus der sofort nach dem Urteilsspruch sich anschließenden Gestapohaft am Alexanderplatz in Berlin wurde sie entlassen, nachdem sie Schiffskarten nach Schanghai vorwies. Mit diesen Schiffskarten und der Versicherung, unverzüglich auszuwandern, erwirkte sie auch die Freilassung ihres Mannes aus dem Konzentrationslager Buchenwald. Am 10. Februar 1939 schifften sich die beiden ein, nur mit den erlaubten zehn Reichsmark pro Person versehen. Helga befand sich damals schon in Strafhaft. Ihre Tante Paula, deren Deportation wenig später erfolgte, löste zusammen mit Tante Klurchen die große Beyersche Wohnung und den kleinen gewerblichen Betrieb in Breslau auf. Klara Junker wollte auf Helgas Haftentlassung warten und dann mit der Nichte nach Amerika gehen.

Aber von diesen Entwicklungen, die durch die Betroffenen in keiner Richtung mehr zu beeinflussen waren, ahnten die Beyers 1935 nichts. Dabei hätte ein weiteres Ereignis in jenem Jahr ihnen zusätzliche Warnung sein müssen. Ursel, Helgas Schwester, wurde im Oktober verhaftet. Sie war nicht die einzige; im Herbst 1935 flog eine kleine Gruppe aus dem früheren Wanderbund auf. Die verhafteten jungen Leute, von denen einige inzwischen illegal in der KPO mitarbeiteten, hatten Geld zur Unterstützung der Angehörigen verhafteter, deportierter Widerstandskämpfer gesammelt. Ein paar der Jugendlichen hatten auch mehr getan als Geld zu sammeln, hatten regimefeindliche Parolen aufs Straßenpflaster geschrieben und kleine Flugblätter mit Informationen über die Zustände in den Konzentrationslagern verteilt; aber davon war damals nichts bekannt geworden. Über den Zweck ihrer Sammelaktionen sprachen Helga, Ursel und ihre Freunde nur im allervertrautesten politischen Kreis; und selbstverständlich erfuhren die Menschen, die um Spenden gebeten wurden, Verwandte und Bekannte der Familie, nicht das geringste von der späteren tatsächlichen Verwendung der kleinen zusammengetragenen Summen. Es erschien damals übrigens durchaus glaubwürdig, wenn ein junges Mädchen vorgab, für irgendeine unpolitische wohltätige Sache zu bitten; überall wurde schließlich erbeten, gesammelt und gespendet.

Daß Helga an derartigen Sammelaktionen in gleichem Maß beteiligt war wie die ältere Schwester, wurde bei deren Verhaftung nicht bekannt und den Eltern gegenüber auch sorgsam verschwiegen. Drei Monate verbrachte die damals 17jährige Ursel im berüchtigten Breslauer Untersuchungsgefängnis. Doch die ermittelnde Behörde fand nicht mehr heraus, als daß Ursel für bedürftige Kinder um Geld gebeten und sich dabei auf den Kreis ihrer Verwandten beschränkt hatte. Mehrfach suchte Emmy Beyer, die attraktive Stiefmutter von Adolf Beyers beiden Töchtern, im Spätherbst 1935 die örtliche Gestapo-Dienststelle auf. Es gelang ihr, Ursels „Vergehen" als Tat eines unbesonnenen, arglosen, im Grunde gutherzigen Mädchens so glaubhaft darzustellen, daß sie schließlich nicht nur die Freilassung ihrer Stieftochter erwirkte, sondern auch die Niederschlagung des bereits gegen sie eingeleiteten Verfahrens. Derartiges war 1935 zuweilen noch möglich. Ursel hat übrigens immer angenommen, die außergewöhnliche Schönheit und Beredsamkeit ihrer Stiefmutter hätten einen nicht unbedeutenden Anteil beim Erfolg ihrer Bittgänge zur Breslauer Gestapo gehabt.

Am Abend jenes späten Dezembertages gegen Ende des Jahres 1935, an dem Ursel aus der Untersuchungshaft entlassen wurde, bat Adolf Beyer seine beiden Töchter zu sich; er rief nicht nur Ursel, sondern auch Helga, denn er ahnte, ohne es auszusprechen, daß seine jüngere Tochter durchaus über das politische Treiben der älteren informiert war und, wie er befürchtete, daran teilnahm. Beyer sprach seine Kinder mit einer Ernsthaftigkeit an, die sie an ihm nicht gewöhnt waren. Er war ein eher unbekümmerter, gelassener Mensch, an dem Freunde sogar eine gewisse Leichtfertigkeit hinsichtlich der gar zu freien Erziehung seiner beiden Töchter kritisierten. Ursel setzte sich nachdenklich aufs Sofa. In jedem Fall wollte sie dem Vater versprechen, sich von politischen Aktivitäten fernzuhalten — zunächst jedenfalls; noch einmal, das war ihr klar, würde sie bei einer Verhaftung kein so großes Glück haben. Zudem wollte sie niemanden gefährden, weder die Familie noch die Freunde. Diese Erwartung drückte der Vater in dem Gespräch auch aus. Dabei ließ er sich auf keine Diskussionen über den ehrenwehrten Zweck von Ursels Sammeltätigkeit ein, fragte übrigens auch nicht, ob sie etwa an noch anderen antifaschistischen Initiativen beteiligt gewesen sei. Er erklärte nur entschieden, daß „dies alles" nun ein Ende haben müßte. „Wir sind schließlich Juden", sagte er zwischendurch mehrfach.

Helga, an die sich Adolf Beyer mit seiner kleinen Ansprache nicht direkt wandte, lümmelte sich unterdessen am Wohnzimmertisch herum und kritzelte, scheinbar vollkommen unbeteiligt, Männchen auf den äußeren Rand des obersten Schreibblockbogens, den sie mitgebracht hatte. Sie hörte trotzdem aufmerksam zu und stellte fest, daß der Vater ihr den Gefallen tat, keinerlei Fragen zu stellen, weil er, wie sie vermutete, lieber auch keine Antworten von ihr hören wollte. Aber sie war auf Fragen vorbereitet, und sie war bereit zu lügen, den Vater mit irgendwelchen Floskeln zu beschwichtigen. Er ließ sich leicht beruhigen, der Gute, dachte sie, und schaute lieber weg, wenn er seine Töchter bei irgendetwas ertappte, das in anderen Familien zu sehr ernsten Gesprächen zwischen Eltern und Kindern geführt hätte. „Wir sind schließlich Juden", hörte sie den Vater sagen; aber irgendwelche Konsequenzen schien er daraus nicht zu ziehen. Helga hörte auf, Männchen zu malen und las noch einmal den Text durch, der neben ihren Kritzeleien stand, ihre Abschrift eines Spottgedichts auf die SPD.

Lobet Herrn Braun, der nach göttlichem Willen sich schicket,
der seinen Freistaat nach päpstlichen Weisungen schmücket.
Das Konkordat
zeigt jedem Sozen den Pfad,
der alle Not überbrücket.
Lobt die Partei, die so willig schluckt dreckigstes Übel,
die abgerutscht ist von Bebel bis runter zur Bibel.
Die S.P.D.
lindert ihr seelisches Weh
an einem Heilbalsamkübel . . .[8]

Das waren noch Zeiten, erinnerte sich Helga, während der Vater noch immer sprach; sie dachte an die Anfänge ihrer kleinen politischen Widerstandsaktionen zurück, die ursprünglich vieles von jugendbewegter Romantik, vom Abenteuer des Pfadfinder- oder Wandervogellebens an sich gehabt hatten. Aber inzwischen hatte Helga erfahren, was man erfahren kann, wenn man mit offenen Augen durch Breslau ging; und sie hatte sich geschult, hatte viele politische Schriften gelesen und mit den Kameraden diskutiert. Sie war nun nicht mehr bereit, irgendwelcher persönlicher Sorgen wegen auf das wenige, das sie politisch tun konnte, zu verzichten. Dabei glaubte Helga nicht, Großartiges zu bewirken, wenn sie heimlich Parolen auf Hinterhofmauern malte oder dazu beitrug, daß gewisse Informationen in die eine oder andere Richtung über die deutsch-tschechische Grenze gelangten. Die Möglichkeiten, die sie besaß, waren gering; aber sie wollte sie nutzen.

Sie dachte an den Vorfall in der Ahornallee, über den sie einen genauen Bericht angefertigt hatte, ein Schriftstück, das sie dann allerdings vorsichtshalber wieder vernichtete; sie hatte ohnehin alles im Kopf: In der Straße, in der auch eine frühere Schulkameradin wohnte, hatte eine Villa zur Versteigerung angestanden. Unter den Interessenten waren am Ende nur noch ein SA-Sturmführer und ein Jude, der kühn genug war, sich geschäftlich noch derartig zu exponieren. Der Jude hatte geboten, der SA-Mann hatte geboten, der Jude hatte ihn überboten und mit 53.000 Reichsmark schließlich den Zuschlag erhalten. Nachdem er das Haus, das er für sich selbst eingerichtet hatte, bewohnte, wurden ihm eines Nachts drei Flaschen Karbol durch die geschlossenen Fenster ins Schlafzimmer geschleudert. Es folgte wenig später eine Flut anonymer Briefe, mit denen ihm angedroht wurde, er käme wegen Rassenschande in eines der Konzentrationslager. Noch einmal war der Mann kühn, ging zur Polizei, erstattete Anzeige. Aber es geschah nichts — und das war womöglich noch das günstigste, was ihm passieren konnte. Doch auch Juden, die sich jeder kritischen Äußerung enthielten, die vollkommen unauffällig lebten, mindestens versuchten es zu tun, waren ständig irgendwelchen Repressalien ausgesetzt. Helga konnte sich so wenig wie andere Menschen vorstellen, daß dies nur der Anfang war. Und dann die Prozesse gegen aktive Gegner des Regimes! Wie Meldungen des Triumphes tönten im Frühling 1935 die Berichte der nationalsozialistischen „Schlesischen Tageszeitung“ über eine ganze Welle von Verfahren gegen Sozialdemokraten, die

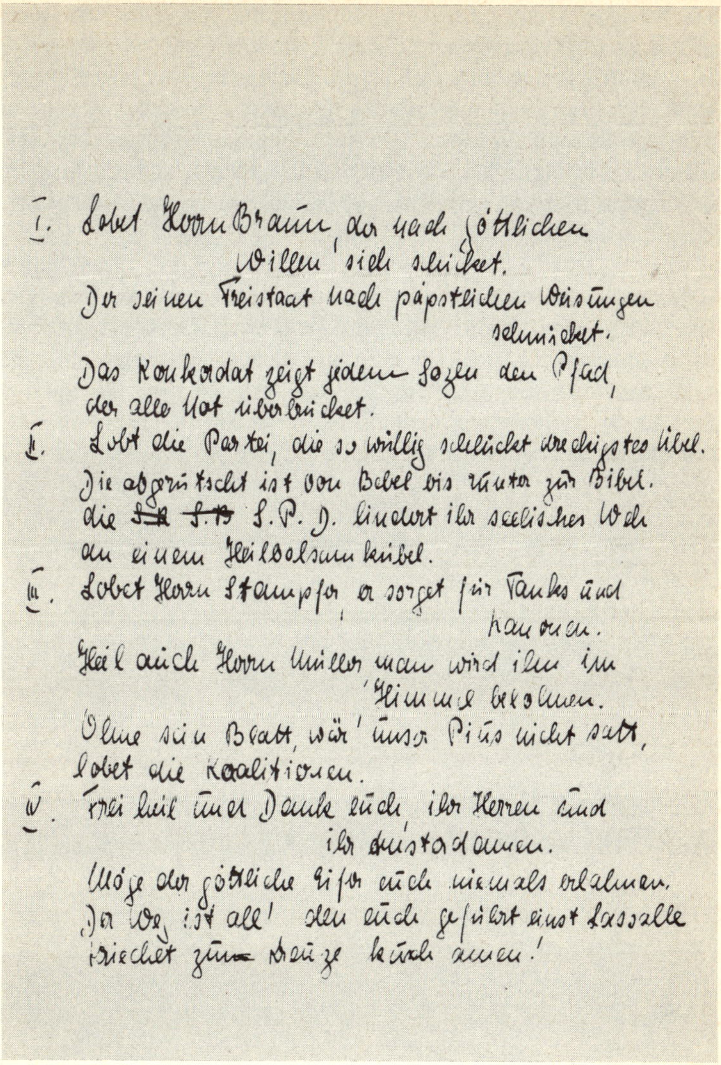

I. Lobet Herrn Braun, der nach göttlichen
Willen sich schicket.
Der seinen Freistaat nach päpstlichen Weisungen
schmücket.
Das Konkordat zeigt jedem Sozen den Pfad,
der alle Not überbrücket.
II. Lobt die Partei, die so willig schlucket dreckigstes Übel.
Die abgerutscht ist von Bebel bis runter zur Bibel.
die ~~[illegible]~~ ~~[illegible]~~ S.P.D. lindert ihr seelisches Weh
an einem Heilbalsamkübel.
III. Lobet Herrn Stampfer, er sorget für Tanks und
Kanonen.
Heil auch Herrn Müller man wird ihn im
Himmel belohnen.
Ohne sein Blatt, wär' unser Pius nicht satt,
lobet die Koalitionen.
IV. Frei heil und Dank euch, ihr Herren und
ihr Christdamen.
Möge der göttliche Eifer euch niemals erlahmen.
Der Weg ist all' den euch geführt einst Lassalle
kriechet zum Kreuze kuscht amen!

Spottgedicht auf die Sozialdemokratie der Weimarer Zeit: Helga hat diese Verse für ihre Sammlung politischer Lieder und Gedichte aufgeschrieben.

aus Breslau, Liegnitz, Bunzlau stammten und von einem Sondergericht beim Oberlandesgericht Breslau abgeurteilt worden waren. Damals, zu Beginn des Jahres, als sie die Zeitungsberichte gelesen hatte, hatte Helga die Zuchthaus- und Gefängnisjahre addiert; inzwischen wußte sie die Zahl nicht mehr. „Vorbereitung zum Hochverrat", „Verteilen von Druckschriften hochverräterischen Inhalts", „Verbreiten von Greuelnachrichten" — dafür gab es damals bis zu dreieinhalb Jahre Zuchthaus und fünf Jahre Ehrverlust.

Helga wußte mit ihren fünfzehn Jahren sehr genau, was sie erwartete, wenn man sie beim „Verbreiten von Greuelnachrichten", beim „Verteilen von Schriften hochverräterischen Inhalts" ertappte.

Wenige Wochen nach der Ermahnung durch den Vater fuhr sie wieder über das Riesengebirge in die Tschechoslowakei. Es gab den Freunden drüben vieles zu berichten.

Grenzgänge

Zwei Tage nach Weihnachten hatte es aufgehört zu schneien. Eine angenehm feste Schneedecke erleichterte den Aufstieg; drei Stunden allerdings dauerte er dennoch. Gegen halb neun am Abend waren die jungen Leute aufgebrochen, um rechtzeitig vor Mitternacht, vor der Jahreswende, den Gipfel des Fuchsbergs zu erreichen. Dort wollten sie sich freilich nicht lange aufhalten, sondern die Fackeln entzünden und damit rasch zu Tal fahren. Es war die Nacht von Silvester 1936 auf Neujahr 1937.

Eine buntgemischte Gruppe hatte sich an jenem Abend — manche unter den Jugendlichen auch schon während der vorangegangenen Weihnachtsfeiertage — im Naturfreundehaus in Petzer getroffen. Nicht alle kannten sich untereinander. Nur Peter, dem Leiter des Hauses, war ein jeder, war eine jede bekannt, besonders Helga, die seinetwegen häufiger als es der illegalen politischen Arbeit guttun konnte, auf die Hütte kam. Peter — groß, blond, blauäugig, athletisch und damit die Verkörperung dessen, was die Nationalsozialisten als Ideal des „deutschen Mannes" ansahen — gehörte der Sozialdemokratie an und selbstverständlich auch den Naturfreunden. Daß er gleichzeitig konspiratives Mitglied der Gruppe Neu-Beginnen war, behielt er für sich; dies ahnte unter seinen Freunden niemand. Sogar viele Jahre später waren Peters Aktivitäten in dieser oppositionellen Gruppe manchen der Mitstreiter unbekannt. Jinny, zum Beispiel, formulierte zwei Jahrzehnte nach jenem Silvestertreffen eine eidesstattliche Erklärung über Peters politische Vergangenheit und erwähnte dort dessen Mitgliedschaft bei Neu-Beginnen nicht: *„Hiermit versichere ich an Eides Statt, daß Herr Peter Hanke mir seit dem Jahre 1936 bekannt ist. Ich habe ihn seinerzeit als politischen Emigranten in der Tschechoslowakei, und zwar in Petzer, kennengelernt und kann bezeugen, daß er dort als anerkanntes Mitglied der Sozialdemokratischen Partei Deutschlands aktiv in der politischen Arbeit für die Partei beteiligt war. Auch andere Mitglieder des Parteivorstandes wären in der Lage, für die politische Tätigkeit des Herrn Hanke Zeugnis abzulegen . . ."*[1]

Einige der Freunde und Genossen, die sich zur Jahreswende 1936/37 in Petzer versammelten, lebten längst im Exil, darunter auch Jinny. Er war im Sommer 1934 tatsächlich emigriert. Sein erster Fluchtort war ein jüdisches Werkdorf in den Niederlanden gewesen, an dessen Aufbau er mitgearbeitet hatte; er hatte das Schlosserhandwerk erlernt und konnte sich in vieler Hinsicht nützlich machen. Dann aber war aufgefallen, daß er in dem Werkdorf nach dem Geschmack der Träger zuviel politisierte, daß er dort sogar nicht jüdische Verfolgte unterbrachte. Man hatte ihn ausgewiesen, und Jinny war auf Umwegen in die Tschechoslowakei gelangt; nun fristete er ein kümmerliches Leben in Prag, stand dort die schlimmste Zeit seines später in England fortgesetzten Emigrantendaseins durch. Nach Petzer war zum Jahresende 1936 auch Max Reimann gekommen, der orthodoxe Kommunist, der wenig später für viele Jahre im Konzentrationslager Sachsenhausen verschwand, jedoch überlebte und in der späteren Bundesrepublik Deutschland als kommunistischer Funktionär und Parlamentarier eine zeitweilig bedeutende Rolle spielte.

Aus Breslau waren Helga, Ursel und Sophie schon während der Weihnachtstage eingetroffen, begleitet von Hartmut, mit dem vor allem Sophie sich sehr angefreundet hatte. An einem der Festtage machte Helga ihre Freundin mit Hertel bekannt, der eigentlich Franz Bögler hieß und das SPD-Grenzsekretariat in Trautenau leitete — ein Tatbestand, den Sophie zwei Jahre später während aller Verhöre beharrlich abstritt und erst zugab, nachdem mit Leugnen niemandem mehr zu helfen war.

Trautenau, das tschechische Trutnov, war ein idealer Standort für die politische Arbeit von der tschechischen Seite des Riesengebirges hinüber zur deutschen. Die ostböhmische Kreisstadt hatte knapp 15.000 überwiegend deutschstämmige Bewohner und bot eine Anzahl Arbeits- und Ausbildungsplätze in den Büros der Gewerkschaften, bei einer Krankenkasse, in Zeitungsredaktionen und Fachschulen. In unmittelbarer Nähe und zum Kreisgebiet gehörend befanden sich auch Industrieorte, darunter Marschendorf, Jungbuch und Freiheit, deren Arbeiterschaft zum großen Teil sozialdemokratisch orientiert war und dem Touristenverein Naturfreunde angehörte; die Naturfreunde in Trautenau waren denn auch Träger des Hauses in Petzer. Dieser Ort, tschechisch Pec genannt, liegt achtzehn Kilometer von Trautenau entfernt und war damals Teil der Gemeinde Aupa. Er liegt auf 830 Metern Höhe, gewissermaßen auf halbem Wege zum Gipfel des Fuchsberges, dessen 1.360 Meter freilich vom höchsten Berg des

Riesengebirges, der nahegelegenen Schneekoppe, weit übertroffen werden. Wer aus Prag kam, traf eine verhältnismäßig günstige Reiseverbindung an; man fuhr mit der Bahn bis Trautenau, von dort bis Freiheit, wo man in einen Bus nach Petzer umsteigen konnte. Für Besucher aus Schlesien, aus Breslau etwa, war die Reise beschwerlicher, zumindest weit länger. Helga und ihre Freunde mußten mit dem Zug nach Hirschberg fahren; das war an sich ein Umweg, aber die einzige Möglichkeit, mit der Bahn von Breslau — oder auch von Berlin — ins Riesengebirge zu gelangen. Weiter ging es, zuweilen auch mit Direktverbindung, über die Grenzzollstation Liebau, bis Trautenau und Freiheit, schließlich mit dem Bus nach Petzer. Dann folgte noch ein Fußweg von etwa einer halben Stunde Dauer; denn das Naturfreundehaus lag oberhalb des Ortes in eben über 1.000 Metern Höhe.

Die jugendlichen Besucher aus Breslau allerdings bevorzugten die „grüne Grenze“ und dies schon zu Kameraden-Zeiten. Das war billiger und viel romantischer. Die zuvor auf vielen Wanderungen erworbene genaue Kenntnis des Grenzbereichs zwischen Deutschland und der Tschechoslowakei war für diejenigen unter ihnen, die später in den politischen Untergrund gingen, von unschätzbarem Wert. Die Grenze zwischen beiden Ländern verlief genau auf dem Kammweg des Riesengebirges. Einen Stacheldrahtzaun entlang dem Gebirgskamm gab es damals nicht; der wurde als Abgrenzung zweier dann sozialistischer Bruderstaaten voneinander erst errichtet, nachdem als Folge des Zweiten Weltkriegs Schlesien Polen zugeschlagen worden war und die Tschechoslowakei CSSR hieß. Die „grüne Grenze“ existierte für die jungen Leute — und nicht nur für sie — überall dort, wo sich keine Zollstationen befanden. Man nahm einen der Wanderwege zum Kamm, meistens jenen, der von Krummhübel den Melzergrund aufwärts zum Koppenplan führte; von dort ging es dann abwärts nach Petzer. Dreieinhalb Stunden brauchte man unter günstigen Bedingungen für diesen Fußweg; aber die jugendlichen Widerstandskämpfer nahmen den beschwerlichen Weg in Kauf, zumal inzwischen die Grenzpolizei in Liebau längst schärfer kontrollierte und nicht selten Leibesvisitationen vornahm. Der Fußweg besaß einen weiteren und äußerst wertvollen Vorteil: Auf dem Koppenplan gab es zwei Bauden mit Gastwirtschaftsbetrieb und Übernachtungsmöglichkeiten, die man ohne Paß oder sonstige Grenzpapiere besuchen durfte; dies war eine Konzession an den lebhaften Tourismus im Riesengebirge. Wurde man auf seiner Wanderung über die „grüne Grenze“ nach Petzer überraschend von einer Streife kontrolliert, so konnte man immer eine der Bauden auf dem 1.400 Meter hohen Koppenplan als vorgebliches und vollkommen unverdächtiges Ausflugsziel angeben. Schlesierhaus hieß die Baude auf deutscher, Wiesenbaude die Hütte auf tschechischer Seite, getrennt durch den grenzbildenden Kammweg, lagen sie nur dreißig Meter voneinander entfernt. Es wimmelte dort nahezu zu jeder Jahreszeit von Wanderern; denn der Koppenplan mit den beiden Bauden liegt westlich am Fuß der Schneekoppe, einem der beeindruckendsten Ausflugsziele im ganzen Riesengebirge, das in knapp einstündigem weiteren Aufstieg zu erreichen ist.

Wer — wie Peter, wie Helga, wie viele andere ihrer Freunde — häufig von hüben nach drüben über die Grenze wechselte, variierte die Wege durchs Riesengebirge, deren Wahl freilich auch von den Witterungsverhältnissen und von der körperlichen Kondition der Wanderer abhing. Die Grenzbaude von Ober-Kleinaupa, wie Petzer Teil der Gemeinde Aupa, galt als besonders sicher, obwohl sich dort eine Zollstation befand; aber es gab zuverlässige Möglichkeiten, sie zu umgehen. Der Ausgangspunkt für diesen Grenzübertritt war Schmiedeberg auf deutscher Seite; von dort gelangte man in wenig mehr als einer Stunde direkt durch den Wald zum Kolbenkamm bei Ober-Kleinaupa auf tschechischer Seite. Informationen über die im allgemeinen regelmäßig stattfindenden Grenzpatrouillen erhielten die Grenzgänger zuverlässig von einer in Schmiedeberg illegal arbeitenden Gruppe, ebenso wie die Hirschberger Naturfreundegruppe engen Kontakt zur Hütte in Petzer hielt und nach dorthin laufend über Vorkommnisse im Grenzgebiet berichtete. Die Verläßlichkeit und die Beständigkeit, in der besonders diese beiden Gruppen arbeiteten, waren für den illegalen Grenzverkehr und damit für die illegale politische Tätigkeit von allergrößter Bedeutung. Der Abwechslung und damit der größeren Sicherheit halber, gab es noch weitere Grenzübertrittsmöglichkeiten, darunter eine im Adlergebirge, eine andere zwischen Kudowa auf deutscher und Nachod auf tschechischer Seite; dieser Weg war am ersten Weihnachtstag des Jahres 1936 von Helga, Ursel, Sophie und Hartmut gewählt worden.

Jetzt aber war Silvesterabend, und die Gruppe ging mit leichterem Gepäck hinauf auf den Fuchsberg. Einige der Kameraden und Genossen trugen außer ihren Skiern noch Rucksäcke, aus denen Pechfackeln herausragten; aber das war wenig Last, gemessen an den Gewichten, die man auf größeren Touren zu tragen pflegte. Die Augen gewöhnten sich rasch an das Nachtlicht. Der zunehmende Halbmond, nur hin und wieder durch vorüberziehende Wolken verdunkelt, entwickelte im Verein mit der Weiße des weitgehend noch unberührten Schnees eine überraschende Helligkeit; jeder unter den zwei Dutzend jungen Leuten, die gipfelwärts wanderten, konnte die Gesichter der ihm zunächst gehenden Kameraden fast so deutlich wie am Tag erkennen.

Zuerst, nachdem die kleine Gesellschaft die Hütte, das geräumige Naturfreundehaus, verlassen hatte, war noch munter gesprochen, auch gesungen worden. Doch allmählich wurde es stiller in der Gruppe; der Aufstieg war anstrengend, und ein jeder hing seinen Gedanken nach an diesem letzten Abend des Jahres. Helga summte, ohne dabei den Mund zu öffnen, ein Lied, das sie tags zuvor, auf der Hütte, zum erstenmal gehört hatte, ein schwermütiges und doch auch kämpferisches Lied. Peter hatte damit eine nicht endenwollende Diskussion über den spanischen Bürgerkrieg, der nun schon ein halbes Jahr dauerte, unterbrechen, vielleicht auch abbrechen wollen. Wortlos hatte er zur Klampfe gegriffen und dieses Lied gespielt, erst leise, als hätte er die Diskussion untermalen wollen, dann lauter, das Gespräch am Ende mit der eindringlichen Melodie und ihrem Text überlagernd. Schließlich waren alle verstummt und hatten zugehört:

Spaniens Himmel breitet seine Sterne
über uns're Schützengräben aus.
Und der Morgen grüßt schon aus der Ferne;
bald geht es zu neuem Kampf hinaus.
Die Heimat ist weit,
doch wir sind bereit.
Wir kämpfen und siegen
für dich: Freiheit!

Es gab noch weitere Strophen, die Helga allerdings nicht behalten hatte. Morgen, am Neujahrstag, wollte sie sich Text und Melodie geben lassen, um beides in ihr Liederbuch einzutragen.

Selbstverständlich begann die Diskussion, kaum daß Peter die Gitarre zur Seite gelegt hatte, von Neuem. Immer wieder wurde erörtert, wie es hatte möglich sein können, daß General Franco und seine Gefolgsleute gegen die demokratisch gewählte Regierung der Volksfront putschen konnte; immer wieder wurde darüber diskutiert, welche Gründe es haben mochte, daß die meisten europäischen Staaten ihre Politik der Nichteinmischung auch dann noch fortsetzten, als deutsche und italienische Flugzeuge gegen die spanische Republik eingesetzt wurden. Vor allem aber stritten die jugendlichen Antifaschisten, die sich auf der Riesengebirgsbaude versammelt hatten, über die Frage, ob Hitler und Mussolini in Spanien zu schlagen seien, ob es folglich nicht jedermanns Pflicht wäre, sich dem Kampf für die spanische Republik anzuschließen.

Ein halbes Jahr nach Beginn des Bürgerkriegs in Spanien besaßen die Angehörigen antifaschistischer Widerstandsgruppen, trotz der vielen illegalen Kontakte, die sie unterhielten, noch verhältnismäßig ungenaue Kenntnisse über die Vorgänge auf der iberischen Halbinsel — ungenau, gemessen an den Informationen, die sie im Lauf des drei Jahre dauernden Krieges und später erhielten. Doch unabhängig vom Umfang der Fakten, die man über den Krieg in Spanien erhielt, wurde immer häufiger darüber diskutiert, ob und wie man die Republik unterstützen könne. Zwar herrschte grundsätzlich die Auffassung vor, daß die Angehörigen antifaschistischer Widerstandsgruppen die wichtigste Arbeit leisteten, wenn sie auf dem einmal gewählten Kampffeld im politischen Untergrund blieben; aber es gab doch immer wieder Kameraden, denen dies nicht ausreichte, die vielmehr die Notwendigkeit sahen, sich einer der republikanischen spanischen Organisationen anschließen zu müssen — mit der Waffe in der Hand oder auch als Spezialisten für die vielen Aufgaben in den Parteien, den Gewerkschaften, den republikanischen Behörden. Es wurden dort mehrsprachige Dolmetscher gebraucht, Berater, Journalisten, Propagandisten. Auch wenn die Internationalen Brigaden den spektakulärsten Beitrag im Kampf gegen die Franco-Putschisten während des Bürgerkriegs leisteten, so war die Unterstützung durch Freunde und Genossen ohne Waffen doch nicht weniger wertvoll.

Hans Tittel, der das KPO-Auslandssekretariat an der tschechisch-deutschen Grenze leitete und in jenen Tagen zwischen Weihnachten und Silvester 1936 ebenfalls nach Petzer gekommen war, hatte denjenigen, die daran interessiert waren, einen Vortrag über Spanien gehalten; dabei konzentrierte er sich vor allem freilich auf den POUM, der — gewissermaßen — den natürlichen spanischen Partner für die Anhänger der KPO, aber auch der SAP und anderer linkssozialistischen Gruppen darstellte. Helga war an dem Abend dabei; sie hatte bis dahin noch gar nichts über den POUM, die Arbeiterpartei der marxistischen Einheit, gehört und stellte Hans Tittel noch manche ergänzende Fragen.

Wie SAP und KPO war der POUM aus Abspaltungen von spanischen Linksparteien entstanden, deren Mitglieder sich dann aber — anders als die beiden erwähnten deutschen Parteien — zusammengeschlossen hatten. Als „Trotzkisten" wurden die Anhänger und Mitstreiter des spanischen POUM durch stalintreue Kommunisten denunziert, obwohl Leo Trotzki sich mit den Zielen des POUM keineswegs hatte befreunden können; aber „Trotzkisten" waren, entsprechend stalinistischer Sprachregelung, fast alle Gegner des Moskau-Kurses der Kommunisten. In Spanien kämpfte der POUM in der Zeit nach dem Franco-Putsch an zwei Fronten: zum einen selbstverständlich für die Republik und gegen die Putschisten und deren Helfershelfer, zum anderen gegen den Kommunismus stalinscher Prägung, von dem der POUM erklärte, er habe die Ziele der Revolution verraten. Und tatsächlich wüteten während des spanischen Bürgerkrieges die dort tätigen „Berater" aus der UdSSR grauenvoll gegen den POUM. Unter den vielen Sozialisten aus dem Ausland, die die spanische Partei der marxistischen Einheit, den POUM also, unterstützten, war der deutsche SAP-Mann Max Diamant mit dem Tarnnamen „Hans Diesel" als Leiter des deutschen POUM-Büros in Barcelona; zeitweiliger Mitarbeiter in diesem Büro war der spätere SPD-Vorsitzende Willy Brandt, damals erst eben über zwanzig Jahre alt. Zu den SAP-Persönlichkeiten, die in Spanien für den POUM arbeiteten, gehörte vor allem auch Peter Blachstein, vielen, die mit ihm damals zu tun hatten, unter seinen Decknamen „Fritz Sanders" und „Hans Petersen" bekannt; Blachstein kümmerte sich in erster Linie um die Jugendarbeit. Die Beziehungen zwischen SAP und POUM verliefen nicht ohne Konflikte. Problemloser gestaltete sich die Zusammenarbeit zwischen der Partei der marxistischen Einheit und der KPO, deren Anhänger den POUM schon frühzeitig, zunächst vor allem publizistisch, unterstützt hatten. Der Theoretiker der deutschen oppositionellen Kommunisten, August Thalheimer, fuhr nach Spanien und überbrachte eine 200-Dollar-Spende, die von KPO-Anhängern in den USA gesammelt worden waren. Der eigentliche Verbindungsmann der KPO zum POUM war Ewald König. Der KPO-Mann Walter Schwarz leitete in den ersten Bürgerkriegsmonaten die deutsche POUM-Sektion in Barcelona, bis die SAP diese Aufgabe übernahm. Es waren etwa 30 SAP- und 20 KPO-Mitglieder, die mit der POUM-Führung zusammenarbeiteten; die Zahl der „milicionaros", der Kämpfer in den POUM-Milizen, war freilich weit höher. Einer dieser Milizionäre war übrigens der englische Schriftsteller George Orwell[2].

Der POUM — eine Mitarbeit in seinen Milizen oder in der Organisation der kleinen Partei — stand im Mittelpunkt der Gespräche unter den jugendlichen Antifaschisten, die im tschechischen Petzer am Ende des ersten Kriegsjahres in Spanien zusammengekommen waren. Peter neigte dazu, seinen Freunden abzuraten, wenn sie erwogen, sich dem POUM zur Verfügung zu stellen, vor allem dann, wenn diese Freunde an ihrem Platz hervorragende Arbeit im Widerstand leisteten. Noch Jahrzehnte später, als sehr alter Mann, erinnerte sich Peter einer solchen Situation: Es war im Spätherbst 1936, als ein Namensvetter Helgas, ein junger Fräser und illegales Mitglied der SAP, während der Durchreise nach Prag auf die Hütte in Petzer kam und erklärte, er wolle „in Spanien seiner Pflicht als Antifaschist nachkommen" und befände sich gerade jetzt auf dem Weg nach Barcelona. Der Mann stammte aus einem kleinen Industrieort südlich von Breslau und arbeitete in einem Rüstungsbetrieb. Peter, der ihn als geschulten sozialistischen Idealisten und als zuverlässigen Verbindungsmann zu Industriearbeitern außerordentlich schätzte, versuchte ihm zu vermitteln, daß seine politische Arbeit in Deutschland von mindestens gleicher Wichtigkeit sei und er deshalb nicht nach Spanien gehen solle:

„Wir diskutierten bis in die Nacht hinein. Ich war betroffen, gerade einen so zuverlässigen Mitarbeiter zu verlieren. Ich bekam ein klares Bild: Unser Freund Beyer war außerordentlich deprimiert über die Lage in Deutschland; er war sicher, daß Hitler den Zweiten Weltkrieg entfesseln würde und daß Spanien das Übungsfeld sei. Seine Auffassung war: Wenn wir die Faschisten in Spanien schlagen könnten, würden wir Hitlers Kriegspläne stoppen. — Beyer gelangte nach Spanien und ließ sich zum POUM, das war die Partido Obrero de Unificación

Marxista, anwerben, die an der Huesca-Front ihren Einsatz machte. Ich bekam — in langen Abständen — einige kurze Mitteilungen von der Front, bis mir eines Tages die bescheidene Hinterlassenschaft unseres Freundes von Spanien übersandt wurde. Es war nur eine Brieftasche und etwas französisches Geld, ein Foto und meine Anschrift mit der Bitte, seinen Tod der Familie mitzuteilen; er fügte die Adresse seiner Schwester bei. Ein Frontkamerad teilte mir kurz mit, daß er bei einer Offensive der spanischen Faschisten gefallen sei. — Mir fiel nun die traurige Pflicht zu, die Familie zu benachrichtigen. So einfach sich dies heute anhört — damals war es keine leichte Aufgabe. Brieflich war dies unmöglich, und einen illegalen Kontaktmann aus Schlesien damit zu beauftragen, war nach unseren Anweisungen nicht erlaubt, ich wollte es daher selbst übernehmen, zur Familie Beyers zu reisen, trotz verschiedener Schwierigkeiten. Gerade in diesen Tagen kam Helga wieder auf die Hütte. In unseren Gesprächen berichtete ich auch über den tragischen Fall Beyers und die bevorstehende Aufgabe. Helga wollte sie sogleich übernehmen; der Ort lag nicht so weit entfernt von Breslau, und sie würde es leichter haben, mit der Schwester Beyers zu sprechen. Dies war wieder typisch für Helga: Es war ihr ein Bedürfnis, einen notwendigen Einsatz durchführen zu können; ihr ständiger Kontakt mit dem illegalen Kreis allein erschien ihr zu unbedeutend für den Widerstandskampf. Häufig wies sie darauf hin, wie gering doch der Erfolg all unserer Arbeit war und wie entfernt das Ziel. — Das Gespräch mit der Schwester unseres gefallenen Genossen ging Helga sehr nahe; es erwies sich als weit deprimierender als wir befürchtet hatten . . ."[3]

Andere politische Ereignisse beeinflußten das Geschehen in Spanien, doch keineswegs nur dort. Sie wurden von Helga und ihren Freunden mit lebhafter, mit kontroverser, zuweilen auch mit verzweifelter Anteilnahme diskutiert: das Terrorregime, das Stalin in der UdSSR aufgebaut hatte und das sich bis weit nach Westeuropa hinein auswirkte. Sogenannte Säuberungen fanden damals in der Sowjetunion statt, Schauprozesse und Exekutionen. Im Namen des Kommunismus wurden in der UdSSR seit 1935 alle vermeintlichen und tatsächlichen Gegner des diktatorischen Regimes liquidiert, wie das hieß. Das kostete nicht nur Hunderte von Menschen das Leben; es diskreditierte den Kommunismus und die Kommunisten. Der Stalin-Terror hatte Folgen bis weit in die europäischen Kreise der antifaschistischen Linken, machte es vielen Mitgliedern sozialdemokratischer Gruppierungen schwer, manchen auch unmöglich, weiterhin mit Kommunisten gegen Faschismus und Nationalsozialismus zu kämpfen. Was damals im Stalin-Staat geschah, half Hitler, weil es verwirrend, lähmend, entzweiend auf den illegalen politischen Kampf in Deutschland, in den Konzentrationslagern, in der Emigration und im spanischen Bürgerkrieg wirkte. Der POUM wurde nicht durch Francos Truppen und nicht durch die Politik der spanischen Faschisten zerstört, sondern durch „Stalins langen Arm“, wie die deutsche Ausgabe des Buches eines der POUM-Führer über jene Jahre betitelt ist[4].

Helga hatte sich, nachdem mehrere ihrer Wanderbund-Kameraden in die Partei der oppositionellen Kommunisten eingetreten waren, formell weder der KPO noch deren Jugendorganisation KJO angeschlossen. Aber sie hatte Sympathie für die Entscheidung und für die politischen Ziele ihrer Freunde und war nun froh, daß diese nicht etwa den stalintreuen Kommunisten angehörten. Helga empfand sich überall dort als zugehörig, wo es um den Kampf gegen das nationalsozialistische Regime ging; ihre Mitarbeit bei KPO und KJP wurzelte also sowohl in alter freundschaftlicher Verbundenheit mit den Wanderbund-Kameraden aus Breslau als auch in ihrer immer fundierter werdenden antifaschistischen Grundhaltung. Gleichzeitig aber hatte sie nicht die geringsten Probleme, Kurierdienste auch für die Sozialdemokraten oder für die in konspirativen Kleinstgruppen arbeitenden Angehörigen von Neu-Beginnen zu leisten; dabei wußte sie, ohne allerdings Namen gekannt zu haben, daß zahlreiche eingeschriebene Sozialdemokraten zugleich bei Neu-Beginnen mitarbeiteten. Helga zählte im Kreis der ihr vertrauten Antifaschisten immer zu den jüngsten. Die Freunde behandelten sie jedoch als eine vollkommen gleichrangige Persönlichkeit; ihr Mut wurde von ihnen bewundert, ihre Entschlossenheit, ihre Opferbereitschaft und ihr politischer Verstand. Peter, den Helga in stiller Beharrlichkeit liebte, obwohl er vergeben war, wie man damals sagte, notierte Jahrzehnte später darüber:

„Sie war äußerst kritisch gegenüber den politischen Führern der Weimarer Periode — was umso erstaunlicher war, als sie selbst ja nicht der politischen Jugendbewegung angehört hatte. Ein Beispiel, das ich nie vergessen habe: Sie las über Rosa Luxemburg, ihre Briefe aus dem Gefängnis, ihre Aufrufe zur deutschen Novemberrevolution 1918, dann

ihr tragisches Schicksal am 15. Januar 1919; die bestialische Ausführung des Mordes an Luxemburg und Liebknecht berührte sie stark. Plötzlich aber sagte sie: ‚Erschreckend ist doch, daß die SPD-Führung damals die Gefahr für diese Entwicklung nicht erkennen wollte und ihre Zusammenarbeit mit den alten militaristi schen Kreisen fortsetzte.' — Viele Jugendgenossen der politischen Organisationen hatten, anders als Helga, diese Lehre nie begriffen ..."[5]

Der Beginn des Jahres 1937 war nur noch wenige Minuten fern, als der letzte aus der Gruppe den nur dünn bewaldeten Gipfel des Fuchsbergs erreichte: Mondlicht und Schnee erzeugten noch immer jenen hellen Schein, der die Wanderer glauben machte, sie könnten nach drüben, ins Niederschlesische, schauen. Vereinzelt schimmerte Licht aus den Fenstern verschiedener Riesengebirgsbauden; das wirkte wie ein freundlicher Gruß. Hier und da stiegen bereits bunte Leuchtkugeln auf — Silvester 1936. Helga schnallte sich die Skier unter die derben, uralten, irgendwoher ererbten Schnürstiefel. Hartmut, Sophies Freund, wollte ihr helfen, aber das war nicht nötig; mit zwei Handgriffen hatte sie die Schnallen der Lederriemen an den Skiern über den Kappen der Stiefel geschlossen. Peter, der beim Aufstieg den Abschluß der Gruppe gebildet hatte, erreichte nun den kleinen Trupp, den Helga, Ursel, Sophie und Hartmut bildeten. Er bückte sich und zerrte einmal kräftig an Helgas Skiriemen, die er, vorher bei Licht besehen, etwas brüchig gefunden hatte. Helga beobachtete sein Hantieren mit amüsierter Verwunderung. Sie ahnte nicht, daß die außerordentliche Bescheidenheit ihrer Ausrüstung, auch ihrer Verproviantierung, den Freunden gelegentlich Anlaß zu Sorgen gab. Gewiß, niemand unter ihnen verfügte über viel Geld; die meisten waren, wie Helga, glücklich, überhaupt einen Arbeitsplatz zu haben. Aber eine solide Wander- und eine Skiausrüstung versuchte sich ein jeder zu ermöglichen. Helga jedoch sparte aus Gründen, die niemand erfragte, an allem, zum Beispiel auch am Reisegeld. Häufig trampte sie vom fernen Breslau ins böhmische Riesengebirge — eine Fortbewegungsart, die in den dreißiger Jahren keineswegs üblich und für junge Mädchen durchaus nicht ungefährlich war, erst recht nicht für eine im politischen Untergrund arbeitende sozialistische Jüdin. Einige Male hatten sich Kameraden gefunden, die sie begleiteten; aber die wurden der Umständlichkeiten bald müde, und so trampte Helga allein. Diese Art des Reisens stellte sie erst ein, nachdem sie fast Opfer eines Überfalls geworden wäre. Mehrfach davor hatte Peter ihr bereits Geld aus der Kasse angeboten, aus welcher Auslagen für die illegalen Kontakte erstattet wurden. Aber Helga wies dies immer wieder entrüstet von sich mit der Bemerkung, sie lasse sich für ihre Arbeit nicht bezahlen. Schließlich glaubten die Freunde, sie befürchte, für die Interessen einer bestimmten politischen Gruppe, die nicht die ihre war, vereinnahmt zu werden und erinnerten sie daran, daß man keineswegs engstirnig parteigebunden arbeite, sondern in jedem Widerstandskämpfer, in jeder Widerstandskämpferin einen Kameraden sehe. Irgendwann, nach langem Zureden, nahm Helga einmal knapp zehn Mark an. Doch die Genossen irrten, wenn sie geglaubt hatten, Helga hätte die bescheidene Summe als Beitrag zur Erstattung ihrer längst weit höheren Auslagen betrachtet. Einige Wochen später, bei ihrem nächsten Aufenthalt in der Tschechoslowakei, gab sie Peter das, wie sie sagte, ausgeliehene Geld zurück; es war danach niemandem mehr möglich, ihr einen Teil der Kosten zu erstatten. Dies sei eben ihr Beitrag zum Widerstandskampf, erklärte sie bei derartigen Versuchen entschieden. Lange danach erfuhren die Freunde, daß dies keineswegs ihr einziger Beitrag gewesen war.

In Zusammenhang mit dem späteren Breslauer Hochverratsprozeß wurde offenbar, worüber Helga auch zu den vertrautesten Freunden nie gesprochen hatte: daß sie von ihrem Lehrgeld auch noch Unterstützungszahlungen an Familien von Verhafteten, von KZ-Häftlingen, von Ermordeten leistete; daß sie sich — im wirklichen Sinn des Wortes — Geld vom Munde absparte, um jenen Menschen Hilfe zu bringen, deren Existenznot fast hoffnungslos war. Abgesehen von dem materiellen Opfer gehörte dies zu den gefährlichsten Aufgaben der Widerstandskreise. Die Zahl der in Not geratenen Angehörigen von Opfern des nationalsozialistischen Regimes wuchs im gleichen Maß, wie dessen Helfershelfer skrupelloser zuschlugen. Doch die Zahl derer, welche zu materiellen Hilfeleistungen für die Familien der Verfolgten bereit waren, reichte nie aus. Jeder Beitragssammler war also genötigt, Kontakte zu hilfsbereiten Menschen zu knüpfen und zu pflegen — sich damit aber auch als aktiver Antifaschist zu exponieren. Das Risiko der Entdeckung war enorm groß. Schon aus diesem Grunde gab Helga zuerst das, was sie meinte erübrigen zu können. Bei ihr freilich war der Begriff von dem, was sie erübrigen konnte, sehr weit gespannt: Solange sie irgendetwas am Leib trug, irgendetwas im Magen hatte, gab sie, und zwar über den wöchentlichen Mitgliedsgroschen, über die monatlichen vierzig Pfennige für die Familien der Verfolgten hinaus.

Nachdem jeder seine Skier unter den Stiefeln und eine brennende Fackel in der Hand trug, begann die Abfahrt zurück zur Naturfreundehütte. Das erste Stück Wegs hatten die jungen Leute — „Freiheit! Nieder die Nazis!" weit ins Tal hineinrufend — rasch hinter sich, denn der spärlich bewaldete Gipfel des Fuchsberges bot nur wenige Hindernisse. Vom Tal her sahen die Menschen, die um Mitternacht ebenfalls ins Freie gegangen waren, scheinbar tanzende, eilig näherkommende Glühwürmchen, eines hinter dem anderen. Doch nach wenigen Minuten waren sie von unten her nicht mehr zu sehen, denn die Gruppe befand sich nun wieder auf den schmalen Schneisen des Waldes, glitt in lang ausgreifenden Schritten durch die zwischen Fichten entstandene Gasse. Die Glühwürmchen schienen verschluckt; nur hin und wieder scholl, durch den verschneiten Wald eigentümlich gedämpft, eine antifaschistische Parole hinunter nach Petzer. Die Menschen, die diese Szene — übrigens keineswegs zum erstenmal — beobachteten, gingen in jener Silvesternacht schnell in ihre Häuser zurück. Es war eine besonders kalte, frostige Jahreswende. Auch die Gäste des Naturfreundehauses waren froh, die geräumige Hütte rasch wieder erreicht zu haben. Schon oben, auf dem Gipfel, war schwärmerisch von dem wärmenden Punsch gesprochen worden, den Peter zubereiten wollte. Jeder hatte etwas mitgebracht, ein wenig Rum, Zitrone, Zucker, schwarzen Tee. Pfannkuchen wurden zutage gefördert, kleinere Krapfen, Käsebrötchen und Salzgebäck, eine Schale voller Haselnüsse, einen halben Rucksack voller Winteräpfel. Aus zusammengerückten Tischen entstand ein großes Rund, in dessen Mitte all diese Köstlichkeiten ausgebreitet wurden; jemand stellte einige brennende Kerzen dazu, und bald darauf war die erste Runde duftenden dampfenden Punschs zubereitet.

Nicht in allen Naturfreundehäusern war es — trotz Kerzen und Punsch — so gemütlich wie auf der Hütte in Petzer; denn die Baude, die der sozialdemokratische Touristenverein Trautenau im Riesengebirge unterhielt, war komfortabler als jede vergleichbare Einrichtung dieser Art. Während in vielen Hütten nur ein bis zwei Zimmer für Gäste zur Verfügung standen, bot das Naturfreundehaus in Petzer 29 Betten in sechs Räumen und zusätzlich unter dem Dach ein Matratzenlager für 20 Personen; denn das Haus, das die Trautenauer Naturfreunde gegen Ende der zwanziger Jahre hatten mieten können, war ursprünglich keine Berghütte, sondern der kleine Hof eines Gebirgsbauern, der das Glück gehabt hatte, durch Heirat zu einem zweiten Bauernhaus gelangt zu sein und fortan sein eigenes Haus nicht mehr selbst bewohnte. Die Bauern im Riesengebirge waren arm. Sie betrieben Milchwirtschaft, mußten aber des allzu knappen Bodenbesitzes wegen immer auch Fremdenzimmer, nicht selten sogar den eigenen Schlafraum vermieten, um sich und ihre Familien durchzubringen. So klein also ein jeder Gebirgshof auch war, Gästezimmer besaß er immer.

Das Haus der Trautenauer Naturfreunde oberhalb von Petzer bot sogar vier Gästezimmer, deren Zahl später auf sechs erhöht wurde. Zentrum des Hauses war der ausreichend mit Tischen und Stühlen versehene große Tagesraum, in dem nun der Neujahrsmorgen 1937 begrüßt wurde; beheizt wurde dieses Zimmer mit einem Kachelofen, der eine anheimelnde Wärme und sehr häufig auch den Duft von Bratäpfeln verbreitete. Wie es der Tradition der Naturfreundehäuser entsprach, gab es außerdem sowohl eine sogenannte Hausküche, als auch eine kleine Selbstkocherküche mit Eßplätzen. Als Lichtquellen dienten Petroleum- und Gaslampen, denn einen elektrischen Anschluß gab es nicht. Eine hauseigene Quelle versorgte die Gäste mit Wasser, dessen Qualität, besonders von den städtischen Besuchern, immer wieder gelobt wurde. Das Wäschewaschen allerdings, auch das Waschen der Bettwäsche, mußte im nahegelegenen Gebirgsbach erledigt werden, eine Arbeit, die an Wintertagen keineswegs romantisch war. Über den Standard hinaus, den der Touristen-Verein Naturfreunde seinen eigenen Häusern gab, verfügte die Hütte in Petzer, das ehemalige Bauernhaus, über einen Stall, der zur Unterbringung von allerhand Gerätschaften, vor allem aber der Skiausrüstungen der Besucher, diente. Der Heuboden darüber wurde vom Besitzer des Hauses noch seinem Zweck entsprechend genutzt. Einmal, zu Ostern, hatten dort Helga, Ursel, Sophie und einige ihrer Freunde genächtigt; sie waren unangemeldet gekommen und hatten die fast fünfzig Schlafplätze der Hütte belegt gefunden. Peter hatte dieses Heuboden-Biwak der Brandgefahr wegen nur mit größten Bedenken zugelassen.

Ort der Erholung und der konspirativen Treffs: das Naturfreunde-Haus in Petzer im tschechischen Teil des Riesengebirges.

In Deutschland waren erste Naturfreundehäuser nach österreichischem Vorbild ab Mitte der zwanziger Jahre eingerichtet worden. In jener Zeit, in welcher Arbeitslosigkeit ein Millionenschicksal war, in der Löhne gesenkt und Fürsorgeleistungen gekürzt wurden, waren Aufenthalte in den Häusern der Naturfreunde oft die einzige Möglichkeit zu Abwechslung und Erholung. Später dann, in der „illegalen Zeit“, war nicht nur das Haus in Petzer ein Hort der Geborgenheit und wenigstens vorübergehender Entspannung. Daß das Naturfreundehaus im Riesengebirge außerdem zu einem der beliebtesten, unverdächtig wirkenden Treffpunkte von Mitgliedern verschiedener antifaschistischer Gruppen wurde, lag an seiner grenznahen Lage in einem Gebiet, dessen Bewohner — auch dies war ein nicht zu unterschätzender Vorteil — fast rein deutschsprachig waren. Es dauerte nach jener Jahreswende von 1936 auf 1937 weniger als zwei Jahre, bis aus der Tschechoslowakei das „Protektorat Böhmen und Mähren“ wurde und keiner von den Stammbesuchern mehr nach Petzer kommen konnte. Doch dies lag außerhalb des Vorstellungsvermögens der jungen Silvestergäste, so besorgt die meisten unter ihnen über die Expansionsgelüste Nazi-Deutschlands auch waren.

Die kleine Gruppe aus Breslau hatte sich zusammengesetzt: die Geschwister Elsa und Urs Colbe, Janos Peters, der seit kurzem mit Elsa verheiratet war, Hartmut und Jinny, daneben im Rund um Bratäpfel und Punschgläser die Mädchen Helga, Ursel und Sophie, zu denen sich zeitweilig Gerda gesellte. Sie war mit ihrem Mann Hans Tittel erst am Silvesterabend auf die Hütte gekommen, hatte sich für die Zeit zwischen Weihnachten und Neujahr bei einem Genossen in Petzer einquartiert. Helga freute sich besonders, Elsa, Urs und Janos wiederzusehen; alle drei lebten schon einige Jahre in der Tschechoslowakei und waren verhältnismäßig selten auf die Hütte gekommen, so daß ein zufälliges Wiedersehen sich vorher nie ergeben hatte. Auch die ältere Gerda hatte Helga nach langer Zeit in diesen Tagen erstmals wieder getroffen; sie lebte sonst in Asch.

Asch ist ein kleiner Ort zwischen Erz- und Fichtelgebirge mit damals wenig mehr als 20.000 Bewohnern, die sich im stark industrialisierten „Ascher Ländchen“, wie die Umgebung genannt wurde, als Arbeiter in der Textil- und der Maschinenindustrie, einige auch in den dort ansässigen Spiegelmanufakturen verdingten. Dort, im nordböhmischen Asch, befand sich das Grenzsekretariat der KPO, für das Hans Tittel als Verbindungsmann zu den KPO-Gruppen im Gastland und gleichzeitig zu den illegalen KPO-Kreisen in Deutschland verantwortlich war. Tittel, ursprünglich Steindrucker und damals, 1936, bereits über vierzig Jahre alt, hatte schon eine lange politische Laufbahn hinter sich. Sie hatte 1912 mit dem Eintritt in die SPD begonnen und führte über den Spartakusbund zur KPD, in der er verschiedene politische Parteiämter versehen hatte, bis er Ende 1928 — wie Brandler und Thalheimer — wegen „Rechtsabweichung“ aus der Partei ausgeschlossen wurde. Er zählte dann zu den Mitgründern der KPO, deren Reichsleitung er angehörte und für deren Parteizeitungen er arbeitete. Nach dem 30. Januar 1933 war Tittel mit Fritz Wiest und Robert Siewert in der illegalen KPO-Inlandsleitung tätig, bis er im August 1933 in die benachbarte Tschechoslowakei emigrieren mußte. Wie so viele seiner Freunde erlebte er in späteren Jahren auf der Flucht vor seinen nationalsozialistischen Verfolgern eine wahre Odyssee, die ihn über Paris in die berüchtigten französischen Internierungslager Le Vernet und Les Milles, schließlich über Martinique in die USA führte. Von dort kehrte er, fast 30 Jahre nach seiner ersten Exilierung, nicht nur nach Deutschland zurück, sondern auch zur ersten Partei, der er ein halbes Jahrhundert zuvor beigetreten war; von der KPO hatte sich Hans Tittel schon 1939 getrennt[6].

Wie andere antifaschistische Gruppierungen auch, hatten die oppositionellen Kommunisten zahlreiche Stützpunkte im grenznahen Ausland eingerichtet. Ihre Arbeit wurde mit dem KPO-Auslandskomitee koordiniert, das seinen Sitz bis Kriegsbeginn in Frankreich hatte. Neben den deutschen KPO-Gruppen gab es auch solche im Ausland, vor allem in Westeuropa, zudem einige in den USA; soweit sie in Grenzstädten anässig waren, boten sie für die insgesamt wenigen KPO-Emigranten erste Auffangstationen im Exil. Die Aufgaben des KPO-Widerstandes ähnelten denen anderer antifaschistischer Gruppen: Herstellung und Verbreitung von Informationsmaterial über die Zustände im Deutschen Reich, vom Nazi-Regime als „Greuelpropaganda" diffamiert, sowie Aufbau und Förderung illegaler Kleinstgruppen in Deutschland zur Unterminierung des NS-Staates. Ziel blieb der „revolutionäre Massenaufstand, der allein den faschistischen Terror niederkämpfen und ausrotten kann"; so war es bereits in der ersten illegalen Ausgabe von „Gegen den Strom" — sie erschien im Mai 1933 in Straßburg — formuliert worden. Freilich überschätzte das KPO-Auslandskomitee, ebenso wie andere Exilierte zu jener Zeit, die Widerstandskraft der deutschen Arbeiterschaft, und es unterschätzte das Ausmaß des Terrors im SS-Staat. Dennoch blieben die KPO-Gruppen über ungewöhnlich lange Zeit intakt, rissen die Kontakte untereinander bis Kriegsbeginn fast niemals ab, gab es nahezu ununterbrochen auch Verbindungen zum Auslandskomitee. Es war aber nicht nur die kurz als „AK" bezeichnete Auslandsorganisation der KPO, welche für die Herstellung von Zeitungen und Einzelflugschriften sorgte; viele illegale Gruppen produzierten ihr Material auch selbst, oder sie vervielfältigten die nach Deutschland gebrachten „Juniusbriefe", „Gegen den Strom", „Internationaler Klassenkampf", tarnten sie äußerlich als Nazi-Propaganda- oder gänzlich unpolitische Schriften und verteilten sie über Deckadressen, mit Hilfe von Kurieren oder auch durch Streuung[7].

Kuriere des KPO-Grenzsekretariats in Asch waren vorwiegend ältere Sudentendeutsche sowie Genossen aus dem Ausland, die als unverdächtige Touristen Deutschland bereisten und problemlos die Grenze zur Tschechoslowakei passieren konnten; von dort transportierten sie Aufklärungs- und Propagandamaterial ins Reich. Obwohl das bayerische Hof nur wenige Kilometer westlich von Asch liegt, gab es an dieser Stelle hinüber und herüber kaum illegale Kontakte mit politischen Freunden; die kamen vielmehr, wenngleich äußerst selten, von Thüringen nach Asch und gingen dabei von Bad Elster aus über die „grüne Grenze". Helga ist übrigens, obwohl sie für die KPO arbeitete, niemals in Asch gewesen. Umso erstaunter war Gerda, in jener Neujahrsnacht zu erfahren, daß auch Helga bereits einige Jahre zu „den Illegalen" gehörte. Sie nutzte das Wiedersehen gleich, um Helga ein wenig auszuforschen nach Breslauer KPO-Genossen, die intime Kenntnisse über den Stand der illegalen Organisation dort hatten; denn nachdem die erste, zweite und dritte Leitung in Breslau schon längst nicht mehr existierten, nachdem die qualifiziertesten Freunde verhaftet oder im Exil waren, hatte der Informationsfluß über die dortigen Möglichkeiten der KPO-Widerstandsarbeit spürbar nachgelassen. Helga deutete an, daß sie sich um dieses Problem kümmern werde, zumal sie auch von anderen Freunden darauf angesprochen worden war.

Gerda hatte Helga, wie sie sich später erinnerte, erst fünf Jahre vorher, Ende 1933 kennengelernt: *„Ich war damals 18 und Helga 13 Jahre alt. Sie war eine von ungefähr zehn Pimpfen der Kameraden aus Breslau, mit denen ich auf der tschechischen Seite des Riesengebirges zum Skilaufen zusammenkam, zu dem mich Erich Faust eingeladen hatte. Von den älteren, die die Pimpfe betreuten, waren außer Erich auch Sigmund Bott sowie Urs und Elsa Colbe dabei. Ich war die schlechteste Skiläuferin und hätte Anlaß zum Spott gegeben, wenn nicht alle unter den jüngeren mir gegenüber sehr höflich und hilfsbereit gewesen wären. Auch untereinander herrschte eine herzliche Atmosphäre, auch — oder gerade weil — jeder jeden auf die Schippe nahm, ohne dabei zu verletzen. Dieselbe Gruppe traf ich ein zweites Mal Ostern 1934 zum Skilaufen. Inzwischen hatte ich Helga mehrmals gesehen. Ich erinnere mich an eine Sonntags-Matinee in einem Kino Anfang 1934, wo alle ganz legal vertreten waren: Wanderbund-Kameraden, Zionisten, deutsch-nationale und linke Juden. Der Eingang zum Kinogebäude wurde von SA-Leuten bewacht. Die Zionisten, drinnen, die* *für Palästina plädierten, führten ein kleines Theaterstück über das Leben in einem Kibbuz auf. Der Kinosaal war bis auf den letzten Platz gefüllt. Erst später wurde klar, warum die Nazis die jüdischen Vereine zunächst nicht verboten: Die Unterlagen dieser Vereine enthob sie der Notwendigkeit, selbst Listen über die jüdische Bevölkerung zu führen. Das letzte Mal traf ich Helga zwischen Weihnachten und Neujahr 1936/37 in Petzer, wo sie mit anderen im Naturfreundehaus war. Mein Mann veranstaltete im Ort an einigen dieser Abende politische Arbeitsgemeinschaften für ungefähr sechs junge Juden aus Breslau. Helga nahm daran teil, und da fiel sie mir durch ihre intelligenten Fragen und Antworten auf. Außerdem hatte sie sich während der drei Jahre, die ich sie nicht gesehen hatte, von einem etwas pummeligen Kind zu einem sehr hübschen Teenager entwickelt.“*[8]

Aus einem Grund, den sie selbst damals noch gar nicht ahnen konnte, war Helgas Wiedersehen mit Elsa Colbe während jener letzten Tage des Jahres 1936 weit bedeutender als die Begegnung mit Gerda. Elsa hatte bei den Breslauer Wanderbund-Kameraden nicht zu Helgas Gruppe gehört, war gewissermaßen eine Generation — das waren bei den Jugendgruppen Altersunterschiede von vier bis sechs Jahren — älter und hatte bereits 1934 nach Prag fliehen müssen. Dort heiratete sie wenig später den ebenfalls aus Breslau stammenden Johannes Peters — freilich zunächst mehr zu ihrem eigenen Schutz, denn aus Neigung; Johannes nämlich hatte seine tschechische Herkunft entdeckt, war ebenfalls nach Prag geflüchtet, nannte sich fortan Janos und arbeitete für Neu-Beginnen im Widerstand. Bis 1938, als die Nationalsozialisten die Tschechoslowakei dem Deutschen Reich einverleibten, war die Jüdin Elsa deshalb in Prag sicher. Sie fand Beschäftigung in einem Kinderheim in Schwarzenberg, nicht weit entfernt vom Fuchsberg. Die aktive Arbeit im Widerstand hatte sie nach ihrer Heirat weitgehend eingestellt; aber sie hielt, wenn es sich ergab, gern Kontakt mit Freunden aus den Wanderbund- und den KJO-Zeiten. Aus diesem Grund sprach sie Helga auch lebhaft an, erkundigte sich nach gemeinsamen Bekannten, die in der Zwischenzeit verhaftet, verurteilt worden waren; fragte, ob sie von Erich gehört habe, der nach Rußland gegangen war, und von Werner, der in irgendeinem Konzentrationslager schmachtete. Schließlich bat Elsa die um vier Jahre jüngere Helga, sich bei ihr in Schwarzenberg zu melden, wenn sie das nächste Mal auf ein paar Tage zum Skilaufen herüber käme; man könnte dann, sagte sie, vielleicht auch gemeinsam einen Ausflug nach Prag unternehmen. Helga stimmte gern zu; nach Prag hatte sie schon lange einmal fahren wollen.

Dort lebte, wie sie wußte, auch Jinny, den sie ebenfalls seit fast drei Jahren nicht mehr gesehen hatte. Er lehnte jetzt, die Klampfe unter dem Arm, am Tisch, um den herum sie alle ihre Stühle gruppiert hatten. Der Kreis war längst größer, Tische und weitere Stühle waren herangerückt worden. Helga war nicht die einzige, die Jinny nach den Umständen seiner zweiten Flucht befragte. Doch er mochte nicht erzählen; er tat, als hätte er die Fragen nicht gehört, schlug zunächst zurückhaltend, dann kräftiger in die Saiten und sang statt jeder Antwort das Emigrantenlied:

In Paris, in Kopenhagen, Zürich, Prag
scheint die Sonne und derselbe runde Mond.
Und wir leben unser'n ruhelosen Tag
fremder als wir gewohnt.
Uns fehlt das Meer von Hamburg, Bremen
und der Strand von Swinemünde und Wollin,
uns're Berge, Wälder, Täler, Höhen,
Kiefernheide, Müggelsee, Funkturm von Berlin.
Wir haben nicht für immer Lebewohl gesagt,
uns're Straße führt zurück, wir kehren wieder
Kameraden, unverzagt!

Ist die schöne Erde noch so kugelrund,
dreht sie sich auch nach der Sonne rotem Licht,
jeder Tag hat 24 lange Stund',
Heimat, jede Stunde spricht.
Uns fehlt das Meer. . .

Daß die Heimat wird aus ihrer Nacht erlöst,
gehen wir den engen, ruhelosen Pfad.
Kameraden, drüben unbekannt,
sind mit uns in einer Tat,
grüßen einst das Meer. . .[9]

Sie trennten sich nach wenigen Stunden Schlaf noch im Lauf des Neujahrsmorgens; die meisten der jungen Leute mußten anderntags wieder auf ihren Arbeitsstellen sein. Für Helga begann das letzte Kalenderjahr ihrer Lehrzeit bei der Firma Juliusburger.

Ehe sie sich auf den Weg machte, entfernte Peter die Griffe ihrer aus Bambusstäben bestehenden Skistöcke und stopfte sie voller „Material“, wie sie das über die Grenze zu schmuggelnde Gut immer nannten. Die Flugschriften, um die es sich diesmal handelte, mußten in weniger als bleistiftdünne Röllchen verwandelt und, eines nach dem anderen, in den Hohlraum der Skistöcke geschoben werden. Sehr viel Material brachte man auf diese Weise nicht unter. Doch sie alle aus Breslau, auch Sophie, Ursel und Hartmut, nahmen Handzettel ins winterliche Wandergepäck. Fast 100, sagte Peter, als er alles verstaut und die Griffe wieder an die Skistöcke montiert hatte. Zuweilen nahm Helga auch nur ganz wenige Flugblätter oder Zeitungen mit, wenn sie über die „grüne Grenze“ zurück nach Deutschland wanderte. Solches Material wurde dann erst in Breslau, manchmal auch an einem anderen Ort auf der Wegstrecke dorthin fotografisch oder durch Abschrift auf Matritzen vervielfältigt und anschließend verteilt.

Am späten Vormittag fuhren sie los. Sie mußten unbedingt den Abendzug von Hirschberg nach Breslau erreichen, und Unwägbarkeiten mußten in den Zeitplan einbezogen werden; SA-Leute patrouillierten verstärkt im Grenzgebiet, so daß Umwege oder kleine Aufenthalte erforderlich werden konnten. Jinny machte noch ein paar Fotos von den vier Breslauern. Auch diese Bilder überdauerten Exil und Krieg. Sie blieben Jinnys letzte Erinnerung an einige seiner Breslauer Freunde; denn bis auf Ursel sah er niemanden aus dieser kleinen Gruppe jemals wieder. Eine Karte von Helga und Ursel sah er allerdings noch kurz nach der Jahreswende: *„Wir sind gut angekommen“*, stand darauf und als Unterschrift: *„Die beiden Ziegen“*.

Sophie trug damals übrigens mehr illegales Material bei sich als ihre Kameraden. Hertel hatte es ihr zugesteckt und eine Breslauer Adresse genannt. Die zehn mit Maschine auf hauchdünnem Papier engbeschriebenen Seiten hatte Sophie im Futter ihres dicken Anoraks verschwinden lassen. Sie wußte, daß dies leichtfertig war; denn es brauchte sie nur einmal jemand anzufassen, und schon würde man es verdächtig knistern hören. Helga, Ursel und ihrem Freund Hartmut sagte sie vor-

Jahreswende 1936/37 im Riesengebirge: Hier sah Jinny (zweiter von links) Helga (rechts) zum letztenmal; ihre Schwester Ursel (links) traf er erst Jahrzehnte später wieder.

sichtshalber nichts von dem Papier, das sie zusätzlich über die Grenze brachte. Eine Ausarbeitung deutscher Industrieller über die wirtschaftliche Situation im Reich sei es, wie Hertel behauptet hatte. Es mußte sich um sehr regimekritische Industrielle handeln, dachte Sophie, nachdem sie unbehelligt in Breslau angekommen war und den langen Text überflogen hatte. Es wurden dort die Folgen von Rohstoff- und Nahrungsmittelmangel analysiert und Lösungsmöglichkeiten angedeutet. Vom Raubbau am deutschen Wald war da die Rede, von Kunstseide und Kunstbenzin, von komplizierten währungspolitischen Fragen und von der Notwendigkeit, den Export deutscher Waren zu steigern, um Geld für die dringend notwendigen Importe zu erhalten. Sophie schien dies alles außerordentlich kompliziert ausgedrückt zu sein: *„Die Inve-*

Nicht nur ein Ski-Urlaub: In Begleitung von Hartmut Gärtner brachten Sophie Kolditz (Mitte) und Helga (rechts) nach Neujahr 1937 wieder „illegales Material" nach Breslau.

stitionen des Vierjahresplanes werden weitere Reserven verbrauchen und die labile Gefahr verstärken. Denn es handelt sich hier überwiegend um Kapitalinvestitionen für privatwirtschaftlich unrentable und kostenmäßig hohe Anlagen. Festzuhalten bleibt, daß der Kreditapparat auch bei höheren Spar- und Depositeneinlagen und bei aller Rigorosität in der Reglementierung des privaten Kapital- und Geldbedarfs nicht in der Lage ist, die Kreditbasis des Staates zu erweitern."[10]

Sophie war froh, nicht Adressatin, sondern nur Übermittlerin dieses schwierigen Textes zu sein. Sie verstand zumindestens soviel, daß der Staat über ebensowenig Geld verfügen konnte wie die Mehrzahl seiner Bürger, wie mittelständische und sogar größere Betriebe. Aber dies sah man nach vier Jahren Hitler-Diktatur auch, ohne theoretische Abhandlungen gelesen zu haben: Die Breslauer Stadtwerke schickten von einem Tag zum anderen alle über 60jährigen Arbeiter in Rente und verlagerten damit das Problem von sich auf die Rentenkassen. Und die Linke-Hoffmann-Werke, die Rüstungsgüter herstellten, hatten 1936 erstmals den als Weihnachtsbeihilfe gedachten Vorschuß auf die Löhne der nächsten Monate nicht ausgezahlt. Auch sonst gab es in einigen Branchen Verschlechterungen; unter anderem sank der Maurer-Stundenlohn um drei auf 89 Pfennige. Die Arbeitslosigkeit nahm zu, und die Unterstützungsleistungen im Krankheitsfall wurden gekürzt. Es kam zu weiteren Zwangsverschickungen von Facharbeitern, die in Breslau nicht, andernorts aber doch gebraucht wurden. Und es kam neuerlich zu erzwungenen Arbeitseinsätzen von Arbeitslosen; die menschliche Arbeitskraft wurde berufsfremd ausgebeutet und damit gleichzeitig die Arbeitslosenstatistik geschönt. Daß schließlich immer mehr Lumpen- und Rohstoffsammler an den Haustüren schellten, um nach zerbeulten Aluminiumtöpfen, Kupferdraht oder Altpapier zu fragen, bedeutete eben auch alles andere als wachsenden Wohlstand.

Das umfangreiche wirtschaftspolitische Papier wurde Sophie an der ihr angegebenen Adresse nicht los. Zweimal nach Neujahr 1937 versuchte sie, den ihr genannten Kontaktmann anzutreffen; danach unterließ sie es vorsichtshalber. Und so fand die Gestapo bei ihrer Verhaftung im Sommer 1938 die Ausarbeitung vor, wußte freilich auch, was Hertel Sophie verschwiegen hatte: daß es sich um die Abschrift einer wirtschaftspolitischen Analyse des sozialdemokratischen Exilvorstandes in Prag handelte, die seit geraumer Zeit in Widerstandskreisen zirkulierte. Während ihrer Vernehmungen wurde Sophie immer wieder nach der Herkunft jenes Textes gefragt; zu gern hätten die Beamten erfahren, mit welchen Personen — außer jenen, die der Polizei bis dahin bereits bekannt waren — Sophie Kontakte gehabt hatte. Aber Sophie schob alles auf „die Wild". Damit meinte sie Mia Kowalski, später verheiratete Wild, die sie nur sehr flüchtig aus dem jüdischen Wanderbund kannte. Mia konnte man viel anlasten, um andere zu schützen; sie war schon vor langer Zeit emigriert.

Verhaftet und verhört

Der Kriminalinspektor Kluske war kein Unmensch; dies jedenfalls behauptete er von sich selbst. Gewiß war er kein eingefleischter Nazi, vielmehr ein Beamter, der seinen Pflichten nachkam, egal welchem Herrn oder Staat er diente. Er war Anfang der Vierzig, von stämmiger, untersetzter Statur; wenn er ungeduldig wurde bei der Vernehmung von Personen, die ihm vorgeführt wurden, begann seine Stimme zu poltern. Doch war er nie brutal, wirkte nie bedrohend auf „seine Pappenheimer", wie er zu sagen pflegte; wo viele seiner Kollegen brüllten, versuchte er es eher mit Hinterlist.

Helga stand Kluske in dessen Büro Anfang Februar 1938 gegenüber. Am 28. Januar war sie verhaftet worden.

„Nun erzählen Sie einmal, Fräuleinchen, warum sie nicht abgehauen sind, wenn Sie doch mit Ihrer Verhaftung, wie Sie sagten, gerechnet haben?" Helga schwieg. Es war weder Sturheit noch Trotz; sie schwieg, weil sie keine Antwort wußte. Sie hätte zu politisch vollkommen unverdächtigen entfernten Verwandten nach Trautenau gehen können; das wäre ein idealer Platz zum Unterschlüpfen gewesen. Nach ein paar Tagen hätte man weiter gesehen. „Gut", polterte Kluske nach einer Weile. „Dann erst einmal die Personalangaben. Geboren, wann, wo? Eltern! Werdegang?" Später unterschrieb der Untersuchungshäftling Helga Beyer das folgende Protokoll:

„Vorgeführt erscheint die Untersuchungsgefangene Helga Beyer und erklärt zur Person: Ich heiße wie angegeben, bin am 4. Mai 1920 in Breslau geboren. Mein Vater heißt Adolf Beyer, meine Mutter heißt Else, geb. Junker; sie ist bereits tot. Ich bin im Elternhaus erzogen worden und mosaischer Religion. Ich habe vom 6. bis 14. Lebensjahre das Ilmying-Lyzeum, dann die staatliche Augustaschule und später die jüdische Schule besucht. Nach meiner Schulentlassung trat ich bei der Firma M. Juliusburger, Gartenstraße 51, in die Lehre. Dort lernte ich drei Jahre und trat dann am 1.11.37 in die ‚Breslauer Beleuchtungsindustrie' ein. Gewerkschaftlich war ich nicht organisiert. Politisch sympathisiere ich mit der KPO und habe mich auch in ihr politisch betätigt, weshalb ich hier in Untersuchungshaft sitze".[1]

Kluske setzte mit dickem, etwas stumpfen Bleistift in lateinischen Buchstaben seine Unterschrift neben Helgas Namen. Es dauerte lange, bis er wenigstens teilweise erfuhr, was er wissen wollte. Manchmal brauste er auf, dann nämlich, wenn Helga gar zu arg leugnete oder log. Zum Beispiel, als er fragte, woher Helga den Bäckergesellen Paul Gramatte gekannt habe, und sie antwortete, sie hätte ihn nicht gekannt. „Unsinn!", polterte da Kluske; und Helga stellte richtig: „Ich meine, ich hatte ihn früher nicht gekannt. Der Gramatte ist mir erst im Sommer 1937 bekannt geworden." „Na also", erklärte Kluske und lehnte sich zufrieden in seinem Schreibtischstuhl zurück. Dann aber fragte er sofort hellwach nach: „Wie und warum und durch wen?"

Helga hatte, ehe sie zum erstenmal einem längeren Verhör unterzogen wurde, ein paar Tage Zeit gehabt. Man hatte sie schmoren lassen, wie sie das selbst bezeichnete; man hatte sich tagelang nicht um den Untersuchungshäftling Helga Beyer gekümmert und sie der Ungewißheit überlassen. Aber Helga hatte sich dadurch nicht verunsichern lassen; sie hatte vielmehr die Zeit genutzt, um sich ihre Geschichte auszudenken. Sie war erstaunlicherweise über die eigene Situation wenig beunruhigt; es beunruhigte sie während dieser ersten Tage im Breslauer Untersuchungsgefängnis nur der Umstand, daß sie nicht wußte, wann sie verhört werden würde. Zu einer Vernehmung konnte man — dies war ihr bekannt — stündlich geholt werden. Sie mußte also das, was sie aussagen wollte, jederzeit bereit haben. Dabei brauchten ihre Aussagen zunächst nicht allzu ausführlich zu sein; aber schlüssig mußten sie formuliert werden, auch zögernd, damit es glaubhaft erschien, was ihr entlockt werden sollte. Helga überlegte sich, was in ihrer oder in vergleichbaren Situationen getan wurde: Man schob Kontakte, Aktivitäten, erhaltene Informationen Personen unter, denen Gefahr nicht drohte; man schützte damit gleichzeitig Menschen, die gefährdet waren. So tat es Sophie, als sie die längst emigrierte Mia Kowalski ins Spiel brachte; so waren sie in Breslau verfahren, nachdem sie Erich Faust in der UdSSR in Sicherheit glaubten. Das wichtigste war: Die Geschichte mußte wahrscheinlich sein; das war Helga klar. Es wäre vollkommen sinnlos gewesen, „den großen Unbekannten" zu erfinden. Übrigens ging es Helga nicht darum, die Delikte, derer sie bezichtigt wurde, anderen unterzuschieben; sie wollte nur erreichen, daß Freunde, die drüben, in der Tschechoslowakei, noch in relativer Freiheit lebten und politisch aktiv sein konnten, aus dem Prozeß, der ihr bevorstand, herausgehalten wurden. Soviel lügen, wie möglich, sowenig zugeben wie nötig, dachte sie, und immer herauszuhören versuchen, was die Vernehmungsbeamten schon wußten.

Eigentlich hatte alles mit der Jahreswende 1936 auf 1937 begonnen. Im Naturfreundehaus in Petzer hatte Helga damals verhältnismäßig lange Zeit verbracht, die Tage von Weihnachten bis Neujahr. In größerer Ruhe als sonst, wenn sie nur auf ein Wochenende kommen konnte, hatte sie mit vielen politischen Freunden gesprochen, hatte mehrfach sagen gehört, daß man über die illegale KPO-Arbeit in Breslau nur noch wenige Informationen erhielt. Sie hatte dann aber erst zu Ostern 1937 wieder die Möglichkeit gehabt, ins tschechische Riesengebirge zu fahren. Ostern lag früh in dem Jahr, und es gab noch herrlichen Schnee zum Skilaufen. Sie hatte sich erinnert, Elsa Colbe, nun Elsa Peters, versprochen zu haben, daß sie sich melden würde, wenn sie wieder einmal nach Petzer käme und ihr auch eine Karte geschrieben. Daß Elsa dann nicht gekommen war, hatte Helga ein wenig enttäuschend gefunden; da sich aber gerade an Feiertagen immer eine Menge netter Leute auf der Naturfreundehütte versammelten, war ihr Elsas Abwesenheit dann doch nicht so wichtig erschienen. Während Helga auf der Metallpritsche saß — es gab in der Zelle nicht einmal einen Stuhl und auch keinen Tisch — und an die Ostertage in Petzer dachte, kam ihr der Gedanke, Elsa, die gar nicht gekommen war, aus Gründen der Ablenkung von der eigentlich an Kontakten interessierten Person den Vernehmungsbeamten gegenüber zu erwähnen. Elsa war im Wanderbund gewesen, hatte der KJO angehört, stammte aus Breslau, kannte — all dieses war nachprüfbar — die KPO-Freunde, die auch ihr, Helga, vertraut waren; zudem existierte sicherlich irgendwo die Postkarte, die sie wegen des Ostertreffens an Elsa nach Schwarzenberg geschickt hatte. Aber: Elsa war schon einige Jahre lang nicht mehr aktiv in der Widerstandsarbeit, und vor allen Dingen war sie in der Tschechoslowakei in Sicherheit. Daß noch im selben Jahr 1938, im Herbst, das Sudetengebiet auf tschechischem Boden von deutschen Truppen besetzt, daß im Frühling 1939 die ganze Tschechoslowakei von den Deutschen annektiert werden würde, dies konnte Helga in den ersten Wochen nach ihrer Verhaftung nicht ahnen.

Tatsächlich war es Fritz gewesen, der das lebhafteste Interesse in der Breslauer KPO bekundet hatte. Helga wurde mit Fritz an den Ostertagen 1937 auf der Naturfreundehütte bekanntgemacht. Sie erfuhr niemals, daß es sich bei ihm mit größter Wahrscheinlichkeit um Fritz Wiest handelte, einen der illegalen Führer der KPO. Wiest, 1895 in Stuttgart geboren, war ursprünglich hoher KPD-Funktionär gewesen, Bezirksleiter und ZK-Mitglied für Sport. Ende der zwanziger Jahre war er jedoch zu den oppositionellen Kommunisten gewechselt, dort Mitglied des Berliner Komitées und zuständig für Gewerkschaftsfragen gewesen, bis er ins tschechische Exil, später in andere Asylländer hatte flüchten müssen. Helga hielt seinen Vornamen nicht für den wirklichen Namen ihres an den Breslauer Verhältnissen so interessierten Gesprächspartners; seinen Zunamen erfuhr sie überhaupt nicht. Sie hegte jedoch keinerlei Mißtrauen, weil es üblich war, Decknamen anzuwenden und weil Fritz ihr durch vertrauenswürdige Freunde bekanntgemacht worden war. Daß er innerhalb der illegal arbeitenden KPO eine Führungspersönlichkeit sein mußte, bemerkte sie am Umfang seiner Kenntnisse und der Art seiner Fragen; gerade dieser Tatbestand bestärkte sie während der ersten Tage ihrer Untersuchungshaft in ihren Überlegungen, bei den Vernehmungen zur Ablenkung eine Person zu erwähnen, die mit der Angelegenheit nichts zu tun hatte. Dies gelang Helga vollkommen: Fritz Wiest, der von den Nazi-Behörden so dringend Gesuchte, wurde in den Vernehmungsprotokollen und in der späteren Anklageschrift nur mit seinem Vornamen benannt, der zudem stets in Anführungszeichen gesetzt wurde; die Beamten haben ihn demnach für eine ihnen unbekannte Person, jedenfalls keineswegs für Fritz Wiest gehalten. Helga gelang nicht nur die Wahrung der Identität ihres Gesprächspartners, sondern auch das von ihr erdachte Ablenkungsmanöver; sie stellte die in Sicherheit sich befindende Freundin Elsa als die treibende Kraft bei der Kontaktsuche zur KPO Breslau dar. Sie täuschte nicht nur den Breslauer Kriminalinspektor Kluske, sondern auch die Richter am Berliner Volksgerichtshof, vor dem ein Jahr nach ihrer Verhaftung der Prozeß stattfand.

Der Oberreichsanwalt beim Volksgerichtshof stellte zum vermeintlichen Beginn der „hochverräterischen Aktivitäten" Helgas später das folgende fest: *„Die Angeschuldigte Helga Beyer kannte vom jüdischen Wanderbund her eine gewisse Elsa Colbe, jetzt verehelichte Peters, die Funktionärin der KJO war und nach der Machtübernahme wegen ih-*

rer illegalen Tätigkeit nach der Tschechoslowakei flüchtete. Die erste briefliche Nachricht von der Colbe aus der Tschechoslowakei erhielt sie angeblich erst vor Weihnachten 1936. Die Angeschuldigten Helga und Ursel Beyer fuhren an Weihnachten zum Skifahren nach Petzer auf der tschechoslowakischen Seite des Riesengebirges. Am Fuchsberg trafen sie mit der Elsa Colbe zusammen, die sich in Begleitung eines jungen, jüdisch aussehenden Mannes befand. Die Angeschuldigte Helga Beyer hat behauptet, dieses Treffen sei zufällig erfolgt. Die beiden Angeschuldigten besuchten dann die Elsa Colbe in einem Kinderheim in Schwarzenberg, wo diese tätig war. Bei diesem Besuch besprachen sie, wie die Angeschuldigte Helga Beyer nach anfänglichem Leugnen zugegeben hat, mit der Colbe auch Fragen, welche die KPDO und die kommunistische Jugendopposition betrafen . . ."[2]

Der „junge, jüdisch aussehende Mann" war vermutlich Fritz Wiest. Über die Bekanntschaft zwischen Helga und ihm wurde später für die Anklageschrift notiert: „ *‚Fritz' hielt ihr einen Vortrag über die politische Lage, insbesondere über die Beziehungen der Komintern zur KPO. Er erklärte, daß die Erstere von ihrem Programm immer mehr abweiche und daß deshalb das Verhältnis zwischen ihr und der KPO immer gespannter werde. Er interessierte sich für den Stand der Bewegung in Breslau und fragte die Angeschuldigte Helga Beyer, was sie darüber wisse. Diese konnte ihm hierüber keinen Bescheid geben. Er ersuchte sie, Erkundigungen einzuziehen und ihm bei der nächsten Zusammenkunft Näheres mitzuteilen. Die Angeschuldigte Helga Beyer erzählte nach ihrer Rückkehr ihrer Schwester von dieser Zusammenkunft mit der Else Colbe und berichtete ihr, was sie von ‚Fritz' über die Komintern und deren Verhältnis zur KPO erfahren hatte. Schließlich bat sie die Ursula Beyer, sie mit einem KPDO-Mann bekannt zu machen, von dem sie Näheres über die KPDO in Breslau erfahren könne. Ursula Beyer zeigte sich hierzu nach längerem Drängen bereit*".[3]

Ursel hatte tatsächlich gezögert, der jüngeren Schwester eine derartige Bekanntschaft zu vermitteln. Seit sie Ernst kennengelernt hatte, den sie im September 1938 heiratete, hatte Ursel sich mehr und mehr aus der politischen Arbeit zurückgezogen, zumal Ernst Jude war, und sie ihn nicht dadurch gefährden wollte, daß sie sich weiterhin an Widerstandsaktionen beteiligte. Genaugenommen widerstrebte es Ursel damals also, Helga bei der politischen Arbeit behilflich zu sein. Zudem wußte sie ihr niemanden zu nennen. Viele der Wanderbund-Kameraden, die der KPO oder der KJO beigetreten waren oder — wie Helga und Ursel — der Organisation nahestanden, hatten längst das Land verlassen müssen oder waren verhaftet worden; andere, wie Werner Bott, hatte man in irgendeines der Konzentrationslager verschleppt. Aber dann fiel Ursel Ludger Wachsmuth ein, den sie seit Jahren kannte. Er arbeitete in der „Breslauer Beleuchtungsindustrie“, der Lampenfabrikation ihres Vaters, welche zeitweise auf den Namen ihrer nichtjüdischen Stiefmutter überschrieben worden war, nun aber formell der ebenfalls arischen Tante Klurchen gehörte. Wachsmuth, der gelernte Elektromonteur, schwer kriegsverletzt übrigens, besaß Kontakte zur KPO; dessen war Ursel sich sicher, ohne je mit ihm direkt darüber gesprochen zu haben. Doch aus der Anteilnahme, mit welcher er sie zwei Jahre zuvor, als sie aus sogenannter Schutzhaft entlassen worden war, nach dem Gang des Verfahrens gefragt hatte, glaubte sie, diesen Schluß ziehen zu können. Und tatsächlich wußte Wachsmuth, dem ein Jahr danach ebenfalls der Prozeß gemacht wurde, jemanden. Er machte Ursel einige Tage, nachdem sie sich bei ihm erkundigt hatte, am Freiburger Bahnhof in Breslau — dort hatten sie sich verabredet — mit Paul Gramatte bekannt. Über ihn, den Bäckergesellen, damals 33 Jahre alt, hieß es in der späteren Anklageschrift:

„Der Angeschuldigte gehörte von 1921 bis 1923 und von 1925 bis 1933 dem Verband der Nahrungsmittel- und Getränkearbeiter an. 1928 war er fünf Monate lang Mitglied der KPD und trat dann zur KPDO über, der er bis zu ihrer Auflösung angehörte. Außerdem war er 1932 ein halbes Jahr lang im Erwerbslosenausschuß. 1931 oder 1932 beteiligte er sich an Kursen der KPDO, in denen unter Leitung von Richard Monden ‚Das Kapital‘ von Marx gelesen und besprochen wurde“.[4]

Obwohl also Paul Gramatte aus Breslau stammte, dort fast immer gelebt hatte und zudem aktiv in der KPO war, hatten weder Helga noch Ursel je zuvor von ihm gehört. Nur wenige Tage, nachdem Ursel Gramatte durch Wachsmuth kennengelernt hatte, macht sie ihn mit ihrer Schwester Helga bekannt. Sie hatten sich auf dem Schloßplatz verabredet; das war, wie zuvor der Bahnhof, ein unverdächtiger Ort, an dem immer viele Menschen unterwegs waren. Zu dieser Begegnung notierten die Untersuchungsbeamten für den Oberreichsanwalt beim Volksgerichtshof in Berlin: *„Während sich Ursula Beyer sogleich entfernte, begannen Helga Beyer und Gramatte ein Gespräch miteinander.*

Letzterer erzählte der Helga Beyer Einzelheiten über die KPDO, während diese ihm über ihr Zusammentreffen mit ‚Fritz' in der Tschechoslowakei und die gespannten Beziehungen der KPDO zur Komintern erzählte. Schließlich übermittelte sie dem Gramatte den von ‚Fritz' geäußerten Wunsch, es möchte ein Angehöriger der KPDO aus Breslau nach der Tschechoslowakei zu einer Aussprache kommen, worauf Gramatte . . . erwiderte, es solle jemand von ‚drüben' nach Breslau kommen, weil die Leute in der Tschechoslowakei mehr Geld hätten und für sie keine große Gefahr damit verbunden sei."[5]

Es wurde Juli, wie die Polizei richtig ermittelte, bis der nächste Kontakt zustandekam. Helga hatte erwogen, nach Prag zu fahren, dort wenigstens einige der Sehenswürdigkeiten anzuschauen, Fritz zu treffen, aber vielleicht auch die alten Freunde, Jinny und Urs, Elsas Bruder. Sie hätte gern das Angenehme mit dem Nützlichen verbunden und empfand einen Wochenendausflug nach Prag auch als vollkommen unverdächtig; zwar lebten dort, wie jeder wußte, viele deutsche Emigranten, aber es gab — vor allem an einem Sommersonntag — weit mehr Touristen, unter die man sich bei einem Treffen unauffällig mischen konnte. Doch Helga erhielt Nachricht, sie möge auf der Hütte warten und fuhr, ein wenig enttäuscht, wirklich nur nach Petzer. Während ihrer Vernehmungen berichtete sie freilich etwas vollständig anderes: Ihre Freundin Elsa hätte sie, zusammen mit dem Mann, der ihr als Fritz vorgestellt worden war, vom Bahnhof in Prag abgeholt; man hätte sich dann zu dritt ganz in der Nähe in ein Café gesetzt. Dort hätte Helga von der Bekanntschaft mit Paul Gramatte erzählt und von dessen Vorschlag für ein Treffen zwischen Fritz und ihm in Deutschland. Fritz aber zeigte sich damit nicht einverstanden; er erklärte ohne nähere Begründung, es sei ihm unmöglich, die tschechisch-deutsche Grenze zu passieren. Nach einigem Hin und Her wurde als Treffpunkt für Fritz und Gramatte eine ihnen allen bekannte Baude auf der Stufenseite des tschechischen Riesengebirges vereinbart.

Das Gespräch hatte zweifellos in der von Helga dargestellten Form stattgefunden — doch gewiß nicht in Prag und gewiß nicht in Anwesenheit von Elsa. Helga hatte als Ort des Treffens Prag angegeben und gab später gelegentlich auch Schwarzenberg an, weil sie vom Naturfreundehaus in Petzer ablenken wollte. Wie bei jedem der vielen Verhöre, denen sie unterzogen wurde, hatte Helga über die Vereinbarung des Treffens zwischen Gramatte und Fritz zunächst überhaupt nichts zugegeben. Sie schwieg häufig und beharrlich wie ein verstockter Backfisch, erzählte allenfalls Harmloses oder längst Bekanntes über den früheren jüdischen Wanderbund und stellte ihre ungewöhnlich zahlreichen Fahrten ins Riesengebirge lange Zeit als rein sportliche Unternehmungen dar. Mehr als einmal polterte Kluske „Unsinn!“ oder „Erzählen Sie doch nicht sowas!“; oft sprach er Helga bei derartigen Gelegenheiten auch mit einem verächtlichen oder einem plumpvertraulichen „Du“ an, besonders wenn sie gar zu unglaubwürdig das jugendliche Dummchen zu spielen versuchte. Selbst der Volksgerichtshof bescheinigte ihr später eine Reife „weit über ihre Jahre hinaus“. Dennoch teilte Helga der Polizei nach Möglichkeit immer nur das mit, was sie ohnehin schon wußte, und täuschte sie über die beteiligten Personen sowie über die Orte der Treffen im Ausland.

„Die Angeschuldigte Helga Beyer, die bei diesem Besuch von ‚Fritz‘ eine Druckschrift, ‚Der Internationale Klassenkampf‘, zu lesen bekam, hielt sich nur einen Tag in Prag auf, fuhr am nächsten Tag nach Breslau zurück und traf sich etwa acht Tage später mit Gramatte am Sauerbrunnen. Sie berichtete diesem über den Inhalt der Unterredung mit ‚Fritz‘, worauf sich Gramatte schließlich mit der Wahrnehmung des Treffens auf der Stufenseite einverstanden erklärte. Zwecks schriftlicher Vereinbarung des Zeitpunkts, in dem dieses Treffen stattfinden sollte, teilte sie dem Angeschuldigten Gramatte auch eine Anschrift mit, die ihr ‚Fritz‘ gegeben hatte: Eduard Pollmann, Prag 16, nad budankow.“[6]

Dies war — was Helga nicht wußte — die Adresse eines deutschstämmigen Tschechen, der, wie Fritz, aus Stuttgart stammte, der KPO angehört hatte und gleich nach der Machtübernahme der Nationalsozialisten für die Dauer von drei Monaten in sogenannte Schutzhaft genommen worden war. Im Herbst 1935 war er nach Prag gezogen. Seine kleine Wohnung bot Unterschlupf für manche seiner ebenfalls verfolgten Genossen. Unter anderem teilten sich dort Jinny und Urs Colbe während mehrerer Wochen eine Schlafcouch.

Im Lauf des Jahres 1937 fuhr Helga noch gelegentlich in die Tschechoslowakei. Sie brachte den Freunden, die sie weiterhin auf der Hütte in Petzer traf, Nachrichten aus Deutschland, brachte aber wesentlich mehr Informationen — Flugblätter, Zeitungen — von draußen nach drinnen. Tatsächlich war das Schmuggeln von Material zum Hauptzweck ihrer Fahrten geworden, Skilaufen und Wandern angenehme Begleiterscheinungen; früher, vor wenigen Jahren noch, war es umgekehrt gewesen. Während ihrer Vernehmungen sprach sie weiterhin von ihren Reisezielen Schwarzenberg und Prag; Prag jedoch hatte sie früher nur äußerst flüchtig kennengelernt. Einmal war sie im Sommer 1935 dort gewesen — um einen Koffer zu transportieren. Gerda, für die damals eine Bahnreise von Breslau nach Prag bereits viel zu gefährlich gewesen wäre, hatte sie darum gebeten. Sie war bis nach dem schlesischen Landeshut gefahren und hatte dort ihren umfänglichen Koffer der Gepäckaufbewahrung des Bahnhofs anvertraut. Ehe sie dann zu Fuß auf bekannten Schleichwegen über das Riesengebirge in die Tschechoslowakei ging, hatte Gerda den Gepäckschein an Helga nach Breslau gesandt und sie gebeten, den Koffer bei der nächsten Gelegenheit einer Eisenbahnfahrt in Landeshut abzuholen und — als ihr vorgeblich eigenes Gepäck — nach Prag in die Wohnung von Urs Colbe zu bringen. Tatsächlich hat Helga Gerdas Koffer vollkommen unbehelligt an einem Sommerwochenende nach Prag gebracht, dort dann aber gerade nur so viel Zeit gehabt, um sich unter die vielen Touristen zu mischen und den Hradschin anzusehen.

Seitdem war es noch schwieriger geworden, die „grüne Grenze" unbehelligt zu überschreiten. Neuerdings waren die Grenzwächter im Winter mit vollkommen weißer Schneeschutzkleidung versehen, die sie fast unsichtbar machte; auch standen sie nicht mehr, wie einst, auf der Straße, sondern versteckten sich im Gebüsch. Weil das sogenannte Besondere Abwehrkommando der Gestapo Breslau, das auch im oberschlesischen Industrierevier operierte, keine herausragenden Erfolge aufzuweisen hatte, wurden der SA in Gleiwitz und in Hinderburg Prämien für Spitzeldienste versprochen. Das Spitzel-Unwesen trieb an der deutsch-tschechischen Grenze während der zwei Jahre vor der Annexion der Tschechoslowakei durch Nazi-Deutschland überhaupt seltsame Blüten. So wurde eines Tages auf tschechischer Seite ein gewisser Hoppe verhaftet, der von der Gestapo mit gefälschten Gefängnisentlassungspapieren und einer gefälschten Urteilsschrift wegen staatsfeindlicher Betätigung versehen worden war. Der Mann sollte sich, versehen mit diesen Papieren, Zugang zu politisch illegal arbeitenden Emigrantengruppen verschaffen und über deren Tätigkeit berichten. Es war im Grunde niemand vor Bespitzelung sicher. Sie fand

— zum Teil ganz unverhüllt — statt: in Schulen, wo Kinder von Gestapomitarbeitern ausgefragt wurden, ob ihre Eltern den Moskauer Sender hörten; in Betrieben, wo plötzlich jemand sehr kurzfristig angeblich eingestellt wurde, nach wenigen Tagen jedoch ausblieb, denn die vermeintlichen Neueinstellungen waren ebenfalls Gestapoleute. Schließlich wurde auf der Bahnstrecke Breslau—Gleiwitz über längere Zeit jeder Brief kontrolliert, der in dem Gebiet transportiert wurde.

Trotz dieser deutlichen Erschwernisse für die Arbeit aller „Illegalen" konnte die Gestapo über Helga und ihre Aktivitäten im Widerstand nur das wenige ermitteln, was sich auf ihre Kontakte mit Gramatte, mit Fritz und ihre angeblich häufigen Verbindungen mit Elsa Colbe bezog. Freilich hatten sich die Vernehmungsbeamten ein höheres Ziel gesteckt: Der Akte mit den Untersuchungsberichten über Helga war ein handgeschriebener Zettel angeheftet, auf dem nicht nur zu lesen stand: „Besonderheiten: 2 Angeklagte Jüdinnen" und: „Tatort: Berlin, Breslau, Tschechoslowakei", sondern auch: „Tatzeit: 1933 bis Januar 1938". Doch die Ergebnisse der Ermittlungen gegen Helga umfaßten schließlich nur einen Zeitraum von dreizehn Monaten — mehr nicht. Es schien geradezu tragisch, daß eine — bezogen auf die Summe aller ihrer Ermordung führte. Dagegen war es ein Glück für diejenigen, die davonkamen, daß Helga, geistesgegenwärtig, sehr viel über diese versuchte Kontaktaufnahme zugab und noch mehr dazu erdachte; durch sie erfuhr die NS-Justiz nichts darüber, daß das Naturfreundehaus in Petzer während der dreißiger Jahre immer mehr zum Widerstandsnest wurde, immer weniger Ort der reinen Erholung blieb. *„Helga war eine Heldin!"* — so empfand es noch Jahrzehnte später ihre Wanderbund-Kameradin Elsa. Und: *„Daß sie mich öfters im Kinderheim getroffen hat, entspricht nicht den Tatsachen. Es ist für mich eindeutig, daß sie mit diesen Angaben ihre Besuche im Naturfreundehaus decken wollte. Es ist ja verständlich, daß sie mich so weit wie möglich als Kontaktperson angab: Wir waren gesichert im Ausland, und daß wir uns aus der Jugendbewegung kannten, wußte man."*[7]

Helga täuschte die Vernehmungsbeamten in Breslau und in Berlin weiter: *„An Weihnachten 1937 besuchte die Angeschuldigte Helga Beyer die Elsa Colbe nochmals in dem Kinderheim in der Tschechoslowakei. Diese Reise soll in erster Linie der Ausübung des Wintersports gedient haben; doch sprach die Helga Beyer mit der Colbe auch über ‚Fritz' und erklärte, daß sie Anfang Januar einen längeren Urlaub antreten und die Colbe wieder besuchen werde, worauf letztere bemerkte, daß zu dieser Zeit auch ‚Fritz' im Gebirge sein werde. Die Colbe erzählte der Angeschuldigten Helga Beyer verschiedenes über Erich Faust, der in der Breslauer KPDO eine bedeutende Rolle gespielt habe und nach Rußland geflüchtet sei. Sie hätte mit ihm in Briefwechsel gestanden und erfahren, daß Faust in Rußland einer kommunistischen Organisation angehört habe; sie habe aber längere Zeit nichts von ihm gehört. Weiter erwähnte die Colbe, daß ein gewisser Rosshaupt aus Breslau gleichfalls in Rußland gewesen, von dort aber vor kurzem in die Tschechoslowakei zurückgekehrt sei . . ."*[8]

Helga riskierte viel, nachdem sie wußte, daß von den Freunden kaum einer noch in Breslau lebte; Valentin Rosshaupt, genannt Walroß, hatte sich in ein freundlicheres Exilland retten können; Erich Faust wurde damals, als Elsa nichts mehr von ihm hörte, nach Deutschland ausgeliefert; Jinny befand sich schon drei Jahre lang im Ausland; Elsa, Urs und Janos saßen in Prag, andere befanden sich bereits in Konzentrationslagern. Helga traf sich trotzdem mit Gramatte kurz nach Weihnachten 1937 in der Zimmerstraße, zumal eine Verabredung, die Anfang Dezember in der Tauentzienstraße, an der Normaluhr, hatte stattfinden sollen, nicht zustandegekommen war; einmal hatte sie, Helga, die wieder über Wachsmuth erfolgte Vereinbarung nicht einhalten können, ein anderes Mal war Gramatte ausgeblieben. Aber nun klappte es, und Helga erzählte ihm vom Schicksal Erich Fausts und seines Freundes Walroß . . .

„Am 1. Januar 1938 fuhr die Helga Beyer, wie sie mit Elsa Colbe verabredet hatte, wieder in das Kinderheim in der Tschechoslowakei, blieb dort eine Woche und fuhr etwa am 7. Januar 1938 mit der Colbe zusammen nach Prag, wo sie sich ungefähr eine Woche lang aufhielt. Sie traf dort wieder den ‚Fritz', dem sie im Auftrag Gramattes mitteilte, daß das letzte Treffen von Breslau aus nicht habe wahrgenommen werden können, weil Verhaftungen stattgefunden hätten. Sie vereinbarte mit ‚Fritz', daß an derselben Stelle ein Treffen stattfinden

solle. Auch diesmal gab ihr ‚Fritz' eine Nummer des ‚Internationalen Klassenkampfes' zu lesen. ‚Fritz' und die Elsa Colbe warnten sie bei ihren beiden Besuchen in Prag dringend davor, über ihre illegale Tätigkeit zu anderen Personen als zu KPDO-Anhängern zu sprechen. Nach ihrer Rückkehr von Prag ließ die Angeschuldigte Helga Beyer durch Wachsmuth den Angeschuldigten Gramatte wieder zu einem Treff in der Zimmerstraße auf den 27. Januar bestellen. Sie begab sich auch an den Treffplatz, wartete jedoch längere Zeit vergeblich auf Gramatte. Nach einiger Zeit kam ein unbekannter Mann vorüber, der ihr sagte, daß Gramatte verhaftet sei, worauf sich die Angeschuldigte Helga Beyer eilig entfernte."[9]

Der große Unbekannte, freilich, war bald ermittelt. Es handelte sich um niemand anderen als Ludger Wachsmuth, Helgas zeitweiligen und Ursels langjährigen Kollegen in der „Breslauer Beleuchtungsindustrie". Er gehörte zur großen Gruppe der 1937 und 1938 verhafteten KPO-Anhänger, denen später vor dem Breslauer Oberlandesgericht der Prozeß gemacht wurde. In der Anklageschrift gegen Ludger Wachsmuth und achtzehn andere Breslauer, die in der illegalen politischen Arbeit gestanden hatten, wurde das Zustandekommen der Bekanntschaft zwischen Helga und Wachsmuth auf der einen Seite sowie Helga und Gramatte auf der anderen nachvollzogen. Irgendwann im Lauf der Verhöre hatte Wachsmuth zugegeben, Helga nach der Verhaftung Gramattes am 27. Januar 1938 gewarnt zu haben: *„Während Helga Beyer noch an der verabredeten Stelle auf ihn wartete, trat der Angeschuldigte plötzlich auf sie zu und rief ihr im Vorbeigehen kurz zu: ‚Die Sache ist erledigt, denn der ist verhaftet!' Nach anfänglichem Leugnen hat der Angeschuldigte schließlich angegeben, damals Helga Beyer an dem verabredeten Treffpunkt gewarnt und sie von der Verhaftung Gramattes in Kenntnis gesetzt zu haben."*[10]

Einen Tag danach wurde Helga festgenommen. Sie hätte genug Zeit gehabt, sich in Sicherheit zu bringen; aber sie tat es nicht. Es war schon Nachmittag, und Helga hielt sich zu Hause, in der Tauentzienstraße 7, auf. Seit vier Wochen war sie arbeitslos, denn die „Breslauer Beleuchtungsindustrie" hatte zum Jahresende 1937 schließen müssen, und neue Arbeit hatte sie noch nicht gefunden. Als es an jenem Nachmittag an der Wohnungstür klingelte und zusätzlich ungeduldig geklopft wurde, war Helga sicher, daß der Besuch ihr gelte und daß zwei Männer in dunklen Ledermänteln vor der Tür standen. Sie sei der staatsfeindlichen Betätigung verdächtig, sagte einer von ihnen; und beide traten rasch in die geräumige Diele.

Ursel bewahrte später in ihrer Erinnerung nicht das Besorgniserregende dieser Situation, nicht die Angst, die sie damals um die jüngere Schwester hatte, sondern einzig einen grotesk komischen Augenblick: Einer der beiden Gestapo-Männer trug beim Eintreten einen gefalteten Zettel in der Hand; er knurrte etwas von Hausdurchsuchung und machte sich nicht die Mühe, das Blatt Papier auseinanderzufalten und vorzuzeigen. Er forderte Helga auf voranzugehen und ihm ihr Zimmer zu zeigen. Helga wies wortlos auf eine weit geöffnete Tür am Ende des Korridors. Als sie zu dritt in ihrem kleinen, aber sonnig-hellen Zimmer standen, bemerkte einer der Beamten eine buntbedruckte Tüte, die Helga die ganze Zeit in der Hand gehalten hatte; jetzt spielte sie etwas nervös mit der Tüte herum. Es war eine noch verschlossene sogenannte Wundertüte. Während einer der Männer sich über Helgas Schreibtisch hermachte, forderte der andere sie auf, ihm die Tüte auszuhändigen. Helga lehnte es ab, ihm das kleine spaßige Geschenk, das sie wenige Tage vorher von Ursel erhalten hatte, zu geben. Sie wurde nochmals aufgefordert und gab dem Mann schließlich die Tüte mit der Bemerkung, er dürfe sie keinesfalls öffnen. Wie zu erwarten war, geschah das Gegenteil. Der Gestapo-Mann riß die bunte Wundertüte auf — und heraus sprang, begleitet von einem Konfetti Regen, ein garstiges Teufelchen. Helga schüttete sich aus vor Lachen; der Beamte hingegen wandte sich eilig ihrem Bücherregal zu. Dort fand er manches, was er suchte, darunter eine Rosa-Luxemburg-Biographie und lose Blätter mit „staatsfeindlichen" Gedichten.

Nachdem Helga von Gramattes Verhaftung erfahren hatte, war sie rasch nach Hause gelaufen, hatte alles, was andere hätte belasten können, zusammengerafft, insbesondere Briefe und Notizen, hatte ein handliches Päckchen daraus gemacht und es zu ihrer Freundin Sophie gebracht. Gewiß, sie hätte auch alles verbrennen können; aber da sie gewissermaßen stündlich mit ihrer Verhaftung, mindestens mit einer Hausdurchsuchung hatte rechnen müssen, war es ihr einfacher erschienen, verdächtiges Material schnell fortzuschaffen. Der drei Jahre älteren Freundin hatte Helga nichts von der Festnahme Gramattes erzählt, wie sie überhaupt dessen Existenz Sophie gegenüber verheimlicht hatte. Es könne sein, daß sie hochgehe, hatte sie Sophie in ziemlich laxem Ton mitgeteilt und dann gefragt, ob sie das Päckchen mit Briefen in Verwahrung nehmen könne. Sophie war aufs Äußerste entsetzt, hatte Helga angstvoll nach dem Grund ihrer Besorgnis fragen wollen, dann aber doch geschwiegen: Jede sollte von der illegalen Arbeit der anderen so wenig wie möglich wissen.

Ein halbes Jahr nach Helgas Verhaftung wurde Sophie ebenfalls unter dem Verdacht der staatsfeindlichen Betätigung festgenommen. In der Anklageschrift gegen sie findet sich unter anderem die folgende Passage: *„Die . . . genannte Helga Beyer wurde am 28. Januar 1938 festgenommen. Da sie bereits einige Zeit vorher mit ihrer Verhaftung rechnete, brachte sie Ende Januar 1938 ein Päckchen mit Briefen zu der Angeschuldigten und bat sie, es zu verwahren, da sie sich gefährdet fühle und wahrscheinlich wegen einer politischen Angelegenheit eine Durchsuchung zu erwarten habe. Die Angeschuldigte kam der Bitte nach und nahm das Päckchen in Verwahrung. Es enthielt Schriftstücke, deren Inhalt sich auf die illegale Tätigkeit der Helga Beyer bezog. Am Tage nach der Entgegennahme des Päckchens erfuhr die Angeschuldigte von Ursula Beyer, von der sie im Geschäft aufgesucht wurde, daß Helga Beyer verhaftet worden sei. Die Angeschuldigte öffnete darauf, nachdem sie an diesem Tage zu Hause angekommen war, das Päckchen und verbrannte den Inhalt mit Ausnahme zweier noch bei ihr gefundener Papiere, um zu verhindern, daß die über die illegale Betätigung der Helga Beyer Aufschluß gebenden Schriftstücke bei der Untersuchung durch die Strafverfolgungsbehörden zur Aufklärung des Sachverhalts und Belastung der Helga Beyer herangezogen würden.“*[11]

Wie oft hatte Helga später bedauert, ausgerechnet der ebenfalls gefährdeten Sophie ihre Briefe gebracht zu haben! Gerade weil die Freundin fast alles vernichtet hatte, vermutete die Polizei mehr hinter den „Briefschaften“ als tatsächlich gerechtfertig war. Immer wieder wurde Helga im Sommer 1938, nach Sophies Festnahme, zu dieser Frage vernommen. Und immer wieder konnte sie den Gestapo-Männern, die sie inzwischen auch verhörten, besten Gewissens nur antworten: *„Als ich damals meine Verhaftung erwartete, habe ich meine Briefschaften zu der Kolditz geschafft, damit sie bei einer Durchsuchung nicht gefunden würden und andere Personen nicht belasten können. Es han-*

delte sich nur um private Briefe. Ich wollte nicht, daß Personen privater Natur in diese Sache hineingezogen werden. Die Kolditz hat damals die Briefschaften ohne Bedenken angenommen, weil sie nichts Verdächtiges enthielten."[12]

Das entsprach zweifellos der Wahrheit, auch wenn der sprachliche Stil nicht Helgas, sondern der des protokollierenden Beamten war. Auf die Frage, warum sie selbst die „Briefschaften" nicht vernichtet hatte, antwortete Helga in einer neuerlichen Vernehmung: *„Ich habe die Briefe nicht vernichten wollen, weil mir viel an dem privaten Inhalt gelegen war. Das Päckchen habe ich nur der Kolditz gegeben, weil ich es dort am sichersten glaubte.*"[13]

Im übrigen versuchte Helga, zu verharmlosen und besonders ihre innige freundschaftliche Beziehung zu Sophie zu leugnen: *„Von meiner Korrespondenz mit der Colbe hatte die Kolditz keine Kenntnis. Ebenso wußte sie auch nicht, daß ich mit der Colbe in illegalen politischen Beziehungen stand . . . Von einer illegalen politischen Tätigkeit der Kolditz hatte ich keine Kenntnis. Von Zusammenkünften mit einem gewissen ‚Hertel' hat sie mir nichts gesagt. Ich wußte auch nicht, daß sie im Besitz eines Wirtschaftsberichtes über Deutschland ist. Von dem Vorhandensein eines solchen Berichts hatte ich keine Kenntnis.*"[14]

Als Helga nichts mehr zu verlieren, nämlich ihre Strafhaft bereits angetreten hatte, gegen Sophie aber noch ermittelt wurde, spielte sie die Bekanntschaft mit ihrer besten Freundin noch unverblümter herunter. Sophie hatte nach Helgas Verurteilung zugegeben, Hertel, also den SPD-Grenzsekretär Franz Bogler, in Petzer schon Weihnachten 1936 kennengelernt zu haben und von Helga dorthin mitgenommen worden zu sein. Als Helga dies durch den Ermittlungsrichter am Volksgerichtshof zu Berlin vorgehalten wurde, erklärte sie entschieden: *„Es ist unrichtig, daß ich mit der Beschuldigten Kolditz zu Weihnachten 1936 im Naturfreundehaus in Petzer gewesen bin. Ich kenne das Naturfreundehaus in Petzer nicht und bin schon in meiner eigenen Strafsache des öfteren danach gefragt worden.*"[15]

Das war allerdings eine ziemlich dreiste Lüge. Doch Helga wollte vom Naturfreundehaus in Petzer, soweit ihr dies möglich war, ablenken. Immerhin gab sie zu, im Ort Petzer gewesen zu sein, jedoch nicht mit Sophie, sondern mit ihrer Schwester Ursel. Sie leugnete weiterhin alles, worüber sie nicht ganz sicher sein, und alles, was Freunde gefährden konnte; und sie bestätigte nur solche Informationen, von denen sie wußte, daß sie keine Neuigkeiten darstellten. *„Ich habe in der Stufenseit- oder Lenzenbergbaude gewohnt und hatte illegale politische Zusammenkünfte, welche bereits in meinem Strafverfahren erörtert worden sind. Einen SPD-Grenzsekretär mit Decknamen ‚Hertel' kenne ich nicht . . . Ich bin mit der Beschuldigten Kolditz niemals in Petzer gewesen . . . Mir ist unverständlich, wie die Beschuldigte Kolditz darauf kommt zu behaupten, ich sei mit ihr zu Weihnachten 1936 in Petzer gewesen und hätte sie in das Naturfreundehaus mitgenommen."*[16]

Während Helga niemals erfuhr, wie es zur Festnahme Paul Gramattes — und in der Folge zu ihrer eigenen Verhaftung — gekommen war, hatte Sophie durchaus in Erfahrung bringen können, was zu ihrer Entdeckung als Widerstandskämpferin geführt hatte. Davon erzählte sie Helga viel später, als die beiden Freundinnen im Gefängnis Berlin-Moabit für die Dauer von einer Woche in einer Zelle zusammengeschlossen wurden — Sophie als Angeklagte, die später zu drei Jahren Zuchthaus verurteilt wurde, und Helga als Zeugin, deren Einvernahme sich dann aber doch als nicht erforderlich erwies. Eineinhalb Jahre hatten die beiden Freundinnen einander damals nicht gesehen. Sie waren äußerst vergnügt bei dieser für beide überraschenden Begegnung im Gefängnis, erzählten sich gegenseitig, wie es ihnen in der Zwischenzeit ergangen war und schmiedeten schon Pläne für die Zeit nach der Haft. Vor allem belustigten sie sich darüber, wie sehr sie die vernehmenden Beamten an der Nase herumgeführt und wie übereinstimmend sie sich gegenüber der Polizei voneinander distanziert hatten. Sophie erinnerte sich daran, ein Vernehmungsprotokoll unterschrieben zu haben, in dem sie über Helga gesagt hatte: *„Wir haben uns hin und wieder über allgemeine politische Dinge unterhalten, wobei ich feststellen konnte, daß wir so ziemlich die gleiche politische Grundeinstellung hatten. Wir waren alle für den Marxismus eingenommen . . . Für welche marxistische Richtung die Helga Beyer eingestellt war, habe ich nie erfahren. Sie hat sich hierüber nie ausgelassen."*[17]

Es wirkte tatsächlich keineswegs so, als seien dort im Gefängnis Moabit eine Verurteilte und eine noch zu Verurteilende in Doppelhaft zusammengeschlossen worden. Helga und Sophie waren in diesen Tagen des Zusammenseins — sie begegneten einander erst im Frauen-KZ Ravensbrück wieder — von ausgelassener Fröhlichkeit. Kichernd erinnerten sie sich eines Briefes, den Helga im Juli 1937 an Sophie geschrieben hatte, als diese sich bei ihrem in Berlin lebenden Vater aufgehalten hatte. Vor ihrer Abreise von Breslau nach Berlin hatte Sophie Helga gebeten, für sie einen postlagernden Brief abzuholen und ihn ihr nach Berlin zu senden. Es hatte aber keinen postlagernden Brief gegeben, was Helga zu Bemerkungen über die Männer im allgemeinen und über einen jungen Mann im besonderen veranlaßt hatte: *„So sind die Männer. Apropos Männer. Mit Lieschen habe ich mich endgültig verkracht. Er hat sich wieder Dinge geleistet, die mir doch erheblich über die Hutschnur gehen, und da hab' ich ihn einfach an der Oder sitzen bzw. liegen gelassen . . .“*[18] Diesen Brief von Helga an die Freundin fand die Polizei bei Sophie irgendwo im Bücherregal. Immer wieder wurden beide später nach der Identität von „Lieschen“ befragt; die Polizei mochte durchaus nicht glauben, daß dies kein Deckname war, sondern eine von Helgas abfälligen Namensgebungen für „die Männer“: *„ Der von mir in dem Briefe genannte Mann, den ich mit ‚Lieschen‘ bezeichnet habe und von dem ich in dem Briefe geschrieben habe, daß ich mich endgültig mit ihm verkracht hätte, ist ein Winfried Geldner, Breslau, Kantstraße wohnhaft, mit dem ich eine persönliche Freundschaft habe.“*[19] Diese ebenso schlichte wie bündige Erklärung empfanden die Untersuchungsbeamten als wenig überzeugend. Aber es gab keine andere.

Zu Sophies Verhaftung am 16. Juni 1938 war es, wie Helga während des gemeinsamen Gefängnisaufenthaltes in Berlin-Moabit erfuhr, durch die Aktivitäten eines Spitzels gekommen.

Sophie war es, ebenso wie Helga, nie von großer Wichtigkeit gewesen, welcher politischen Richtung oder Gruppierung die illegal arbeitenden Freunde angehörten. Sie arbeitete für Franz Bögler, der als Hertel für die SPD von Trautenau aus die Verbindungen ins Schlesische aufrechterhielt; aber sie hatte auch Kontakte zu Adolf, der eigentlich Alfons Lüdke hieß und Gebietsabschnittsleiter der oppositionellen Kommunisten in Breslau war. Kurz vor ihrer Festnahme, zu Pfingsten 1938, war Sophie mit beiden, mit Adolf und Hertel, auf der Enzianbaude, oberhalb des Naturfreundehauses in Petzer, im tschechischen Riesengebirge zusammengetroffen. Niemand von den dreien ahnte jedoch, daß sich in Adolfs Vertrauen ein Mann eingeschlichen hatte, der in den Gestapo-Akten keinen Namen, sondern nur die Bezeichnung „V-Mann 186“ hat. „186“ war anwesend, als Adolf kurz nach dem Pfingsttreffen von einer Breslauer Telefonzelle aus Sophie anrief. Bei dieser Gelegenheit erfuhr „186“ nur, daß „Adolf“ mit jemandem ein konspiratives Treffen vereinbarte. Der V-Mann, der inzwischen genug über Adolf und Hertel erfahren hatte, nutzte die Gelegenheit, um den KPO-Mann hochgehen zu lassen. Adolf, also Alfons Lüdke, verzieh sich nie, daß er bei der Festnahme einen Zettel bei sich trug, aufgrund dessen Sophies Identität sehr schnell ermittelt werden konnte:*„S. K., B. Lothringer Str. 8/10 — 57063“*, stand darauf und bezeichnete Sophie Kolditz' Breslauer Adresse und Telefonnummer. Ihre Verhaftung erfolgte nur wenige Stunden nach Lüdkes Festnahme.

Alfons Lüdke, alias Adolf, hatte seine Widerstandstätigkeit, wie die Gestapo unter anderem mit Hilfe ihres V-Mannes 186 erfuhr, besonders auf Rüstungsbetriebe und Wehrmachtsangehörige konzentriert. Er gab, so notierten die Untersuchungsbeamten in ihrem Bericht, *„den Breslauern Ende 1937 und Anfang 1938 persönlich Zersetzungsanweisungen. Er forderte sie auf, in die Deutsche Arbeitsfront, den Luftschutz und die nationalsozialistischen Organisationen anderer Art einzutreten, Posten zu erstreben, zersetzend zu wirken und über das, was in den Verbänden gearbeitet werde, . . . zu berichten. Besonders aber sollten sich die Funktionäre an die Angehörigen der Wehrmacht heranmachen . . . Wenn die Funktionäre selbst eingezogen würden, sollten sie versuchen, in Unterführerstellen zu kommen und, im Hintergrund bleibend, durch vorgeschobene Leute weiter zersetzend wirken. Im Kriegsfalle sollten sie nicht überlaufen, sondern die Gewehre umdrehen, in die eigenen Reihen schießen, unliebsame Vorgesetzte beseitigen und die deutschen Soldaten zur offenen Meuterei aufreizen. . . . Um die Zersetzung des deutschen Heeres verstärken und beschleunigen zu können, verlangte der Angeschuldigte von den Breslauern Anschriften von Soldaten, an die besonderes Material verschickt werden sollte . . . Neben den Zersetzungsaufträgen gab der Angeschuldigte auch Anweisungen zur Ausspähung militärischer Dinge. Schon 1937 fragte er die Breslauer Funktionäre wiederholt, ob sie in militärischer*

Hinsicht etwas erfahren hätten. Er wies sie . . . immer wieder an, Erkundigungen über die Standorte, die Gattungen und die Stärke der Truppen in und um Breslau, . . . über Truppenverschiebungen, über militärische Bewegungen in den Grenzgebieten . . . einzuziehen und ihm die getroffenen Feststellungen mündlich oder schriftlich an die bekannten Deckanschriften zu melden. Die schriftlichen Nachrichten sollten sie mit Zitronensaft auf grünlichem Leinenpapier zwischen den Zeilen eines unverfänglichen Briefes erstatten."[20]

Daß Sophie Alfons Lüdke bei der Übermittlung und der Weiterleitung derartiger Nachrichten behilflich war, hat die Gestapo ihr niemals nachweisen können. Aber sie fand, nachdem Sophie einmal festgenommen worden war, genügend andere Hinweise auf deren Widerstandstätigkeit. Noch heute wird in einer Akte bewahrt, was die Polizeibeamten damals aus ihrem Zimmer in der Breslauer Wohnung ihrer Mutter als Beweismaterial mitnahmen: eine maschinenbeschriebene und zerrissene, doch sorgsam wieder zusammengesetzte Postkarte von „Erna" — das dürfte Elsa Colbe gewesen sein — an Helga; mehrere Briefe von Wilhelm Lukas, einem Freund Sophies; der Bericht Miriam Schells, die eine enge Freundin sowohl von Sophie als auch von Helgas Schwester Ursel gewesen war, über den KZ-Aufenthalt Gernot Reuters, eines gemeinsamen Freundes; Helgas Brief an Sophie, in dem sich Äußerungen über „die Männer", insbesondere über „Lieschen" finden; und schließlich jene Abhandlung über die wirtschaftliche Situation in Deutschland, die Sophie von Hertel erhalten, aber immer der längst emigrierten Mia Wild untergeschoben hatte. Auch der Paß der lange schon Toten liegt bis heute in der Akte. Insgesamt fand die Gestapo damals hinreichend umfängliches Material, um Sophie ins Zuchthaus zu bringen.

Daß die Jahre im Zuchthaus das Ende der Leiden nicht sein würden, ahnte von den Betroffenen niemand. Im Gegenteil — aus dem Brief, den Helga über das Zusammentreffen mit Sophie an die Schwester Ursel schrieb, spricht fröhliche Zuversicht:

„Mein liebes Urselkind, Dein Brief vom 14.6. erreichte mich in Moabit, wo ich bei Sophies drei Jahren Zuchthaus Pate gestanden habe, bzw. nicht, denn ich bin gar nicht vernommen worden, weil der Senat auf sämtliche Zeugen verzichtet hat. Nach dem Termin wurden wir in Doppelhaft gelegt, und Du kannst Dir vorstellen, daß wir eine herr-

liche Woche zusammen verlebt haben, wo wir uns seit eineinhalb Jahren nicht gesehen haben. Wir haben in Erinnerungen geschwelgt und phantastische Zukunftspläne gemacht, jeden Abend geturnt und Englisch gesprochen. Sophie spricht fabelhaft. Sie kommt acht Tage später raus als ich, wir werden die Reise nach USA also gemeinsam machen . . ."[21]

Aber einige Tage, nachdem Helga diesen Brief geschrieben hatte, begann der Zweite Weltkrieg und damit die Massenvernichtung der Juden. Eine Chance, ins Ausland zu entkommen, hatte kaum noch jemand.

Doch zurück zum Jahr 1938, das Helga nahezu vom Anfang bis zum Ende in Polizei-, dann in Untersuchungshaft verbrachte. Sie war eingeschlossen in Zelle 73 der Abteilung III für politische Untersuchungsgefangene der Breslauer Haftanstalt. Das Gefängnis besaß einen besonders üblen Ruf — sowohl bei jenen, die dort ihre Strafe verbüßten, als auch bei solchen Personen, die sich, wie Helga, vorerst in Untersuchungshaft befanden. In seinen „Deutschlandberichten" veröffentlichte der sozialdemokratische Exilvorstand den illegal ins Ausland geschafften Bericht eines ehemaligen Untersuchungshäftlings aus jener Zeit:

„Das Untersuchungsgefängnis Breslau, im Volksmund ‚die Graupe' genannt, ist für politische Gefangene eine Hölle. Der Direktor Grossekettler, ein ehemaliger unfähiger Staatsanwalt, hat mit seinem Stabe von SS- und SA-Hilfswachtmeistern ein richtiges Blutregiment eingeführt . . . Der Direktor beschimpft die Gefangenen, die ihm vorgeführt werden, in den gemeinsten Ausdrücken: ‚Strolch, Schuft, Landesverräter, Judenschwein, Marxistensau'. Die Wachmannschaften befleißigen sich desselben Tones. Aber sie tun mehr: Sie schlagen bei jeder Gelegenheit rücksichtslos mit dem Gummiknüppel drein. Die Hilfswachtmeister Winkler und Winzek benützen sogar ihr Seitengewehr als Prügelinstrument. Der Hilfswachtmeister Reiner tritt die Gefangenen mit seinen schweren SA-Stiefeln in den Leib und Rücken. — Die Zellen sind mit Ungeziefer verseucht. Man kann die Wanzen von den Wänden streifen und ganze Hände voll in die Kübel werfen. — Das Essen ist schlecht. Drei- bis viermal in der Woche gibt es Graupen in Wasser gekocht, sonst Mehl- und Haferflockensuppen. Als Abendbrot wird meistens trockenes Brot und sogenannter Kaffee ver-

abreicht, sonntags bisweilen ein kleiner Harzerkäse oder für zwei Mann ein Hering. Die Speisen sind immer verschmutzt; einmal schwamm ein halbes Zahngebiß im Essenskübel. Als einige Häftlinge sich weigerten, ihre Rationen in Empfang zu nehmen, wurden sie dem Direktor gemeldet. Der . . . nannte sie ‚Meuterer' und ließ sie fünf Tage in Arrest sperren . . . Für Besichtigungen werden besonders hergerichtete Zellen bereitgehalten. Man kocht auch besseres Essen und schärft den Häftlingen vorher ein, was sie auf etwa an sie gerichtete Fragen zu antworten haben . . . Geld, das die Verwandten der Häftlinge an die Hauptwachtmeister schicken, wird zum Teil unterschlagen. Die Gefangenen bekommen davon nur ein Bruchteil oder gar nichts zu sehen. Obgleich auch das aufgedeckt wurde, sind bis jetzt noch alle Beamten im Dienst . . ."[22]

Dort also verbrachte Helga ein Jahr, die Zeit zwischen Januar 1938 und Januar 1939. Vieles geschah in jenem Jahr. Als Untersuchungshäftling erfuhr Helga noch verhältnismäßig viel, vor allem natürlich die Siegesmeldungen des Regimes, das zielstrebig den Krieg vorbereitete. Im März erfolgte der Anschluß Österreichs, wie die Sprachregelung für die Annektierung des Heimatlandes Adolf Hitlers lautete. Das Ausland rührte sich nicht; es rührte sich auch nicht, als das Sudetenland besetzt und kurz darauf die restliche Tschechoslowakei in ein deutsches „Protektorat" verwandelt wurde.

Der Terror nach innen gegen politisch Andersdenkende und vor allem gegen Juden wurde noch vor dem Pogrom vom 9. November 1938 verstärkt; er wurde perfektioniert. Die Pässe der Juden wurden eingezogen und nur neue ausgegeben, wenn sie mit einem aufgedruckten „J" versehen waren. Eine Welle von Verhaftungen — als „Schutzhaft-Maßnahmen" wurde das von den Nazis bezeichnet — fand im Sommer 1938 statt. Fünfhundert Juden, überwiegend aus Breslau und aus Berlin, wurden am 15. Juni ins Konzentrationslager Buchenwald, nicht weit von Weimar, verschleppt; im August desselben Jahres folgten 2.200, diesmal, nach dem sogenannten Anschluß, hauptsächlich Österreicher. Die Legitimation für eine weitere Steigerung der Bestialität lieferte das Attentat, welches der Jude Herschel Grynszpan auf den deutschen Gesandtschaftssekretär von Rath in Paris verübte. Unter den fast zehntausend Juden, die danach allein nach Buchenwald deportiert wurden, war der Breslauer Silbermann. Er wurde wahnsinn-

Breslau 1938: Im Sommer „deutscher Gruß“ vieler Sudetendeutscher beim nationalsozialistisch inszenierten Turn- und Sportfest. . .

nig, nachdem man ihn dort gezwungen hatte zuzusehen, wie sein Bruder durch einen SS-Mann zu Tode mißhandelt wurde. Dieses grauenerregende Ereignis hatte insofern für alle Juden im KZ Buchenwald unmittelbare und furchterregende Folgen, als Silbermann im Zustand seiner geistigen Verwirrtheit eine Panik im Lager auslöste, aus welcher die SS eine Meuterei der inhaftierten Juden konstruierte. Willkürlich ließ sie sieben Geiseln aus den völlig überfüllten Baracken holen, um sie festzubinden und von abgerichteten Hunden zerfleischen zu lassen. — Greuel dieser Art wurden Helga damals glücklicherweise nicht bekannt.

Doch über andere Ereignisse, über solche, die das Regime gern verbreitete, erfuhr Helga verhältnismäßig viel. Als Untersuchungshäftling besaß sie Kontakt- und Informationsmöglichkeiten, die Strafhäftlinge nicht hatten. Vor allem konnte sie sich ziemlich genau darüber unterrichten, wie in Schlesien die Kriegsvorbereitungen aussahen; dies war in der ihr zugänglichen NS-Presse zu lesen. Vor der Besetzung

. . . im November Zerstörung jüdischen Besitzes und jüdischer Gotteshäuser in der „Reichskristallnacht".

Österreichs waren in Breslau Truppen zusammengezogen und erneut „auf den Führer" vereidigt worden; Geländeübungen unter besonderen Bedingungen in den Helga so vertrauten Grenzgebieten hatten stattgefunden; der unterirdische Flughafenbau bei Breslau wurde forciert betrieben; Frauen, vorzugsweise kinderlose Wohlfahrtsempfängerinnen, mußten in der örtlichen Rüstungsindustrie arbeiten; bei der Mobilmachung nach Abschluß des internationalen Abkommens über die Tschechoslowakei, das nicht das Papier wert war, auf welchem es geschrieben stand, sollte es, wie ihr im Gefängnis erzählt wurde, am Breslauer Bahnhof zu Kundgebungen des offenen Widerstandes beim Abtransport eingezogener Soldaten gekommen sein. Und dann das „Deutsche Turn- und Sportfest", das — ebenfalls 1938 — keineswegs zufällig in Breslau inszeniert wurde! Mit gewaltiger propagandistischer Begleitung wurde es mißbraucht zu einem Aufmarsch nicht nur „ins Reich heimgekehrter" sudetendeutscher Sportlerinnen und Sportler, sondern auch der sudetendeutschen Nationalsozialisten unter ihrem Anführer Henlein. Verbunden wurde diese Veranstaltung mit einer bis dahin nie erlebten Hetzkampagne gegen den nahen Nachbarn Tschechoslowakei. Dieser nationalsozialistischen Demonstration der Macht und des Selbstbewußtseins zum Trotz, war die wirtschaftliche Not im Land noch keineswegs überwunden; sie war, im Gegenteil, so drückend, daß in Breslau die Sammelergebnisse für das „Winterhilfswerk" um 40 Prozent niedriger ausfielen als im gleichen Vorjahreszeitraum.

Die wirtschaftliche Not und die systematisch geschürte Angst vor den vermeintlichen Feinden im Ausland stellten, ganz abgesehen von der Rassenideologie, ein immer noch geeignetes Klima für die Verfolgung von Minderheiten dar. Es wurden in jenem Jahr neuerliche Rassenschande-Urteile verhängt, von denen jeder und jede erfahren konnte, denn sie wurden mit großem publizistischen Aufwand bekanntgemacht. Und der Verhaftungswelle im Sommer folgte der Pogrom im November. Nachdem die schöne, einst im neu-romanischen Stil erbaute Breslauer Synagoge zerstört worden war, jagten die Nazis alle polnischen Juden aus der Stadt, Hunderte von Familien, Tausende aus ganz Schlesien; sie wurden des nachts wie Vieh über die nahe deutsch-polnische Grenze getrieben, Menschen, die Jahrzehnte in diesem östlichen Teil des Deutschen Reiches gelebt hatten und dort beheimatet gewesen waren.

Unterdessen wartete Helga mit bemerkenswertem Gleichmut weiter auf ihren Prozeß. Sie ließ Verhör nach Verhör über sich ergehen, und war dabei — soviel darüber bekannt wurde — keinen Mißhandlungen ausgesetzt. Sie wurde ungeduldig angeschrien, sie wurde mit den damals üblichen Beschimpfungen gegenüber „den Juden" und „den Roten" überhäuft; aber körperlich geschah ihr nichts. Möglich, daß ihre kleine, zierliche Gestalt, das kindliche Gesicht, ihre Jugendlichkeit sie vor Erlebnissen schützten, die anderen in gleicher Lage widerfuhren. Nachdem im Juni 1938 ihre Freundin Sophie verhaftet worden war, vermehrte sich die Zahl ihrer Vernehmungen; ihr wurden immer wieder die gleichen Fragen gestellt. In Gedanken, doch auch im Gespräch mit der Freundin, wiederholte sie immer wieder ihre Geschichte, damit sie sich selbst nicht in Widersprüche verwickelte. Sie war einigermaßen sicher, das beste für die Freunde daraus gemacht zu haben. Erst als sie von der Besetzung der Tschechoslowakei erfuhr, bedauerte sie, Elsa Colbe so stark belastet zu haben. Aber daran war nichts mehr zu ändern; sie mußte nun bei ihrer Darstellung der Kontakte von hüben nach drüben bleiben.

Am 4. Mai des Jahres 1938 erlebte die Insassin der Zelle 73, Abteilung III des Breslauer Gefängnisses den ersten von mehreren Geburtstagen in Unfreiheit; Helga wurde 18 Jahre alt. Sie hatte ihr unbekümmertes Wesen bewahrt. Kühn und unbedacht schrieb sie aus der Untersuchungshaft, sie „werde wohl mit zwei bis drei Jährchen zu rechnen haben" — eine Vermutung, die sehr realistisch war, die man vor der Verhandlung aber besser für sich behielt. So oft es ihr gestattet war, schrieb Helga aus dem Untersuchungsgefängnis — und später aus den anderen Haftanstalten, die sie noch kennenlernen mußte — an die drei ihr nächststehenden Angehörigen: an die Schwester Ursel, die im Herbst 1938 heiratete und das Geschäft des Vaters führte, bis sie im November selbst festgenommen wurde, dann aber doch freikam und auswandern konnte; an Tante Klurchen, die in Breslau ausharrte, sich mit Näharbeiten durchschlug und zunehmend vereinsamte, da mehr und mehr ihrer Bekannten Deutschland fluchtartig verließen; an den Vater, der im Juni 1938, obschon seine jüngere Tochter damals bereits in Untersuchungshaft saß, mit seiner Frau die Vereinigten Staaten besuchte und nicht zurückkehrte, im Gegenteil, in der Folgezeit die Legalisierung seines zum Exil gewordenen Aufenthaltes in den USA betrieb. Freilich empfand Helga es als bedrückend, häufig auch als beängstigend, sich zu vergegenwärtigen, daß nach und nach — mit Ausnahme des treuen Klurchens — keiner der Verwandten mehr in Deutschland war. Daß Ursel flüchten mußte und konnte, war ein Glück. Daß aber der Vater sich zu einer Besuchsreise verabschiedete und niemals wiederkehrte, daß er gewissermaßen klammheimlich verschwunden war, erfüllte Helga oft mit einem Gefühl der Trauer; da half es ihr wenig, den Vater in Sicherheit zu wissen und die Hoffnung hegen zu können, daß er von dort aus ihre eigene spätere Übersiedlung in die USA am sinnvollsten vorbereiten würde.

Aus der Zeit ihrer Untersuchungshaft sind nur zwei Briefe Helgas erhalten, zwei Briefe vom Jahresende 1938. Sie waren beide an ihre Schwester gerichtet, die zum damaligen Zeitpunkt im gleichen Gefängnis, nur einige Zellen von Helga entfernt, ebenfalls auf den Prozeßtermin warten mußte.

30. Nov. 1938 (Untersuchungsgefängnis Breslau)*

„Mein liebes Urselkind, ich will heute versuchen, Dir zu schreiben. Hoffentlich ist es erlaubt. Du kannst Dir gar nicht vorstellen, wie entsetzt ich über Deine Verhaftung war. Trotzdem Du nun mitangeklagt bist, habe ich doch noch gehofft, daß man Dich nicht festnehmen wird. Ich denke ja, daß wir spätestens Ende Januar Termin haben werden, und bis dahin wirst Du halt aushalten müssen, mein Kleines. Nimm's nicht so schwer. Ernst (Ursels Mann) *und Klurchen werden Dir ja viel schreiben, und ich habe schon einen Brief an Ernst geschickt, er soll Marianne* (eine Cousine) *und Tante Paula aufhetzen und Dir seitenlange Briefe schreiben, was ja eine besondere Passion von Marianne ist. Hast Du Dir schon die Zeitung bestellen lassen, und warst Du heute schon einkaufen? Zu dumm, der Kaufmann hat immer so wenig Obst, dafür habe ich mir heute drei Ringe Feigen genommen. Hast Du Arbeit von hier aus bekommen, oder hast Du eine Handarbeit? Wie ist es mit Englisch? Und geh' immer nur zur Freistunde! Zu Haus wird man Dich doll vermissen, wo Du doch quasi die Seele des Geschäfts gewesen bist, und ich hätte Dir, weiß Gott, ein anderes erstes Ehejahr gewünscht. Nun will ich Dir von mir schreiben, was zu schreiben ist. Also, ich habe mich entschlossen, für drei Jahre* (zur Schwesternausbildung) *in das Krankenhaus zu gehen. Übrigens, so unsympathisch, wie Du anscheinend denkst, ist mir dieser Beruf gar nicht. Ich wollte mich nur nicht überstürzt entscheiden. Umschichten muß ich ja sowieso, und darauf werde ich in jedem Fall eine gewisse Zeit anwenden müssen. Ich bin ja auch nach den drei Jahren nicht an das Krankenhaus gebunden, ich habe ja dann noch die Möglichkeit, als Sprechstundenhilfe oder auch als Säuglingspflegerin zu gehen. Ich habe das übrigens alles schon an Klurchen geschrieben, aber ich glaube, mein Brief hat Dich nicht mehr zu Hause angetroffen. Vor allen Dingen bin ich dann für drei Jahre untergebracht, was ein derartig enormer Vorteil vor den anderen ganz unsicheren Auswanderungsberufen ist, daß das schon allein eventuell ausschlaggebend gewesen wäre. Wenn ich für Krankenpflege vielleicht auch nicht immer die nötige Geduld aufbringen werde, so denke ich doch, daß mir Säuglingspflege liegen wird. Liebe Ursel, für heute Schluß, und, gelt, Du schreibst mir auch mal, wenn Du darfst. Kennst Du auch die netten kleinen ‚sayings' der Amerikaner? In diesem Sinne: keep smiling. Herzlichst Deine Helga"*

20. Dez. 1938

„Liebe Ursel, über die Nachrichten (Deportation des Schwagers), *die Du mir in Deinem Brief schreibst, bin ich einfach entsetzt. Am Freitag habe ich Sprecherlaubnis gehabt, aber Klurchen hatte leider noch nichts von Ernst gehört. Aber da Herr Schmitt* (Jude, ein gleichfalls nach Buchenwald deportierter Freund des Vaters) *auch schon zurück ist, da wird Ernst ja auch jeden Tag kommen, denn ich kann mir nicht vorstellen, daß man sie wegen nichts und wieder nichts längere Zeit festhalten wird. Nur Mut, Kleine, es geht alles vorbei. Wir werden uns wohl erst beim Termin wiedersehen. Ich habe zwar Deine Bilder, aber Du hast mich seit dreiviertel Jahren nicht gesehen. Ich glaube, ich habe mich nicht sehr verändert. Was Du über unsere Sache zu sagen hast, mußt Du dem Anwalt schreiben. Ich kann mir aber nicht denken, daß für Dich die Sache schlimm ausgehen wird. Hat Dir Marianne mal geschrieben? Ist eigentlich die Erna* (jüdische Bekannte) *auch nach Amerika ausgewandert oder wohin sonst? Nach was für einem Buch arbeitest Du denn jetzt Englisch? War Dich Deine Schwiegermutter mal besuchen? (Für den nächsten Brief hast Du jedenfalls genug Fragen zu beantworten). Ich habe mir jetzt wieder das neuere Buch vorgenommen. Die Lesestücke enthalten sehr viel fremde Vokabeln, und damit ist mir ja auch geholfen, denn ich merke immer mehr, wie klein mein englischer Wortschatz noch ist. Ich habe eigentlich schon ein bissel Angst vor dem Krankenhaus, erstens ist doch die Aussprache drüben ganz anders, und zweitens bin ich auch so noch weit entfernt, perfekt Englisch zu sprechen, da werde ich zuerst wohl einen schweren Stand haben. Das aber sind Zukunftssorgen, und vorläufig haben wir leider noch mit der wenig schönen Gegenwart zu tun. Na ja, Kleine, Schluß für heute. Entschuldige die Schrift, aber heute habe ich wieder einmal eine unmögliche Feder erwischt. Vergiß nicht, was ich Dir am Anfang geschrieben habe. Also, Kopf hoch! Trotz allem! Deine Helga“*

Sie sahen sich, wie Helga vermutete, wirklich erst „beim Termin“ wieder; der fand statt am 20. Januar 1939.

*Die nicht kursiv gesetzten Texte sind Erläuterungen der Autorin

Der Prozeß

Der Volksgerichtshof zu Berlin war eine nationalsozialistische Erfindung: ein Sondergericht, durch das in erster Linie Hoch- und Landesverräter abgeurteilt wurden. Die Namensgebung vermittelte den Eindruck, es gehe bei den dort veranstalteten Prozessen um den Schutz des deutschen Volkes, etwa vor „Volksschädlingen", wie damals ein gängiger Ausdruck für nicht angepaßte Menschen lautete; auch das „gesunde Volksempfinden" wurde in den Plädoyers sowohl von Vertretern der Reichsanwaltschaft als Anklagebehörde als auch von den urteilsverkündenden „Volksrichtern" regelmäßig bemüht.

Geschaffen wurde der Volksgerichtshof nach einer Schlappe, die das NS-Regime — eben nach seinem Machtantritt — erlitten hatte: Mit einem ungeheuren Propagandaaufwand und mit faktischen Vor-Verurteilungen der verdächtigen Personen war im Frühling und Sommer 1933 der Prozeß gegen die angeblichen Reichstags-Brandstifter vor dem dafür zuständigen Reichsgericht in Leipzig vorbereitet worden. Der kommunistische Reichstagsabgeordnete Ernst Torgler, sowie die drei bulgarischen Immigranten Dimitroff, Popoff und Taneff und schließlich der niederländische Wanderbursche Marinus van der Lubbe sollten als Helfershelfer eines großen bolschewistischen Komplotts enttarnt und bestraft werden; das, so hofften die Führer des Regimes, würde eine zusätzliche und propagandistisch ausgezeichnet nutzbare Rechtfertigung für die verstärkte Verfolgung „marxistischer Elemente" bieten. Aber die Reichsrichter spielten nicht mit. Nur van der Lubbe wurde wegen Hochverrats und Brandstiftung zum Tode verurteilt; alle weiteren Angeklagten wurden freigesprochen.

Hitler bezeichnete das Urteil des höchsten deutschen Gerichts als „lächerlich" und seine Richter als „vertrottelt"; in einem NSDAP-amtlichen Kommentar wurde von einem „glatten Fehlurteil" gesprochen.[1]

Als ein neues Tribunal, das künftig derartige politische Niederlagen vermeiden helfen sollte, wurde im Frühjahr 1934 der schon längst vorbereitete Volksgerichtshof geschaffen; gleichzeitig wurden dem bis dahin zuständigen Reichsgericht in Leipzig Hoch- und Landesverratssachen entzogen. Selbstverständlich wurde offiziell keineswegs das in den

Augen der Nazi-Führung enttäuschende Ergebnis des Reichstagsbrand-Prozesses als Grund für die Einrichtung des Volksgerichtshofs angegeben, sondern die angeblich lasche Bekämpfung von Hoch- und Landesverrat. Im „Völkischen Beobachter“, dem Sprachrohr der Nationalsozialisten, wurde die Installierung dieses Sondergerichts in geradezu schamloser Offenheit kommentiert:

„Aus guten Gründen hat . . . der nationalsozialistische Staat . . . für die Aburteilung der schwersten Straftaten, die es auf politischem Gebiete gibt, einen besonderen Gerichtshof gebildet . . . Man wende nicht ein, daß Hoch- und Landesverrat ja schon vor dem 30. Januar 1933 zur Zuständigkeit des höchsten deutschen Gerichtes, des Reichsgerichts in Leipzig, gehörte. Die Verfahren, die vor diesem Gericht . . . durchgeführt wurden, konnten gar nicht zu einem in nationalsozialistischer Hinsicht befriedigenden Ergebnis führen; denn auch das Reichsgericht war . . . abhängig von der allgemeinen politischen und geistigen Grundhaltung, die in dem demokratischen Staat von Weimar herrschte. Ein Landesverratsverfahren in Leipzig war in der Regel eine Affäre, die sofort zu parlamentarischen Auseinandersetzungen im Reichstag führte, und nebenher eine schamlose Hetze . . . gegen alle auslöste, die den bescheidenen Versuch wagten, das Reich wenigstens vor den allergemeinsten Verrätereien zu schützen. Diese Rechtsunsicherheit, die vor der nationalsozialistischen Machtübernahme allenthalben herrschte, ist . . . auch ein Beweis dafür, daß ein Staat durch den toten Buchstaben der Gesetzesparagraphen allein niemals wirksam geschützt werden kann, wenn nicht das Gesetz in Einklang steht mit einer klaren politischen Idee. In diesem Sinne ist der Volksgerichtshof . . . Ausdrucksform nationalsozialistischer Grundauffassungen auf dem Gebiet der Rechtsprechung.“[2]

Vor dem zweiten Senat dieses Sondergerichts erhob am 20. Januar 1939 der Oberreichsanwalt am Volksgerichtshof in Berlin Anklage gegen *„1.) den Bäcker Paul Gramatte, geboren am 27. Mai 1904 in Breslau, verheiratet, wohnhaft in Breslau, Brandenburger Straße 22/1, nicht vorbestraft, am 26. Januar 1938 polizeilich festgenommen und seit dem 26. April 1938 im Untersuchungsgefängnis in Breslau in gerichtlicher Untersuchungshaft, 2.) die Stenotypistin Helga Beyer, geboren am 4. Mai 1920 in Breslau, ledig, wohnhaft in Breslau, Tauentzienstraße 7, nicht vorbestraft, am 28. Januar 1938 polizei-*

lich festgenommen und seit dem 29. April 1938 im Untersuchungsgefängnis in Breslau in gerichtlicher Untersuchungshaft, 3.) die kaufmännische Angestellte Ursula Beyer, geboren am 12. April 1918 in Breslau, ledig, wohnhaft in Breslau, Tauentzienstraße 7, nicht vorbestraft."[3]

Es war in jener Zeit schon zur Regel geworden, daß man lange warten mußte, ehe man einem Untersuchungsrichter vorgeführt wurde — ein Vierteljahr im Fall Helgas und Paul Gramattes. Die Begründung der Anklage gegen Helga lautete, „*von Dezember 1936 bis Januar 1938 in Breslau sowie im Ausland, nämlich in Prag und an anderen Orten der Tschechoslowakei, fortgesetzt und teilweise gemeinschaftlich mit anderen handelnd, das hochverräterische Unternehmen, mit Gewalt die Verfassung des Reichs zu ändern, vorbereitet zu haben, wobei die Tat sämtlicher Angeschuldigten darauf gerichtet war, zur Vorbereitung des Hochverrats einen organisatorischen Zusammenhalt herzustellen und aufrechtzuerhalten.*"[4]

Ursel wurde diese Tätigkeit nur für die Jahre 1936 und 1937 vorgeworfen, Paul Gramatte wurde zusätzlich beschuldigt, die „*Beeinflussung der Massen durch Verbreitung von Schriften*" unternommen zu haben — ein Delikt, dessen sich auch Helga schuldig gemacht hatte; aber darüber hatten die Untersuchungsbehörden nichts herausgefunden.

Über Helga wurde auf der ersten Seite der Anklageschrift noch notiert: „*Die Angeschuldigte Helga Beyer zur Zeit der Tat noch jugendlich!*"[5]

Dieser Hinweis spielte in Helgas Verfahren eine gewisse Rolle, auch wenn derartige Feststellungen im allgemeinen nicht mehr der Mühe wert waren; denn bei politischen Straftatbeständen konnte gegen Jugendliche, also vierzehn- bis achtzehnjährige Menschen, längst nach dem „Erwachsenen"-Strafrecht verhandelt werden. Das Jugendgerichtsgesetz wurde bei Delikten dieser Art außer Kraft gesetzt. Helga war siebzehn Jahre alt, als sie verhaftet und achtzehn, als sie verurteilt wurde. Ihr mußte vom Volksgerichtshof oder von einem der weiterhin zuständigen Oberlandesgerichte der Prozeß gemacht werden; das regelten einige der zahlreichen Gesetze und Verordnungen, die damals „zum Schutz von Volk und Reich" erlassen wurden. Wenn dann jugendliche „Politische“ vor Gericht standen, wurde dort kaum noch überprüft, ob das junge Mädchen oder der junge Mann tatsächlich die Reife eines Erwachsenen besaß; sie wurde einfach unterstellt. Bei Helga war diese Unterstellung zweifelsfrei angebracht, bei vielen Gleichaltrigen aber keineswegs. Auf diese Weise kam es in der Nazi-Zeit zur Verhängung und Vollstreckung der Todesstrafe gegen viele Jugendliche; dabei war die Einführung der Todesstrafe für Hoch- und Landesverrat — gegenüber der Rechtsprechung in der Weimarer Zeit — auch eine nationalsozialistische Neuerung.

Als am 20. Januar 1939 gegen *„Paul Gramatte und zwei andere“* — so hieß es in der späteren Urteilsschrift — vor dem Volksgerichtshof in Berlin *„wegen Vorbereitung zum Hochverrat“* verhandelt wurde, bestand dieses Tribunal bereits im fünften Jahr und war, verglichen mit seinen personell recht bescheidenen Anfängen, angewachsen zu einem beeindruckenden Gremium nationalsozialistischen Unrechtswesens. Ein Präsident — damals noch Georg Thierack, später Reichsjustizminister —, ein Vizepräsident, zwei Senatspräsidenten, acht Volksgerichtsräte und fünf abgeordnete Richter wirkten an dem Sondergericht. Hinzu kamen bei jeder Verhandlung die Schöffen, 95 insgesamt, unter ihnen 30 Offiziere und 48 SA-, SS- und NSKK-Führer, also Mitglieder der sogenannten Sturmabteilung und der Schutzstaffeln der NSDAP sowie Angehörige des Nationalsozialistischen Kraftfahrerkorps. Über die Auswahl der ehrenamtlichen, das heißt der juristisch nicht ausgebildeten Richter, schrieb Roland Freisler — seit Beginn am Volksgerichtshof in Berlin tätig und seit August 1942 dessen Präsident — bereits im April 1936 im NS-Parteiblatt:

„Bis zur nationalsozialistischen Machtergreifung wurde der sogenannte ‚Laienrichter‘ unter Einschaltung eines möglichst starken Zufälligkeitselementes, unter möglichstem Mitgebrauch des Loses, ausgewählt . . . Der Nationalsozialismus aber wählt seine Volksrichter nach ihrer persönlichen Geeignetheit und besonderen Sachkenntnis. Auf Vorschlag des Reichsministers der Justiz ernennt der Führer die Volksrichter, die der Wehrmacht und der Polizei, der NSDAP und ihren Gliederungen entnommen und somit wie niemand anders geeignet sind, das Volk selbst zum Träger der Rechtspflege zu machen.“[6]

Die Verhandlung gegen Helga, Ursel und Paul Gramatte führte als Vorsitzender Richter der Volksgerichtsrat Dr. Albrecht; ein Landgerichtsrat Dr. Schneidenbach assistierte ihm. Als Laienrichter fungierten der SA-Brigadeführer Hauer, ein Amtmann Angermann und der Bezirksstadtrat Friedlein. Es waren in diesem Prozeß also nur zwei ordentliche, dagegen drei ehrenamtliche Richter tätig. Die Anklage vertrat als Beamter der Reichsanwaltschaft der Erste Staatsanwalt Dr. Schoch. Schließlich wurde bei der Verhandlung noch ein Inspektor Wiedermann als Urkundenbeamter der Gerichts-Geschäftsstelle tätig.[7]

Es ist nicht mehr zu klären, warum der Prozeß gegen die drei Breslauer „Hochverräter" vor dem Volksgerichtshof in Berlin und nicht vor dem Oberlandesgericht in Breslau stattfand. Es hatten nämlich — allerdings nur auf Antrag des Oberreichsanwalts — die Oberlandesgerichte durchaus noch die Möglichkeit, Prozesse wegen „Verabredung und Vorbereitung eines hochverräterischen Unternehmens" zu führen; auch wegen gewisser Landesverratsvergehen konnte Anklage durch ein Oberlandesgericht erhoben werden. So war es auch früher gewesen, als derartige Delikte im allgemeinen vor das Reichsgericht — wahlweise vor das zuständige Oberlandesgericht — gebracht wurden. An dieser Regelung wurde auch nach der Schaffung des Volksgerichtshofes festgehalten, damit dieser bei Bedarf durch die Oberlandesgerichte entlastet werden konnte; je länger die Nazi-Herrschaft andauerte, desto mehr Prozesse wurden „wegen Hochverrats" geführt und desto häufiger fanden derartige Verhandlungen wieder vor den Oberlandesgerichten statt.

Ein Beispiel aus Breslau macht dies anschaulich: Am 20. Dezember 1938 verfaßte die Generalstaatsanwaltschaft Breslau die an den Ersten Strafsenat des Oberlandesgerichts in Breslau gerichtete Anklageschrift gegen 19 Anhänger der KPO Breslau, unter ihnen auch der damals 47jährige Ludger Wachsmuth; er war zehn Tage nach Helgas Verhaftung festgenommen worden und befand sich, wie Helga, seit Ende April 1938 in Untersuchungshaft. Die gerichtlichen Voruntersuchungen fanden zeitgleich mit den Ermittlungen gegen Helga, Ursel und Gramatte statt; die Delikte der 19 waren fast identisch mit denen der drei. Dennoch fand der eine Prozeß in Breslau, der andere in Berlin vor dem Sondergericht statt. Es ist zu vermuten, daß der Prozeß gegen die Gruppe der 19 KPO-Anhänger vom Volksgerichtshof Berlin an das Oberlandesgericht Breslau — möglicherweise wegen Überlastung — abgegeben worden ist. Jedenfalls aber wurden die Angeklagten in dem einen Verfahren als Zeugen im anderen Verfahren gehört. In der Liste der Zeugen für den großen Breslauer Prozeß, der im Lauf des Jahres 1939 stattfand, wurde nicht nur der *„Kriminalinspektor Kluske, Polizeipräsidium Breslau"* aufgeführt, sondern auch *„Bäcker Paul Gramatte, z. Zt. im Untersuchungsgefängnis Breslau"*, *„Stenotypistin Helga Beyer, z. Zt. im Untersuchungsgefängnis Breslau"* und viele Bekannte und Freunde, darunter Werner Bott und Erich Faust.[8] Helgas „hochverräterische Unternehmungen" wurden durch Aussagen der in Breslau vor Gericht gestellten Angeklagten also auch dort aktenkundig; doch auch hier enthielten Polizei und Gestapo nur Informationen über Helgas politische Aktivitäten aus der Zeit von Ende 1936 bis Anfang 1938.

Der Einfluß der Gestapo auf Verfahren vor dem Volksgerichtshof wurde im Laufe der Jahre der Nazi-Herrschaft in erschreckender Weise immer stärker; kaum jemand, der politischer Straftaten verdächtig war, wurde nach der Festnahme sofort dem Richter vorgeführt. Zur Rechtfertigung des Unrechts zog man Gesetze heran, die unmittelbar nach dem Reichstagsbrand erlassen worden waren. Die Verordnung des Reichspräsidenten „zum Schutz von Volk und Staat" und die Verordnung „zum Schutze des Deutschen Volkes" hatten die Grundrechte faktisch außer Kraft gesetzt und überließen es nun der Polizei, zu entscheiden, ob ein Festgenommener in sogenannte Schutzhaft, in ein Konzentrationslager oder der Justiz überstellt wurde. Verfahren, die in die Zuständigkeit des Volksgerichtshofs fielen, wurden in der Regel von der Geheimen Staatspolizei bearbeitet; und die schreckte vor kaum einem Mittel der Drangsalierung, ja, der Folterung zurück, um von den „Schutzhäftlingen" Geständnisse zu erpressen. Dabei handelte die Gestapo aus eigener Machtvollkommenheit, wurde aber durch die Justiz unter anderem dadurch unterstützt, daß sie — ab 1937 — grundsätzlich vorab von der Entlassung solcher Strafgefangener unterrichtet wurde, die wegen Hoch- oder Landesverrats verurteilt worden waren. Es lag im Ermessen der Gestapo, was dann mit den ehemaligen Häftlingen geschah. Viele von ihnen — auch Helga — gelangten niemals mehr in Freiheit. Insbesondere gegen Ende der dreißiger Jahre folgte der eben überstandenen Haftzeit sehr häufig der von der Gestapo veranlaßte Transport in eines der Konzentrationslager.

Es muß schließlich noch auf ein weiteres Unrecht im Rahmen der damaligen „Rechtsprechung“ hingewiesen werden: Es gab so gut wie keine freie Anwaltswahl. Zwar durfte kein Angeklagter ohne Verteidiger vor das Volksgericht treten; doch mußte der Anwalt, den man gewählt hatte, vom Vorsitzenden des Gerichts bestätigt werden. Und der bestätigte als treuer Handlanger des Regimes nur solche Verteidiger, die ihm und seinen politischen Absichten in dem betreffenden Prozeß genehm waren. Hinzu kam eine andere absurde Bestimmung: Nach den Richtlinien der regimetreuen Standesorganisation der reichsdeutschen Anwaltschaft durfte kein Jurist staats- und volksfeindliche Bestrebungen auch nur indirekt fördern. Verteidiger, die vom Vorsitzenden des Gerichts zugelassen worden waren und ihre Aufgabe ernst nahmen, konnten gewiß sein, von der eigenen Standesorganisation gemaßregelt zu werden, insbesondere, wenn ihre Mandanten politischer Delikte beschuldigt wurden und zudem — wie Helga — Juden waren. Wahl- oder Pflichtverteidiger hatten vor dem Volksgerichtshof in der Regel nur noch Alibifunktion.

Helga und Ursel jedoch hatten Glück. Zwar konnten auch sie keinen Anwalt frei wählen, zwar wurde auch ihnen einer zugewiesen. Doch der Verteidiger Paul Fuhrmann hatte, allen objektiven Widrigkeiten zum Trotz, seine Menschlichkeit bewahrt. Fuhrmann betrieb eine Anwaltspraxis in der Uhlandstraße in Berlin-Wilmersdorf. Daß er zum Pflichtverteidiger beim Volksgerichtshof bestellt wurde, hatte er ursprünglich bedauert; bald aber sah er darin eine Chance für die ihm zugewiesenen Mandanten, deren Delikte, seiner persönlichen Einschätzung nach, den großen prozessualen Aufwand beim Volksgericht in nur seltenen Fällen rechtfertigte. Ursels späterer Freispruch war Paul Fuhrmanns sehr geschicktem Plädoyer zu danken. Dabei überschätzte er seine Möglichkeiten keineswegs, blieb immer Realist und verschmähte es, seinen Mandanten nicht gerechtfertigte Hoffnung zu machen. So erklärte er Ursels Mann gegenüber einen Tag vor der Verhandlung, er hoffte, für seine Frau einen Freispruch zu erlangen, sähe jedoch keinerlei Chancen einer Freisprechung für Helga.

In den allerersten Januartagen des Jahres 1939 wurden die Untersuchungsgefangenen Helga und Ursel von Breslau nach Berlin gebracht. Der Transport fand mit einem regulären Zug Breslau—Berlin statt, dem jedoch ein spezieller Gefangenenwagen angehängt worden war.

Dieser Waggon enthielt winzige Zellen für je einen Häftling; schmale Schlitze knapp unterhalb der Decke des Waggons ließen ein wenig Licht in die rollenden Einzelzellen fallen. Erst als sie mit einem Gefangenenwagen am Berliner Bahnhof Zoo abgeholt und zur Untersuchungshaftanstalt Alt-Moabit transportiert wurden, sahen die beiden Schwestern sich wieder. Im Gefängnis Moabit erhielt Ursel die Häftlingsnummer 718 und die Zelle 34 zugewiesen; Helga war Nummer 719 und wartete in Zelle 89 auf den Prozeß. Sobald seine beiden Mandanten aus Breslau in Berlin angelangt waren, nahm Rechtsanwalt Fuhrmann Kontakt mit ihnen auf und besuchte sie, so oft die Bestimmungen der Justizverwaltung dies zuließen. Außerdem bestand für beide die Möglichkeit, dem Anwalt zu schreiben; Helga machte davon während der wenigen Wochen, die sie vor dem Prozeß im Gefängnis Moabit zubrachte, besonders regen Gebrauch.

Auch in einer ganz anderen Hinsicht hatten Helga, Ursel und der Mitangeklagte Paul Gramatte Glück: Es wurde kein Schauprozeß veranstaltet. Es gab kein bestelltes Publikum aus Hausfrauen, Studenten und Rentnern. Einziger Zeuge der Verhandlung war Ursels Mann Ernst, der — mit dem kahlgeschorenen Kopf der KZ-Häftlinge — zum Prozeßbeginn aus Buchenwald entlassen worden war. Die Verhandlung selbst fand in einem relativ sachlichen Klima statt. Die drei Angeklagten wurden nicht, wie dies aus vielen anderen Prozessen vor dem Volksgerichtshof bekannt geworden ist, angebrüllt, nicht eingeschüchtert, sondern in Ruhe zur Sache befragt.

Während der Hauptverhandlung gegen Helga, Ursel und Paul Gramatte wurden zunächst wieder die „hochverräterischen Bestrebungen" der KPO dargestellt, wie sie in einer Entscheidung des Reichsgerichts vom Januar 1934, später dann nochmals in einem Urteilsspruch aus dem Jahr 1937 festgestellt worden waren: Die oppositionellen kommunistischen Gruppen seien in ihren Aktivitäten nicht weniger hochverräterisch als die orthodoxen Kommunisten, denn *„die Unterschiede all dieser Splittergruppen untereinander und zur KPD und SPD sind verschwindend klein gegenüber ihrer ganz auf derselben Linie liegenden Feindschaft zum nationalsozialistischen Staat . . . Infolgedessen rechnen auch die Splittergruppen damit, daß auf dem Wege zum gewaltsamen Umsturz die großen marxistischen Parteien vorangehen, für die sie den Boden vorbereiten . . . Ihre Gefahr darf daher trotz der* *verhältnismäßig geringen Anzahl ihrer Anhänger nicht unterschätzt werden.*"[9]

Dahinter steckte die Grundauffassung, daß alle Gruppen und Parteien außerhalb des Nationalsozialismus ihre Ziele ausschließlich mit Gewalt erreichen könnten, deshalb also den gewaltsamen Umsturz des Nazi-Regimes betreiben müßten. Dieser Logik entsprach es durchaus, jeden hochverräterischer Unternehmungen zu verdächtigen, der sich an Aktivitäten derartiger nicht nationalsozialistischer Gruppen beteiligte.

Es gelang Ursel sehr überzeugend, während des Prozesses vor dem Volksgerichtshof ihre eigene Beteiligung an regimefeindlichen Aktionen herunterzuspielen. Sie wirkte gutgläubig, arglos, naiv. Die Geldspenden für die Familien politischer Gefangener vermochte sie als rein karitative, jedenfalls vollkommen unpolitische Hilfeleistungen darzustellen. Und von dem politischen Treiben ihrer jüngeren Schwester gab sie vor, nichts geahnt zu haben. Immer wieder beteuerte Ursel, Helga über Ludger Wachsmuth mit Paul Gramatte nur deshalb bekannt gemacht zu haben, weil diese so dringend nach einer Antwort auf Fragen nach der tatsächlichen oder vermeintlichen Uneinigkeit innerhalb der kommunistischen Bewegung gesucht hätte. Niemals hätte sie, Ursel, angenommen, daß es in der Folge dieses ersten Kontakts zwischen Helga und Gramatte häufigere Treffen zwischen den beiden gegeben hätte; folglich hätte sie von dem wahren Zweck dieser Treffen nicht das geringste ahnen können. Helga bestätigte diese Aussagen in der Hauptverhandlung. Sie habe, erklärte sie wiederholt, ihrer Schwester mit keinem Wort über ihre politischen Kontakte in Breslau und hinein in die Tschechoslowakei berichtet.

Ursel wurde schließlich freigesprochen. In der erstaunlich differenziert formulierten Urteilsbegründung heißt es dazu unter anderem: „*Auch aus der Tatsache, daß Ursula Beyer bereits in das Ermittlungsverfahren gegen Bott verwickelt gewesen ist, können keine entscheidenden Schlüsse gezogen werden, da das Verfahren gegen diese Angeklagte damals eingestellt worden und nicht auszuschließen ist, daß es ihr, wie sie unwiderlegt behauptet hat, eine Mahnung gewesen ist, politische Dinge zu meiden, mithin auch ihre Verteidigung nicht ohne weiteres als unglaubhaft abgetan werden kann; daß sie ihre Schwester sogar gewarnt haben würde, wenn sie deren wahre Absichten gekannt hätte. Hiernach ist die Möglichkeit nicht von der Hand zu weisen, daß die Angeklagte, indem sie ihre Schwester mit Gramatte zusammenführte, davon ausgegangen ist, damit diesen beiden Angeklagten lediglich eine einmalige Aussprache über innerhalb der kommunistischen Bewegung bestehende Uneinigkeiten zu verschaffen, und daß sie sich also nicht vorgestellt hat, durch ihre Vermittlertätigkeit den organisatorischen Zusammenhalt innerhalb der illegalen KPDO oder deren Gewaltziele auf andere Weise zu fördern. Die Angeklagte Beyer war daher — trotz nicht unerheblichen Verdachts — . . . freizusprechen.*“[10]

Abschriften des Urteils und seiner Begründung erhielten üblicherweise das Geheime Staatspolizeiamt in Berlin, die Staatspolizeileitstelle der Gestapo in Breslau und das Reichsjustizministerium. Erhalten ist nur die für das Justizministerium gefertigte und vom Landgerichtsrat Schneidenbach unterzeichnete Abschrift. Und dort, auf der Rückseite des Deckblatts, findet sich als handschriftliche Notiz noch eine kritische Wertung des Freispruchs der Angeklagten Ursel: *„Vermerk. Die Freisprechung der Angekl. Beyer kann nicht ganz befriedigen; zu Maßnahmen bietet sie keinen Anlaß . . .*“[11]

Mit den „Maßnahmen“, die Ursels Freisprechung nun nicht mehr erlaubten, war vermutlich ihre Überführung in ein Konzentrationslager nach Ablauf der Haftzeit gemeint. Die Herrschenden konnten nur hoffen, daß sie schnell verschwinden würde. Und das tat sie. Kurz nach dem Prozeß begann ihre fast zehn Jahre währende Flucht-Odyssee.

Paul Gramatte wurde vom zweiten Senat des Volksgerichtshofs wegen Vorbereitung zum Hochverrat zu dreieinhalb Jahren Zuchthaus verurteilt; die bürgerlichen Ehrenrechte verlor er für die Dauer von vier Jahren. Ihm wurde nicht als Verdienst angerechnet, daß er faktisch nichts erreicht hatte, daß also die Kontakte über Helga in die Tschechoslowakei immer nur geplant, nie aber wirklich ausgeführt wurden.

„Es hat nicht an ihm gelegen, daß er mit seinen Bestrebungen in dieser Richtung keinen Erfolg hatte. Mag er auch die ihm erteilten Aufträge nur widerstrebend angenommen haben, so hat er es doch bei ihrer Durchführung keineswegs an Entschlußkraft und verbrecherischem Willen fehlen lassen und sich nicht einmal durch die ihm zur Kenntnis

gekommenen Festnahmen von Gesinnungsgenossen abschrecken lassen. Weiter ist die Tat des Angeklagten aber auch objektiv in hohem Maße gefährlich gewesen. Daran ändert nichts, daß er lediglich für eine Splittergruppe der illegalen kommunistischen Bewegung tätig geworden ist, da alle diese Gruppen in der tiefen Feindschaft gegenüber dem Nationalsozialismus einig sind und daher in ihrer Summe — vom richtigen politischen Standpunkt aus gesehen — eine nicht zu unterschätzende Gefahr bedeuten . . . Der Angeklagte Gramatte, der die Folgen und Schwere seiner Tat durchaus überschaut hat, hat sich als Deutscher in unverantwortlicher Weise gegen das Aufbauwerk des Nationalsozialismus gestellt und sich damit gegen das gesamte Volk vergangen. Wer das tut, handelt ehrlos."[12]

Immerhin bemerkte das Gericht an Paul Gramatte auch einige positive Tatbestände: „*Er war im wesentlichen geständig, hat Reue gezeigt und ist nicht vorbestraft.*" Jedoch: „*Er gehört aber zu den entgegen ihrer besseren Einsicht Unbelehrbaren.*"[13]

Das Urteil gegen Helga wurde zuletzt verkündet. Bemerkenswerterweise berücksichtigten die Mitglieder des Senats ihre Jugendlichkeit. Immer wieder gibt es in der Urteilsbegründung Bezugnahmen auf das Jugendgerichtsgesetz — dies allerdings nicht so weitgehend, daß man von einer Strafe ganz abgesehen oder etwa — außer der Strafhaft — eine Erziehungsmaßnahme angeordnet hätte. Die Begründung war nach nationalsozialistischem Rechtsverständnis nur logisch: „*Es kann nicht Aufgabe des nationalsozialistischen Staates sein, die Angeklagte, die von einem jüdischen Vater abstammt und sich als Jüdin fühlt, zu bessern und zu bekehren.*"[14]

Wegen Vorbereitung zum Hochverrat wurden die Angeklagten damals üblicherweise zu mehrjähriger Zuchthausstrafe verurteilt, wie sie auch gegen Helgas Mitangeklagten Paul Gramatte ausgesprochen wurde. Doch wieder berücksichtigte das Gericht — nicht zuletzt aufgrund des Engagements des Verteidigers Paul Fuhrmann — Helgas Jugendlichkeit zur Zeit der Tat. Allerdings beschrieben die Richter diese Jugendlichkeit auf der einen und Helgas menschliche Reife auf der anderen Seite sehr differenziert:

„*Die Angeklagte Helga Beyer war zur Zeit der Tatbegehung zwar über 14, aber noch nicht 18 Jahre alt und mithin Jugendliche im Sin-*

ne des § 1 Jugendgerichtsgesetz. Indessen . . . hat sie eine gute Schulbildung genossen und besitzt, wie auch ihr Verhalten in der Hauptverhandlung gelehrt hat, eine geistige Reife, die der eines wesentlich älteren Menschen völlig gleichkommt. Sie hatte volle Einsicht in das Ungesetzliche ihres Tuns und war durchaus fähig, ihren Willen dieser Einsicht gemäß zu bestimmen. An ihrer vollen strafrechtlichen Verantwortlichkeit besteht daher keinerlei Zweifel."[15]

Trotzdem entschied sich das Gericht in Helgas Fall nicht für eine Zuchthaus-, sondern für eine Gefängnisstrafe; deren zeitlicher Rahmen lag zwischen einem Tag und siebeneinhalb Jahren Haft.

Die Begründung des Urteils gegen Helga nahm mehr Zeit in Anspruch als die Feststellungen, die das Gericht zu Ursels Freispruch und zu Gramattes Verurteilung traf. Seitenlang erweist sich der Text der Urteilsbegründung als identisch mit der Formulierung der Anklage. Es ist die Rede von den Fahrten ins Riesengebirge, von den Treffen mit Elsa und mit Fritz, von Sophie, der sie ein Päckchen mit Briefen gegeben, und von der Familie Mischinski, die sie gelegentlich mit ein wenig Geld unterstützt hatte. Es gab zu Helgas Erstaunen keine neu hinzugekommenen Fakten; Polizei und Staatsanwaltschaft hatten nichts über Aktivitäten in jener Zeit herausgefunden, die vor dem Silvestertreffen 1936 auf 1937 in Petzer stattgefunden hatten; Helga war geradezu heiter gestimmt, als sie sich dessen sicher sein konnte. Und sie hatte Mühe, ein Lachen zu unterdrücken, als der Vorsitzende Richter nach einem einleitenden Satz aufrührerische Texte vorlas.

„Im Besitze der Angeklagten Helga Beyer fanden sich bei ihrer Festnahme einige Zettel mit staatsfeindlichen Gedichten und anderen Aufzeichnungen, die teils von der Angeklagten selbst geschrieben waren, teils von der Elsa Colbe stammten. Eines dieser Gedichte lautet wie folgt: ‚Des Volkes Blut verströmt in Bächen,/und bitt're Tränen rinnen drein./Doch kommt der Tag, da wir uns rächen,/dann werden wir die Richter sein! Stimmt an, stimmt an . . :/Wohl knüpft ihr knechtisch finst'ren Schergen/vergeblich das zerrissene Seil./Das Schlechte fault in dumpfen Särgen,/das Gute siegt, der Welt zum Heil!Tod Euch, den Henkern und Despoten!/Die alte Niedertracht zerfällt./Wir pflügen um den alten Boden/und bauen eine neue Welt!/Auf Brüder, scharet Euch zum Heere,/die Brust von gleichem Geist durchweht./Wo ist die Macht, die einem Meere,/die uns'rer Sturmflut widersteht?'"[16]

Abschrift
7 J 348/ 38
2 H 82/ 38

Im Namen des Deutschen Volkes

In der Strafsache gegen

1.) den Bäcker Paul G r a m a t t e aus Breslau, Brandenburger Straße 95, geboren am 27. Mai 1904 in Breslau, verheiratet,

2.) die Stenotypistin Helga B e y e r aus Breslau, Tauentzienstraße 7, geboren am 4. Mai 1920 in Breslau, ledig,

3.) die frühere kaufmännische Angestellte Ursula [redacted] geborene Beyer aus Breslau, Tauentzienstraße 7, geboren am 12. April 1918 in Breslau, verheiratet,

sämtlich zur Zeit in dieser Sache in gerichtlicher Untersuchungshaft,

wegen Vorbereitung zum Hochverrat

hat der Volksgerichtshof, 2. Senat, in der öffentlichen Sitzung vom 20. Januar 1939 auf Grund der mündlichen Verhandlung, an welcher teilgenommen haben

als Richter:

Volksgerichtsrat Dr. Albrecht als Vorsitzender,
Landgerichtsrat Dr. Schneidenbach,
SA-Brigadeführer Hauer,
Amtmann Angermann,
Bezirksstadtrat Friedlein,

als Beamter der Reichsanwaltschaft:

Erster Staatsanwalt Dr. Schoch,

als Urkundsbeamter der Geschäftsstelle:

Regierungsinspektor Wiedermann,

für Recht erkannt:

I. Die Angeklagte Ehefrau [redacted] geborene Beyer wird freigesprochen

II. Es werden verurteilt wegen Vorbereitung eines hochverräterischen Unternehmens:

1) der Angeklagte G r a m a t t e zu einer Zuchthausstrafe von dreieinhalb Jahren;

2) die Angeklagte Helga B e y e r zu einer Gefängnisstrafe von dreieinhalb Jahren.

Verurteilt „wegen Vorbereitung zum Hochverrat": Helga erhielt niemals eine Ausfertigung der Urteilsschrift des Volksgerichtshofs in Berlin.

Helga erinnerte sich sehr genau an die Situation, in der sie sich dieses schöne, aufmunternde, kämpferische Lied aufgeschrieben hatte. Auf einer langen Wanderung über den Riesengebirgskamm — das war an einem heißen Sommertag im Juli 36 gewesen — hatte sie das Lied von Freunden zum erstenmal gehört, hatte es unterwegs fast vollständig auswendig gelernt und dann, noch am Abend der Ankunft im Naturfreundehaus in Petzer, niedergeschrieben. Später, in Breslau, hatte sie den Text in ihr eigenes Liederbuch übertragen. Die schnell hingeworfenen Zeilen, die sie in Petzer notiert hatte, befanden sich nun in den Händen des Richters; diesen Zettel, nicht jedoch ihr handgeschriebenes Liederbuch, hatte die Polizei in einem Fotoalbum entdeckt und zu den Beweismaterialien genommen. Es war zu komisch: Da saß nun der rotgewandete Richter und deklamierte staatsfeindliche Texte; dabei begnügte er sich keineswegs mit dem Zitieren dieses einen Liedes, sondern fuhr fort: *„Ein anderes Gedicht endet mit folgendem Reim: ‚Brecht das Doppeljoch entzwei!/Brecht die Not der Sklaverei!/Brecht die Sklaverei der Not!/Brot ist Freiheit, Freiheit Brot!‘ “*[17]

Ehe er zu Punkt 4 der Verhandlung, zu den Einlassungen der Angeklagten, überging, zitierte der Richter noch eine letzte Fundsache:

„Auf einem Zettel wieder heißt es: ‚Regierung ist überall gleich, ist immer Unterdrückung eines Teiles eines Volkes zugunsten eines anderen Teiles desselben Volkes. Was wir brauchen, ist Organisation und Verwaltung. Was wir nicht brauchen und deshalb beseitigen müssen, ist Regierung.‘ Diese Feststellungen beruhen auf den eigenen Angaben der Angeklagten, der glaubhaften eidlichen Zeugenaussage des Kriminalinspektors Kluske und den allerdings nicht in allen Punkten glaubhaften Bekundungen der wegen Teilnahmeverdachts unvereidigt gebliebenen Zeugen Wachsmuth und Hauptmann sowie auf den in der Hauptverhandlung verlesenen Schriftstücken.“[18]

Helga wurde zu einer Gefängnisstrafe von dreieinhalb Jahren verurteilt. Da sie — wenngleich zögerlich und oftmals widerstrebend — die ihr vorgeworfenen Delikte zugegeben hatte, wurde ihr das Jahr, welches sie als Untersuchungshäftling verbracht hatte, nahezu vollständig auf die Strafe angerechnet. Verurteilt am 20. Januar 1939, konnte Helga damit rechnen, am 20. August 1941 in die Freiheit entlassen zu werden. Eine schriftliche Ausfertigung des Urteils und seiner Begründung hat Helga weder jemals erhalten noch überhaupt zu sehen bekommen. Wer in Hoch- oder Landesverratssachen verurteilt worden war, hatte darauf im Nazi-Deutschland keinen Anspruch mehr. Lediglich auf Verlangen konnten abgeurteilte Straftäter in Anwesenheit eines Beamten der Justizverwaltung einen Blick in ihre Urteilsschrift werfen.

In dieser Urteilsschrift faßte das Gericht am Ende wertend zusammen, was vorher bereits detailliert ausgeführt worden war:

„Die Angeklagte Helga Beyer hat zwar nicht nachweisbar von sich aus die Verbindung mit der illegalen kommunistischen Bewegung angestrebt. In ihrem Haß gegen das nationalsozialistische Deutschland ist sie je doch alsbald gern und willfährig auf die Pläne der Elsa Colbe und des ‚Fritz' eingegangen. Sie war zu einem wichtigen Bindeglied zwischen der illegalen KPDO im Reiche und deren Anhängern in der Tschechoslowakei ausersehen. Die ihr zugedachte Rolle als bedeutende Auslandskurierin hat sie klar durchschaut und sie keineswegs nur aus Wichtigtuerei zu spielen versucht, sondern in der Absicht, dem Weltkommunismus und damit dem internationalen Judentum zu nützen und dem Reiche zu schaden. In ihrer aktiven Arbeit ist sie zäh und ausdauernd gewesen. An ihr hat es nicht gelegen, daß es zu einer Verbindung zwischen ‚Fritz' und Gramatte nicht gekommen ist. Wenn sie auch vor allem zu Beginn ihrer hochverräterischen Tätigkeit noch verhältnismäßig jung gewesen ist und nicht vorbestraft ist, so überwiegen doch bei weitem ihr überaus intensiver verbrecherischer Wille und die große Gefährlichkeit ihres Tun. Unter diesen Umständen war eine Gefängnisstrafe von dreieinhalb Jahren angemessen."[19]

Wie hoch wäre die Strafe wohl ausgefallen, wenn Polizei und Staatsanwaltschaft herausgefunden hätten, daß Helga wesentlich länger und wesentlich vielseitiger im antifaschistischen Kampf gestanden hatte, als dem Volksgerichtshof bekannt geworden war?

Nur zwei Tage nach dem Prozeß wurde in einer deutschsprachigen, antifaschistischen, in Paris hergestellten Zeitung die folgende Notiz veröffentlicht:

„Das Volksgericht hat zwei Angeklagte, den 34jährigen Paul Gramatte und die 19jährige Helga Beyer, eine Jüdin, beide aus Breslau, zu Freiheitsstrafen von je dreieinhalb Jahren verurteilt, den Mann zu

Zuchthaus, das Mädchen zu Gefängnis, weil sie angeblich die Verbindung mit hitlerfeindlichen Emigrantenkreisen in Prag und im Sudetengebiet hergestellt hätten."[20]

Das Pressearchiv des Reichsjustizministeriums gab den Zeitungsausschnitt zur Akte Helga Beyer, man hätte ihn vorher mit dem Tagesstempel und dem Aufdruck „Verboten!" versehen.

„Meine Lieben in aller Welt . . .“

Helga wurde vom Untersuchungsgefängnis Berlin-Moabit mit dem nächstmöglichen Transport nach Cottbus geschafft, ins dortige Frauengefängnis. Die Anstaltsleitung wurde — auch dies war in sechs Jahren Nazi-Rechtsprechung üblich geworden — nicht davon unterrichtet, warum im einzelnen ihr „Neuzugang“ verurteilt worden war. Der Strafhäftling Helga Beyer war „eine Politische“, noch dazu Jüdin, und sie würde dreieinhalb Jahre abzusitzen haben. So undifferenziert stellte sich der Fall für die Verwaltung der Haftanstalt dar; eine Ausfertigung der Urteilsschrift erhielt auch sie nicht.

Die Kontaktmöglichkeiten mit der Außenwelt, mit Verwandten ausschließlich, waren äußerst beschränkt. Nur alle sechs Wochen durfte Tante Klurchen für jeweils drei Stunden zu Besuch kommen; vorher mußte sie stets schriftlich um Besuchserlaubnis bitten. Briefe zu schreiben und zu empfangen war nur einmal im Monat erlaubt. Helga nutzte jede dieser Gelegenheiten. Über die sie bewegenden politischen Fragen freilich schrieb sie nie, so gern sie gerade dies getan hätte. Doch jeder Brief, der die Haftanstalt verließ, und jeder, der dort ankam, wurde zensiert. Mit niemandem konnte sich Helga über die politischen Ereignisse — gerade des Jahres 1939 — austauschen, von denen sie relativ ausführlich, wenngleich tendenziös und mit einer gewissen zeitlichen Verzögerung erfuhr.

Noch bevor die polnische Bevölkerung vom Radiosender Breslau aus in ihrer Sprache auf die deutsche Aggression eingestimmt und dann am 1. September 1939 mit dem Überfall auf Polen der Zweite Weltkrieg begonnen wurde, waren die Juden in Deutschland gänzlich entmündigt worden. Am 1. Januar jenes Jahres trat ein Gesetz in Kraft, welches alle männlichen Juden zwang, zusätzlich zu ihrem angestammten den Vornamen „Israel“ zu führen; alle Jüdinnen mußten ihrem Namen „Sara“ hinzufügen: Helga Sara Beyer. Ob die Rassefanatiker die Bedeutung dieses Namens gekannt hatten, als sie ihn allen jüdischen Frauen verordneten, dachte Helga, als sie davon erfuhr. Sie können nicht gewußt haben, daß Sara „Fürstin“ heißt; sonst hätten sie bestimmt einen weniger würdigen Namen ausgewählt. Im gleichen Monat kündigte Hitler vor dem entmachteten kulissenhaften Reichstag die „Vernichtung der jüdischen Rasse in Europa“ an. Er sagte tatsächlich „Vernichtung“, als handelte es sich um eine Ungezieferplage, die es zu überwinden gälte. Kaum ein Mensch ahnte damals, daß der Massenmord an den Juden tatsächlich grauenvoll ähnlich ausgeführt werden würde. Die ersten Judenwohnhäuser, Ghettos, Deportationen waren ja nur der Anfang.

Ein weiteres politisches Ereignis des Jahres 1939 — es wurde in der NS-Presse wie einer der späteren Siege gefeiert — bewegte Helga, die oppositionelle Kommunistin, auf andere Weise, doch ebenso stark: der Hitler-Stalin-Pakt, der auf zehn Jahre abgeschlossene Nicht-Angriffs-Vertrag zwischen dem nationalsozialistischen Regime in Deutschland und der Führung der UdSSR. Zwar hatte gerade die KPO die Exzesse der stailinistischen Politik und den Alleinherrschaftsanspruch der KPdSU innerhalb der kommunistischen Bewegung abgelehnt und bekämpft; doch etwas derartiges, einen Pakt Rußlands mit dem verbrecherischen Regime in Deutschland, hatten sich auch die kritischsten KPO-Anhänger nicht vorzustellen vermocht. Der Vertrag wurde in Moskau abgeschlossen. Acht Tage später marschierten deutsche Truppen in Polen ein.

Über all dies konnte Helga nicht schreiben; jedenfalls ging sie kein Risiko ein. Sie berichtete vorwiegend vom Alltag im Gefängnis, von ihren sehr konkreten Zukunftsplänen und von ihrer Sorge um die Verwandten draußen. Helgas erster erhaltener Brief, vermutlich überhaupt ihr erster Brief aus der Strafhaft, ist einen Monat nach der Verurteilung geschrieben und an die Tante in Breslau gerichtet worden. Klara Junker leitete den Brief später weiter an Ursel, die sich bereits auf dem Weg nach Schanghai befand.

19. Febr. 1939 (Gefängnis Cottbus)*

Liebes Klurchen, ich bin also doch noch hierher gebracht worden, ehe ich Ursel und Ernst noch mal habe sprechen können. Es ging dann alles so schnell, daß ich gar keine Zeit mehr gehabt habe, Euch rechtzeitig Bescheid zu geben. Ich bin also hierher nach dem Frauengefängnis Cottbus gebracht worden. Ich bin auch hier wieder in Einzelhaft. Die

* Die nicht kursiv gesetzten Texte sind Erläuterungn der Autorin zu den Briefen, die im übrigen unwesentlich gekürzt wurden.

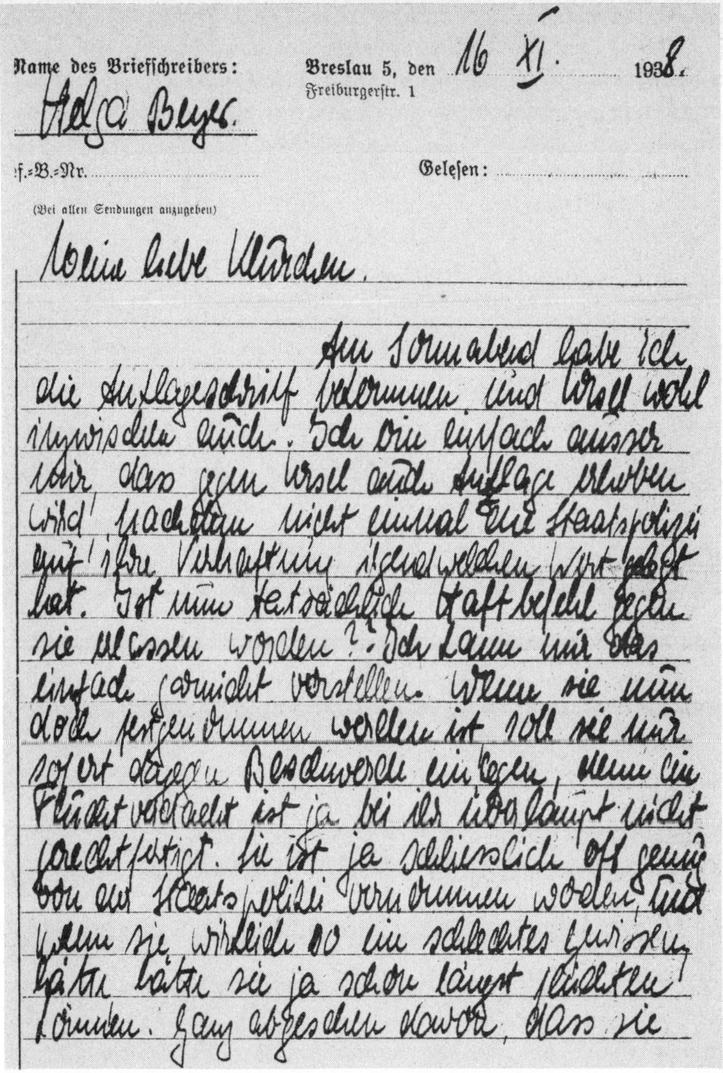

Name des Briefschreibers: Helga Beyer

Breslau 5, den 16. XI. 1938.
Freiburgerstr. 1

f.-B.-Nr.

Gelesen:

(Bei allen Sendungen anzugeben)

Meine liebe Miedchen.

Am Sonnabend habe ich die Anklageschrift bekommen und Ursel wohl inzwischen auch. Ich bin einfach ausser mir, dass gegen Ursel auch Anklage erhoben wird, nachdem nicht einmal die Staatspolizei auf ihre Verhaftung irgendwelchen Wert gelegt hat. Ist nun tatsächlich Haftbefehl gegen sie erlassen worden? Ich kann mir das einfach garnicht vorstellen. Wenn sie nun doch festgenommen werden ist, soll sie nur sofort dagegen Beschwerde einlegen, denn ein Fluchtverdacht ist ja bei ihr überhaupt nicht gerechtfertigt. Sie ist ja schliesslich oft genug von der Staatspolizei vernommen worden, und wenn sie wirklich so ein schlechtes Gewissen hätte, hätte sie ja schon längst flüchten können. Ganz abgesehen davon, dass sie

Der Zensur zum Opfer gefallen: Diesen Brief Helgas aus dem Untersuchungsgefängnis Breslau hat ihre Tante niemals erhalten; er fand sich, versehen mit dem adressierten Umschlag, unter Helgas archivierten Prozeßunterlagen.

Zellen sind hier sehr schön. Das Bett mit richtiger Stahlmatraze, eine ordentliche Wohltat nach den harten Moabiter Betten.
Die Fenster sind nicht viel kleiner als normale Fenster, vor allem sind sie in einer normalen Höhe, so daß man bequem rausgucken kann. Ich liege ganz oben im vierten Stock und habe eine sehr schöne Aussicht auf die Stadt. An Arbeit habe ich Tüten zu kleben bekommen, richtige Sträflingsarbeit. Sag mal, meine Arbeitspapiere, also Arbeitsbuch, Versicherung usw., sind doch alle bei Dir? Ich mußte das nämlich hier angeben. Und als Person, die mir nach meiner Entlassung behilflich sein wird, habe ich auch Dich angegeben. Du darfst jetzt nur noch alle vier Wochen schreiben. Sicher hast Du noch einmal nach Moabit geschrieben, Du mußt also die vier Wochen von dem letzten Brief, den Du abgeschickt hast, rechnen. Ursel wird nun vergeblich in Moabit nach mir gefragt haben; da hat sie sicher auch noch einen Brief geschickt. Hat Dir Ursel gesagt, wo Du evtl. hinschreiben kannst? Das Schiff wird doch verschiedene Häfen anlaufen. Ich würde ihr dann auch gern noch mal schreiben. — Kleines, jetzt bist Du also für die nächsten zweieinhalb Jahre allein. Wenn wir dann zusammen auswandern könnten, wäre es natürlich am schönsten . . .

20. März 1939 (Gefängnis Leipzig)

Meine Lieben, mein Aufenthalt in Cottbus war nur von kurzer Dauer; jetzt bin ich schon wieder vierzehn Tage hier in Leipzig. Die Cottbuser Anstalt ist nicht mehr Gefängnis; deshalb wurden alle Gefangenen auf verschiedene andere Gefängnisse verteilt. Wenn das so weitergeht, werde ich noch die ganze Strafe auf Transport verbringen; jedenfalls habe ich meiner alten Leidenschaft des Reisens bisher auch im Gefängnis nachgehen können. — Zunächst bin ich glücklich, aus der Einzelhaft raus zu sein. Ein Vorteil, für den man manche Unannehmlichkeiten gern in Kauf nimmt. Ich bin in einer Abteilung, wo alle mögliche Papierarbeit gemacht wird. Augenblicklich stanze ich Zigarettenschachteln, eine ziemlich anstrengende Angelegenheit, aber nach dem vielen Stillsitzen tut mir das ganz gut. Für Freistunde ist ein sehr schöner Garten, der im Sommer herrlich sein muß. Manchmal werden Freiübungen gemacht. Früh und abends helfe ich in der Abwaschküche; Emmy (Helgas Stiefmutter) *hätte ihre helle Freude. Mit Englischlernen ist es vorläufig noch nichts; in ein paar Wochen werde*

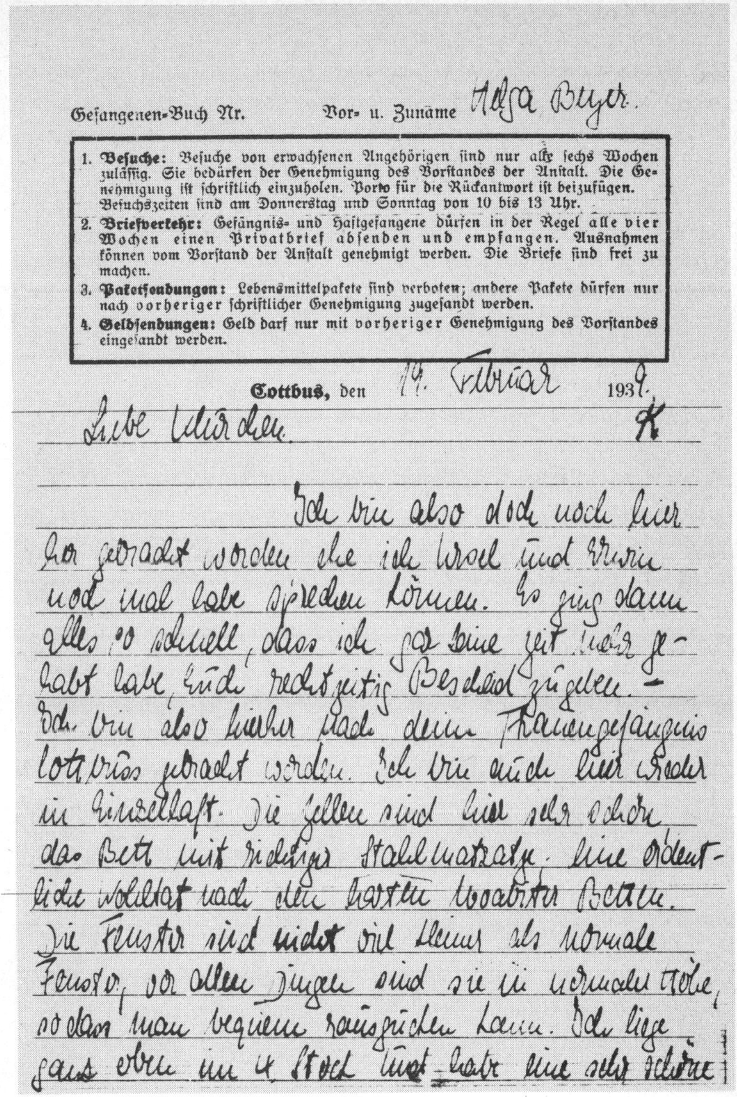

Gefangenen-Buch Nr. Vor- u. Zuname Helga Beyer.

1. **Besuche:** Besuche von erwachsenen Angehörigen sind nur alle sechs Wochen zulässig. Sie bedürfen der Genehmigung des Vorstandes der Anstalt. Die Genehmigung ist schriftlich einzuholen. Porto für die Rückantwort ist beizufügen. Besuchszeiten sind am Donnerstag und Sonntag von 10 bis 13 Uhr.
2. **Briefverkehr:** Gefängnis- und Haftgefangene dürfen in der Regel alle vier Wochen einen Privatbrief absenden und empfangen. Ausnahmen können vom Vorstand der Anstalt genehmigt werden. Die Briefe sind frei zu machen.
3. **Paketsendungen:** Lebensmittelpakete sind verboten; andere Pakete dürfen nur nach vorheriger schriftlicher Genehmigung zugesandt werden.
4. **Geldsendungen:** Geld darf nur mit vorheriger Genehmigung des Vorstandes eingesandt werden.

Cottbus, den 14. Februar 1939.

Liebe Mündchen. K

Ich bin also doch noch hier her gebracht worden ehe ich Kurt und Erwin noch mal habe sprechen können. Es ging dann alles so schnell, dass ich gar keine Zeit mehr gehabt habe, Euch rechtzeitig Bescheid zu geben. – Ich bin also hierher nach dem Frauengefängnis Cottbus gebracht worden. Ich bin auch hier wieder in Einzelhaft. Die Zellen sind hier sehr schön das Bett mit richtiger Strohmatratze. Eine ordentliche Wohltat nach den harten Moabiter Betten. Die Fenster sind nicht viel kleiner als normale Fenster, vor allen Dingen sind sie in normaler Höhe, sodass man bequem rausgucken kann. Ich liege ganz oben im 4. Stock und habe eine sehr schöne

Strafhaft im Frauengefängnis Cottbus: Vier Wochen nach ihrer Verurteilung konnte Helga erstmals an ihre Tante schreiben.

ich mich noch einmal erkundigen. Jeden Sonntag gibt es Bücher. Vergangene Woche hatte ich ein sehr gutes mit Aufnahmen aus den Bergen. Ihr könnt Euch vorstellen, daß mir ganz anders geworden ist, wie ich mir das angesehen habe. — Liebe Klurchen, dieser Brief ist für Euch alle. Schicke ihn doch bitte an Ursel weiter, und Ursel soll ihn dann an Vatel schicken. Ich kann ja doch nur an Euch alle dasselbe schreiben . . . — Vatel, ich habe Dich in letzter Zeit arg vernachlässigt. (Ich habe aber auch von Dir lange Zeit nichts gehört.) Mit den dreieinhalb Jahren habe ich mich abgefunden; ein Drittel der Strafe ist ja schon rum; und der Rest wird auch vorbeigehen . . . Meine Devise ist trotz allem immer noch „keep smiling". Schreibe mir mal wieder, am besten über Klurchen. — So, Urselkind, jetzt will ich Dich auch mit ein paar Zeilen bedenken. Wie hat sich die Sache mit London entwickelt? (Englische Bekannte Georg Beyers hatten sich für Ursel und ihren Mann um eine Einreisegenehmigung nach Großbritannien bemüht.) *Ich habe Eure ganze Reise nach Schanghai mit verfolgt, übermorgen kämt Ihr an. Ihr werdet es nicht leicht haben; aber im Zweifelsfall ist trockenes Brot in der Freiheit besser als trockenes Brot im Gefängnis. (Apropos: hier gibt es zum Frühstück Brotaufstrich.) Vergiß nicht, mir Eure Reise ganz genau zu beschreiben; ich habe immer an Euch gedacht und verfolgt, wo Ihr grade seid. Klurchen hatte mir genau geschrieben, wann Ihr nach welchem Hafen gekommen seid. — Schade, daß wir uns in Moabit nicht mehr gesprochen haben; ich hatte bestimmt gedacht, daß ich noch so lange dort bleiben würde, und dann kam ich doch so plötzlich weg. Zum Geburtstag wünsche ich Dir alles nur erdenklich Gute und eine schöne Zukunft! — Sonntags lese ich immer den „Leuchtturm", die Anstaltszeitung. Da bin ich wenigstens unterrichtet, was draußen in der Welt zugeht. — Für heute Schluß, verlebt die Feiertage recht gut und grüßt alle Bekannten. Euch allen schickt 1000 Küsse Eure Helga.*

22. Mai 1939 (Gefängnis Breslau)

Liebe Klurchen, augenblicklich bin ich noch in Breslau (als Zeugin in einem weiteren politischen Prozeß), *aber bald werde ich wohl wieder nach Leipzig zurückgebracht werden. Du kannst also den nächst fälligen Brief ruhig nach Leipzig schicken. Riesig gefreut habe ich mich natürlich, Tante Paula doch noch zu sprechen. Von ihr hörte ich, daß*

Du überall in der Verwandtschaft nähst. Weißt Du, Kleine, ich habe mir direkt Sorgen gemacht, was Du den ganzen Tag machen wirst, wo Du so allein bist, und jetzt bin ich ja beruhigt. Wie verbringst Du die Sonntage? — Ich erwarte schon sehnsüchtig den nächsten Posttag wegen der Nachricht von Ursel. Was Du mir erzählt hast, ist ja nun wenig erfreulich, aber ich denke, Ursel und Ernst werden sich durchschlagen, bis ihre Einreise nach USA perfekt ist, und auch bei dem schweren Kampf um ihre Existenz nicht den Mut verlieren. Hab' keine Angst, Klurchen. Ich sehe Dich nämlich direkt vor mir, wie Du Dich zu der — zwar überflüssigen — Sorge um mich auch noch wegen Ursel und Ernst in Angst verzehrst. Weißt Du noch: unsere früheren Montag abende? (An den „früheren Montag abenden" waren Helga und Ursel von ihrer Tante regelmäßig eingeladen und jeweils sehr verwöhnt worden.) *Ich denke jetzt oft daran; hier bin ich doch wieder in Einzelhaft, und da kommt man mehr zum Nachdenken. Weißt Du, allzu oft darf man sich solchen Erinnerungen nicht hingeben; die Gegenwart ist Trumpf, auch wenn sie weniger schön ist, und die Zukunft fängt erst am 20. August 1941 an, meinem Entlassungstag. Ich habe bis jetzt absichtlich nicht die Monate, Wochen und Tage ausgerechnet; man steigert sich nur künstlich in eine Ungeduld hinein, und dann vergeht die Zeit viel langsamer. — Sag mal, Klurchen, ist für Dich eigentlich auch ein Affidavit* (Bürgschaft eines Amerikaners als Voraussetzung für die Einwanderung) *beim amerikanischen Konsulat eingereicht, oder wie ist das eigentlich? Schreib' mir doch darüber mal. — Für heute Schluß, die andere Seite ist für Vatel, ich muß ja daran denken, ihm zum Geburtstag zu gratulieren, denn der nächste Brief ist zu spät. Also, mein Kleines, ich umarme und küsse Dich viele 1000 Male innigst. Deine Helga.*

18. Juni 1939 (Gefängnis Leipzig)

Ihr Lieben beiden, heute bekommt Ihr mal ein paar Zeilen direkt von mir. Ursel, Deinen Brief habe ich bekommen und bin natürlich einigermaßen entsetzt. Was macht Euer Englisch? Mit Englischlernen scheint es bei mir übrigens jetzt zu klappen, und ich werde mich demnächst mit Feuereifer in die Arbeit stürzen, auch mit englischer Stenografie. Jetzt kürzlich war ich in Breslau als Zeuge zu einem Termin. Ich habe Sprecherlaubnis gehabt; Klurchen und Tante Paula waren da. Onkel Erich habe ich auch gesprochen. Ich habe mich gefreut, daß er trotz seines geschäftlichen Pechs noch so gut gelaunt ist. (Verschlüsselte Mitteilung Helgas darüber, daß sie während des Zeugentermins in Breslau den Freund Erich Faust, der nach seiner Auslieferung an Nazi-Deutschland ebenfalls als Zeuge geladen war, getroffen hat.) — *Tante Paula hat mir erzählt, daß es Marianne so gut hat; das ist doch wenigstens ein Lichtblick.* (Helgas Cousine Marianne Licht war inzwischen nach Großbritannien emigriert.) — *Von mir ist nichts Neues zu berichten. Ich klebe immer noch Tüten. Nach dem ersten Entsetzen über das Urteil habe ich mich mit meiner Lage abgefunden. Die Zeit vergeht hier in der Gemeinschaft so rasend schnell; mir scheint es gar nicht möglich, daß ich schon eineinhalb Jahre in Haft bin. Übrigens ist meine Strafe, verglichen mit den anderen Urteilen, noch mit am niedrigsten. — Hoffentlich klappt es bei Euch bald mit USA, daß Ihr dann auch schon drüben seid, wenn ich komme. Ich lese den „Leuchtturm", daß man wenigstens einigermaßen weiß, was draußen los ist. — Liebe Ursel, Du hast mir zwar den ersten Teil der Reise beschrieben, aber den zweiten Teil — Singapore, Kobe, etc. — hast Du mir ganz unterschlagen. Hole das bitte nach. Klurchen hat mir Bilder von Euch geschickt, vom Schiff. Ihr seht eigentlich schon ziemlich erholt aus. — Für dieses Mal Schluß. 1000 Grüße von Eurer Helga.*

16. Juli 1939

Mein geliebtes Klurchen, schon wieder eine Neuigkeit: Inzwischen habe ich eine Ladung zum 28. Juli zu Sophies Termin bekommen; ich gehe also demnächst schon wieder auf Transport nach Moabit. Da um diese Zeit wieder ein Brief von Dir fällig ist, schicke ihn doch bitte nach Moabit. Und jetzt habe ich schon wieder eine Bitte: Ich habe beantragt, meine Schuhe zu besohlen, weil mir unterwegs von Breslau die eine Sohle abgerissen ist; und da schicke mir doch bitte etwas Geld, damit ich das Besohlen bezahlen kann. Mit der Zahnbehandlung bin ich jetzt fertig, aber das Geld, das Du mir geschickt hast, ist dabei draufgegangen. — Die Erlaubnis zum Englischlernen ist inzwischen auch eingetroffen. Ich freue mich schon riesig, wenn ich die Bücher hier haben werde. Es wird zwar schwer werden, sich in einem Raum mit sechzig Menschen zusammen zu konzentrieren, aber mit einiger

Energie wird es schon gehen. Ich habe um eine englische Handelskorrespondenz aus der Gefangenenbücherei und leichtere englische Lektüre gebeten. Überhaupt kann man sich hier die Bücher selbst aussuchen. Später will ich dann mit englischer Stenografie anfangen. So sind wenigstens die Sonntage nutzbringend ausgefüllt. Wir spielen auch öfters Sonntag nachmittag Schach, aber da habe ich noch nicht viel dazugelernt . . . — Hast Du schon wieder Nachricht von Ursel? . . . Übrigens habe ich mich riesig über Vatels letzten Brief gefreut. Das war doch endlich mal was Ausführliches. — Wie geht es Dir nun, mein Kleines? Nähst Du noch für die Verwandtschaft? Warst Du am 24. (Todestag der Mutter) *auf dem Friedhof? Sag mal, kannst Du mir nicht noch ein Bild schicken, wo Du und Muttel zu sehen sind? Ich darf nämlich nur drei Bilder haben, und zwei habe ich schon hier. — Klurchen, heute mache ich Schluß; das nächste Mal schreibe ich wieder mehr. Viele 1000 Küsse und Grüße — Deine Helga.*

13. August 1939

Mein geliebtes Urselkind, Dein Brief vom 14.6. erreichte mich in Moabit . . . Mit großem Vergnügen habe ich von Euren neuen Bekannten gelesen, und es freut mich vor allen Dingen für Dich, Ursel, daß Ihr jemanden gefunden habt, mit dem Ihr Euch gut versteht. Wie steht es mit Eurer Rückwanderung nach England? Von Sophie erfuhr ich, daß Ihr das Permit habt. Wird der Hilfsverein die Überfahrt bezahlen? Es wäre für Klurchen, Vatel und natürlich auch für mich sehr beruhigend, Euch wieder in Europa zu wissen, wo die politische Lage im Fernen Osten so ungewiß ist. (Durch den Krieg zerschlug sich der Plan der Rückwanderung.) *Wie steht es in der Internationalen Niederlassung* (exterritoriale Zone in Schanghai)*? Schreibe doch mal ganz ausführlich darüber. Ich verfolge natürlich alles genau im „Leuchtturm“. — Liebe Ursel, Du scheinst Dir von der Gemeinschaftshaft genauso falsche Vorstellungen zu machen wie ich zuerst. Natürlich war ich froh, nach fünfzehn Monaten Einzelhaft wieder unter Menschen zu kommen, zumal ich damals durch den Termin und die neuen Vernehmungen Sophies ziemlich fertig war. Aber wenn Du erst die Menschen mit ihrer Gehässigkeit, ihrem Neid und ihrer Klatschsucht kennengelernt hast, sehnst Du Dich danach, wieder allein zu sein. Manches Mal könnte man denken, daß die Gefangenen den Zweck ihres Hier* *seins darin erblicken, ihren Leidensgenossen das Leben so bitter wie möglich zu machen. Ich halte mich natürlich in der Hauptsache an die jüdischen Gefangenen und bin nur mit sehr wenigen von den anderen zusammen; aber wenn so viele Menschen auf so kleinem Raum leben müssen, kann man sich nicht von den anderen abschließen. — Ihr Beiden, zu Eurem Hochzeitstag wünsche ich Euch alles Gute für die Zukunft und daß Euer zweites Ehejahr besser anfangen möge als das erste. Macht's gut! Herzlichst — Eure Helga.*

5. Nov. 1939

Liebe Ursel, diesmal habe ich mir zwei halbe Briefe geben lassen (das kann man nämlich auch), um Dir mal direkt schreiben zu können. Liebe Ursel, es ist jetzt bald ein Jahr her (wenn Du diesen Brief in den Händen hältst, wird es soweit sein), daß wir uns das letzte Mal gesprochen haben. Weißt Du noch in Moabit, am Morgen nach unserem Termin, kurz ehe Du nach dem Alex (Gestapo-Gefängnis Berlin, Alexanderplatz) *gebracht wurdest? Für mich hat sich seitdem nichts verändert; durch die Transporte ist die Zeit sehr schnell vergangen, und jetzt stelle ich fest, daß von den dreieinhalb Jahren noch lächerliche eindreiviertel übriggeblieben sind. Die Hälfte habe ich also hinter mir. Gelernt habe ich hier sehr viel, und Du wirst manche meiner früheren Ansichten verändert finden, wenn sie auch grundsätzlich dieselben geblieben sind. Vorläufig bleibt mir nichts anderes, als die Zeit hier so nutzbringend wie möglich anzuwenden. Dies geschieht in der Hauptsache durch Tütenkleben. Die Sonntage sind, so lächerlich es klingt, viel zu kurz. Englischlernen nimmt einen sehr breiten Raum ein; sonst lese ich viel. Die Bibliothek ist hier sehr gut. Mich interessiert in der Hauptsache Naturwissenschaft und Geschichte. Besonders von ersterem sind hier ausgezeichnete Werke vorhanden. — Nun zu Dir, Ursel. Heute kam Deine Antwort auf meinen Brief vom 16. Juli. Ich bin froh, daß Du wenigstens eine Stellung hast. Hat Ernst Arbeit? Was Du von Eurer England-Sache schreibst, ist ja inzwischen überholt. Ich glaube auch, daß Ihr augenblicklich in Schanghai besser aufgehoben seid. — Wie verstehst Du Dich mit Ernst? Doch noch immer gut? Ihr seid doch gleich nach der Hochzeit verhaftet worden und habt doch kaum in Europa zusammen gelebt. Schreib mir doch mal ein bißchen von Dir! Was tut Ihr eigentlich in der Zeit, wenn Ihr nicht arbeitet? Seid Ihr mit netten Leuten zusammen? — Europa hat sich inzwischen gewaltig verändert. Hier drin ist es allerdings schwer, sich ein richtiges Bild zu machen. Von Auswanderung kann natürlich keine Rede sein. Tante Paula schrieb neulich entsetzlich deprimiert. — Manchmal überlege ich mir, wie es sein wird, wenn ich wieder draußen bin; ich kann mir das gar nicht vorstellen, man sieht das Leben hier schon als ein völlig normales an. Mit dem Gedanken der Auswanderung habe ich mich langsam vertraut gemacht; aber ich habe immer noch eine kleine Liebe zu Europa. Trotz allem. Grüße meinen teuren Schwager; er soll, wenn's geht, nicht nur Geblödel schreiben. Herzlichst — Helga.*

17. Dez. 1939

Meine Lieben in aller Welt, heut' in acht Tagen ist Weihnachten und in vierzehn Tagen Sylvester. Wieder ein Jahr weg. Ich trenne mich natürlich nicht gerade ungern von dem alten, denn jetzt kann ich doch endlich bald sagen: Nächstes Jahr ist meine Zeit um. — Euch allen wünsche ich nun ein recht gutes neues Jahr, und daß es Dir, Vatel, endlich gelingt, Deine Einwanderung nach USA perfekt zu machen. Wie steht es damit? — Wenn ich mir überlege, daß ich nun schon fast zwei Jahre in Haft bin, kann ich mir das kaum vorstellen, und alles kommt mir höchst unwahrscheinlich vor. Zwar kann ich mich an alle besonderen Ereignisse, an Vernehmungen, Termine usw. noch genau erinnern; aber der Alltag verschmilzt zu Monaten und Jahren, an deren Einzelheiten man sich kaum erinnern kann. Und Widerwärtigkeiten, denen man natürlich gelegentlich ausgesetzt ist, und die man zur Zeit, als sie sich abspielten, als tief-tragisch empfunden hat, sind in der Erinnerung komisch und lächerlich. Sophie und ich haben immer bei jeder passenden und unpassenden Gelegenheit gesagt: Es ist gar nicht so schlimm, und ich finde, daß dieser Satz ausgezeichnet auf das Gefängnis paßt; jedenfalls habe ich mir damit schon über manches hinweggeholfen. — Augenblicklich lese ich ein sehr schönes Buch, „Oliver Twist" von Dickens. Ich muß dabei sehr oft an das, was man hier hört und sieht, denken; nur daß der kleine Oliver mit seinem Widerstand gegen seine schlechte Umgebung wohl einzig dasteht. Ihr müßt das Buch unbedingt lesen; es lohnt sich wirklich. — Interessant ist die Gemeinschaftshaft schon, aber in der Einzelhaft ist man ein freierer Mensch, soweit davon überhaupt die Rede sein kann; man kann sich wenigstens in seiner Zelle bewegen wie man will. — Für mich hat die letzte Woche eine Veränderung gebracht; ich klebe nicht mehr Tüten, sondern ich mache jetzt Einkaufsnetze, eine Arbeit, die mir etwas schwer fällt, weil mir meine Linkshändigkeit dabei im Wege ist. Ich bin auf eine andere Abteilung verlegt worden; da sind wieder andere Menschen und neue Gesichter, an die man sich gewöhnen muß. — Was gibt es nun bei Euch Neues? Vatel, von Dir habe ich schon lange keine Post. Klurchen, die Brille bekomme ich morgen oder übermorgen. Das Geld hat noch gereicht; Du brauchst also keines mehr zu schicken. Du wunderst Dich sicher, daß ich heute, nach vierzehn Tagen, schon wieder schreibe; aber das hängt mit meiner Verlegung auf eine andere Station zusammen. — Mein liebes Klurchen, Dir wünsche ich ein recht schönes Weihnachtsfest und nochmals alles Gute zum neuen Jahr. Euch alle umarme und küsse ich innigst — Eure Helga.

31. Dez. 1939

Geliebter Paps, heut', am letzten Tag des Jahres, muß ich doch mal an Dich direkt schreiben. Das hört sich so an, als ob ich schreiben könnte, wann ich will; aber tatsächlich darf ich jetzt alle vierzehn Tage Post bekommen und schreiben. Ich bin in die sogenannte Mittelstufe gekommen, und unter anderem habe ich diese Vergünstigung. Ich hoffe, daß Du davon regen Gebrauch machen wirst. Lieber Vatel, daß ich eines von den Bildern an Dich schicken kann, wird wohl kaum möglich sein. Tröste Dich damit, daß sie erstens nicht gut geworden sind, und es zweitens ja nicht mehr so furchtbar lange dauert, bis Du mich in natura betrachten kannst. Weißt Du noch, voriges Jahr hast du mir geschrieben, daß Du hoffst, nächstes Jahr wieder mit uns vereint zu sein. Das war natürlich übertriebener Optimismus; aber deshalb brauchst Du nicht gleich ins andere Extrem zu fallen. Ab morgen heißt es nämlich schon: Nächstes Jahr. Weißt Du, Du mußt immer daran denken, daß manch andere, wenn meine Zeit schon um ist, erst sagen können, die Hälfte oder ein Drittel ihrer Zeit ist um. Wenn man sich das überlegt, kommt einem die eigene Haft lächerlich vor. — Zu Weihnachten kriegten wir eine Tüte mit Pfefferkuchen; übernächstes Weihnacht gedenke ich, einen brennenden Plumpudding zu verspeisen — wenn nichts dazwischen kommt. Diese Einschränkung muß ich schon machen, denn wer kann wissen, was bis dahin sein wird, was das kom-

mende Jahr bringen wird. Denn was sich in den bisherigen zwei Jahren meiner Haft ereignet hat, hätte ebenso gut der Inhalt von Jahrzehnten sein können, und alles läßt darauf schließen, daß die kommenden Jahre nicht weniger ereignisreich sein werden. — Neulich habe ich meine ganze alte Post durchgesehen, Deine Karte aus Rotterdam und Deine ersten Briefe aus Amerika. Es will mir gar nicht in den Kopf, daß das alles schon wieder über ein Jahr her ist. Tante Paula schrieb mir zu Weihnachten einen langen Brief, daß alle Bekannten schon weg sind. Umso leichter wird mir dann die Trennung fallen. — Jetzt wünsche ich Euch nochmals ein recht gutes neues Jahr und küsse Euch innigst — Eure Helga.

So ereignisreich waren Helga die ersten beiden Jahre ihrer Haft — je ein Jahr Untersuchungs- und Strafhaft — erschienen, daß die Geschehnisse „ebensogut den Inhalt von Jahrzehnten" hätten ausmachen können. Um wieviel mehr galt dies für das folgende Jahr! 1940, im April und im Mai, überfielen deutsche Truppen alle Nachbarstaaten mit Ausnahme der Schweiz: Dänemark und Norwegen, die Niederlande, Belgien, Luxemburg und Frankreich; der Größenwahn der Kriegstreiber machte weder Halt vor nationalen Grenzen noch vor politischer Neutralität. Und nach Innen wurde das System des Terrors unter den einerseits verschleiernden, andererseits alles überlagernden Bedingungen des Krieges ausgebaut. Die Konzentrationslager Dachau, Sachsenhausen, Buchenwald und Ravensbrück waren mit all ihren Neben- und Außenlagern zwischen 1933 und 1939 installiert worden; 1940 kam auf polnischem Boden das Massenvernichtungslager Auschwitz hinzu. Vernichtet wurde auch, was nach der Ideologie der Herrschenden als „lebensunwertes Leben" galt; das im Herbst zuvor per Geheimbefehl des „Führers" angeordnete sogenannte Euthanasieprogramm — ihm fielen nach Schätzungen 100.000 Erwachsene und 5.000 Kinder zum Opfer — kam 1940 in Gang. Wer psychisch krank war, körperlich oder geistig behindert, verlor in Deutschland sein Recht auf Leben; es fanden sich genug Ärzte und andere Helfershelfer des Regimes, die den Geheimbefehl exekutierten. Davon aber erfuhr Helga nichts. Wer weiß, ob sie sonst die Bedingungen ihrer Haft, über die sie nur selten und andeutungsweise kritisch schrieb, als vollkommen ungebrochener Mensch überstanden hätte; wer weiß, ob sie sonst die Kraft aufgebracht hätte, intensiv für sich und für ihre Zukunft zu arbeiten.

25. Febr. 1940

Liebe Ursel, in letzter Zeit habe ich Dich etwas vernachlässigt; dafür sollst Du heute reichlich entschädigt werden. Da man I = ich im Englischen groß schreibt, will ich gleich ohne weitere Einleitung bei mir anfangen. Also physisch (bis auf die Augen — meine neue Brille ist minus 5,5) und psychisch geht es mir gut. Ich keepe noch immer smiling, was einem gelegentlich sogar nicht allzu schwer gemacht wird. Ich fühle mich um zehn Jahre jünger. Kannst Du Dich an die Handarbeitsklasse in der Augusta-Schule erinnern? Denke Dir einen ähnlichen Raum, nur das Katheder fehlt. Es ist alles genauso, und gelegentlich steht auch eines der ungezogenen Kinder in der Ecke. Nur daß man damals Bezeichnungen aus der Zoologie aus pädagogischen Gründen unterlassen hat. Alles in allem eine durchlebte Erinnerung an unsere doch wirklich schöne Kindheit. — Ursel, über Deine Briefe freue ich mich immer riesig. Wenn ich auch jetzt alle vierzehn Tage Post bekommen kann, ist es doch jedesmal ein Ereignis für mich, wenn Post kommt. — Du scheinst Dich schon gut drüben eingelebt zu haben, und ich bin ganz stolz auf Dich, daß Du Dich in der verhältnismäßig kurzen Zeit so prima durchgesetzt hast. Vor allem interessiert mich Deine berufliche Tätigkeit; Du mußt mir darüber noch ganz ausführlich schreiben. Ich beneide Dich unendlich darum, denn die Untätigkeit hier geht einem mehr als alles andere auf die Nerven. Englisch lernen ist das einzige, was ich tun kann, und auch das nur unter großen Schwierigkeiten. Da wir hier zu vielen in einem Raum sitzen, ist natürlich an lautes Lesen nicht zu denken . . . — Daß Peter (gemeint ist der ehemalige Leiter des Naturfreundehauses in Petzer, Helgas wohl einzige Liebe) *hat von sich hören lassen, hat mich natürlich gefreut, wenn es auch längst nicht mehr den Eindruck auf mich gemacht hat, den es vor vielleicht drei Jahren auf mich gemacht hätte. Auf jeden Fall freut es einen halt doch, wenn man bei seinen alten Freunden und Bekannten noch nicht ganz in Vergessenheit geraten ist. — Von Vatel haben Klurchen und ich seit Weihnachten keine Nachricht; die Postverbindung über den Atlantik ist durch den Krieg etwas ins Stocken geraten. — Also, Ursel, Schluß für heute; schreib' bald wieder, und beantworte alle meine Fragen . . .*

10. März 1940

Liebe Ursel, im letzten Brief habe ich ganz vergessen, Dir zum Geburtstag zu gratulieren. Ich wünsche Dir nun alles, alles Gute und viel Glück für die Zukunft. — Von mir selbst ist nicht viel zu sagen; ich habe Dir ja schon alles geschrieben, und außerdem weißt Du ja selbst, wie es ist. Gesundheitlich geht es mir soweit gut; nur bin ich ständig müde. Das ist wahrscheinlich auf Mangel an Bewegung und frischer Luft zurückzuführen, denn die ohnehin schon kurze Freistunde wird uns oft noch gekürzt. Schlafen kann ich auch schlecht, denn wir haben abends keine Gelegenheit uns zu waschen, und Du wirst Dir ungefähr vorstellen können, wie es da in den Schlafräumen stinkt, wenn sechzig Personen in einem Raum schlafen. — Aber Schluß damit; ich habe mir ja vorgenommen, Euch nicht den Kopf voll zu klagen. — Was gibt es bei Euch Neues? Hat Ernst eigentlich schon eine Beschäftigung gefunden? — Schrieb ich Dir schon, daß ich jetzt eine Tageszeitung lese? Du wirst ja verstehen, was das für mich bedeutet; denn sonst hört und sieht man nichts von der Welt draußen. Übrigens habe ich neulich in einem Band alter Zeitschriften einen Stadtplan von Schanghai gefunden. Ich habe mich wie ein Löwe darauf gestürzt und sogar die Nanking Road gefunden. Aus der Lage des japanischen Teils der Stadt zu der Internationalen Niederlassung habe ich mir ungefähr ein Bild machen können, daß Du da lange zu fahren hast, wenn Du in den Club willst. Wo liegt eigentlich Deine Arbeitsstätte? — Schreibe bald wieder, Ursel, verlebe Deinen Geburtstag so angenehm wie möglich. Sei innigst geküßt von Deiner Helga.

24. März 1940

Lieber Paps, Deinen letzten Brief habe ich leider nicht ausgehändigt bekommen, und Du kannst Dir denken, wie wütend ich über die Urheberin dieses Mißgeschicks bin. Na, Schwamm drüber. — Eben kam Dein direkter Brief vom 4. Februar, zusammen mit je einem Brief von Ursel und Tante Paula. (An Feiertagen wird nämlich alle Post ausgehändigt). Ich habe mich natürlich riesig gefreut, so bald Ersatz für den verunglückten Brief erhalten zu haben. Über Deinen Ausdruck „Opferwilligkeit der Gemeinschaft gegenüber" in diesem Zusammenhang muß ich lächeln. So schöne Dinge gibt es hier nicht, aber als Außen-

stehender kannst Du Dir halt kein richtiges Bild von den Zuständen und den Menschen hier machen. Am besten tut man daran, möglichst im Hintergrund zu bleiben, für mich als Jüdin ist das natürlich doppelt geboten, und nur dadurch ist es mir bisher gelungen, Zusammenstöße mit anderen Gefangenen, Verwicklung in Klatschereien usw. zu vermeiden. Ich muß oft an meine Kameraden-Zeit denken, an die etwas weltfremden Ideale: Der Mensch ist gut. Es ist wohl richtig, daß ich während meiner Haft viel verpasse; aber andererseits habe ich auch viel gelernt hier. — Meine Augen sind wieder in Ordnung; ich habe schärfere Gläser bekommen, und jetzt, wo wir kaum noch bei Lampenlicht arbeiten, haben sich alle Beschwerden wieder gegeben. — Schrieb Dir Klurchen schon, daß ich die Absicht habe, mich um Gartenarbeit zu bemühen? Allerdings ist es noch nicht so weit, denn durch den ungewöhnlich strengen Winter hat sich der Beginn der Gartenarbeit erheblich verzögert. Heute war eigentlich der erste wirklich schöne Tag. Bei der Freistunde konnte man schon die ersten grünen Spitzen der Blätter bewundern. Wenn sie nur erst wieder ab wären! Dann wäre ich der Freiheit wieder ein halbes Jahr näher. — Paps, ich freue mich unendlich, daß Du Dich so prima durchsetzen kannst, und mein Optimismus, der in puncto Amerika nicht gerade groß war, ist a conto dessen erheblich gestiegen. Ich bin schon sehr gespannt auf das Land und die Verhältnisse dort, und wenn ich Deine Briefe lese, überfällt mich meine unfreiwillige Untätigkeit doppelt. Die so erweckten Energien entladen sich dann meist an den englischen Büchern. An englische Stenografie traue ich mich allerdings noch nicht ran, und es hat wohl auch keinen Zweck damit anzufangen, ehe ich die Sprache richtig kann. Und dann ist es ja fraglich, ob ich es drüben verwerten kann, denn zu meinem alten Beruf werde ich wohl nicht zurückkehren können. Sogar meine Erholungsbeschäftigung ist auf die Zukunft ausgerichtet: Ich lese auf Englisch „David Copperfield" von Dickens. — Schluß für heute, nächstens mehr. Herzlichst — Helga.

2. Juni 1940

Liebe Ursel, ein neuer Brief von Dir, auf den ich antworten könnte, ist noch nicht eingetroffen; drum sei nicht bös', wenn mein heutiges Schreiben etwas kürzer ausfällt, denn Du weißt ja, hier erlebt man nicht viel. Oder doch: Klurchen war hier, und wenn es auch schon wieder vier Wochen her sind, muß ich noch oft daran denken und an das, was sie mir erzählt hat. Klurchen tut mir furchtbar leid, denn sie leidet unter der Trennung von uns. Zum Schluß hätte sie beinahe angefangen zu weinen; aber sie hat sich sehr zusammengenommen und die Tränen heruntergeschluckt. Schreibe ihr nur recht oft, denn die Briefe von uns sind das einzige, was sie hat. — Vor vierzehn Tagen kam ein Brief von Vatel, aber — ehrlich gesagt — habe ich mich ein bißchen darüber geärgert. Sehr sentimental und dann behauptet er, ich, aber besonders Du, hätten ihn bei der Beurteilung Amerikas beeinflußt. Ich wüßte nicht, inwiefern. Weißt Du, an Vatel muß ich immer nur Albernheiten und Blödeleien schreiben; und wenn ich ihm, so wie neulich, etwas Ernsthaftes schreibe oder versuche, ihm die Menschen hier und das Leben hier zu beschreiben, dann denkt er gleich wer weiß was. — Heute habe ich ein sehr anständiges Buch bekommen, „Japan und die Welt"; ich habe es zwar erst flüchtig durchgeblättert, aber es scheint sehr interessant zu sein. Schrieb ich schon, daß man sich die Bücher hier aussuchen darf? — So, Ursel, Schluß für heute . . .

14. Juli 1940

Liebe Ursel, hab' vielen Dank für Brief und Bild. Ihr seht einfach toll aus! Ernst scheint sich darauf vorzubereiten, sämtliche Frauen von Schanghai zu verführen; also paß' man gut auf ihn auf. Leider war die Freude nur kurz, denn neulich hat bei einer Vernehmung der Beamte das Bild mitgenommen, um es reproduzieren zu lassen; ich soll es aber wiederkriegen, hoffentlich. — Daß Du Dich über die lange Leitung Deiner Chefs totärgerst, kann ich Dir nachfühlen. Weißt du, die müssen einige Ähnlichkeit mit dem alten Juliusburger haben (in der Breslauer Firma Juliusburger hatte Helga ihre Lehrzeit absolviert)*; da hat es nämlich auch zwei Stunden gedauert, bis er etwas kapiert hat — und geizig war er auch. Was sind das eigentlich für Leute? Du mußt mir überhaupt noch mehr von Deinen Arbeitskollegen schreiben: wie sich die Chinesen mit den Europäern vertragen usw. Dort unten scheint sich überhaupt verschiedenes anzubahnen; man liest hier jetzt so viel, daß Hongkong geräumt ist usw. — Ich lese weiterhin sehr viel. Viel, das heißt: den halben Sonntag, denn man kriegt hier nur sonntags Bücher, und die andere Hälfte des Sonntags ist mit Englischlernen ausgefüllt. Das ist sehr schade, denn die Bibliothek ist wirklich* *gut. Augenblicklich lese ich von Maeterlinck verschiedenes, ein belgischer Philosoph und Naturwissenschaftler. Überhaupt lese ich viele naturwissenschaftliche Sachen, Weißt du, draußen hat man dafür zwar Interesse, aber keine Zeit gehabt; und dabei ist es so wichtig, darin Bescheid zu wissen, über Ursache und Wirkung in der Natur. — Heute ist ein herrlicher Sommertag; vor drei Jahren habe ich wahrscheinlich mit Sophie an der Oder gelegen — na, Schwamm drüber. — Nächstens mehr. Schreib' bald wieder. Innigst Helga.*

11. August 1940

Lieber Paps, endlich kam Dein lange erwarteter Brief, zum Glück nicht so von Sentimentalität triefend wie der letzte. Was soll ich Dir schreiben? Ich drücke nicht nur sämtliche Daumen für das Gelingen Deiner neuen Sache (Adolf und Emmy Beyer durften als Besucher, die sie damals in den USA noch waren, nur Hausarbeit annehmen und schlugen sich mit Hausmeister-Posten durch; die „neue Sache" war der allerdings gescheiterte Versuch, eine kleine Pension zu führen), *sondern ich trainiere auch schon nach Kräften: Jeden Sonntag morgen ist hier großes Scheuerfest, und ich glaube, sogar Emmy hätte ihre Freude, wenn sie mich z.B. den Schlafsaal wischen sähe. Aber Scherz beiseite — nach Deinem ganzen Schreiben scheint doch Hauswirtschaft der aussichtsreichste Beruf für Auswanderer zu sein und Ursels Fall eine Ausnahme darzustellen. Und es ist ganz gut, wenn ich mir das wieder einmal nachdrücklich zum Bewußtsein bringe; denn man sieht eben die Dinge doch, wie man sie gern möchte, und meine „Liebe zum Haushalt" kennst Du ja. Aber ich komme wieder zu noch unzeitgemäßen Zukunftsplänen; noch ist es nicht so weit. Aber schreibe doch mal ausführlich darüber.— Von hier ist nichts Neues zu berichten. Seit Klurchens Besuch hat sich nichts Nennenswertes ereignet, hier im Gefängnis jedenfalls nicht. Dienstag in acht Tagen also noch ein Jahr. Uff. — Innigst Helga.*

25. August 1940

Liebe Ursel, . . . Du verlangst viel, wenn ich Dir dauernd Neues schreiben soll. Hier gibt es nichts Neues. Ich mache immer noch Netze (leider), und gesundheitlich geht es mir gut. Früher waren einige nette jü-

dische Gefangene da, mit denen ich mich sehr gut verstanden habe; aber die sind schon längst entlassen, ich bin die letzte der Mohikaner. Und ansonsten ist hier Zurückhaltung mehr angebracht als allzu großes Zutrauen. Ich war fast ein Jahr mit einer polnischen Jüdin zusammen, die zwar viel älter ist als ich, mit der ich mich aber nichtsdestoweniger gut verstanden habe. Vor allen Dingen habe ich Einblick in Verhältnisse bekommen, die wir alle gar nicht kennen, und die mich doch etwas nachdenklich gestimmt haben und zum Teil eine Bestätigung meiner bisherigen Ansichten waren. — Kleines, nächstens mehr. Innigst grüßt und küßt Dich Deine Helga.

1. Dez. 1940

Lieber Paps, heute beginnt der letzte Monat des Jahres, und ich denke, es wird Zeit, Dir ein gutes neues Jahr zu wünschen. Ich wünsche Dir nun weiter viel Glück und alles Gute für die Zukunft. Für mich wird ja das nächste Jahr verschiedene Veränderungen bringen, und dann wird hoffentlich auch unser Briefverkehr keinen Einschränkungen mehr unterworfen sein. Vielleicht bist Du bis dahin als weiterer Kinderersatz auf noch einen Hund gekommen; denn bis wir (Ursel, Ernst und ich) Deine Drei-Zimmerwohnung beleben werden, wird wohl noch viel Wasser den Hudson herunterfließen. Aber ich will nicht unken, und übrigens ist es eine undankbare Sache, die Rolle eines Propheten zu spielen. Für heute möchte ich Schluß machen in Anbetracht der Tatsache, daß Du mich von langen und ausführlichen Briefen entbunden hast. Innigst — Deine Helga.

3. Dez. 1940

Liebe Ursel, Deinen Brief vom 4. Sept. habe ich erhalten, und nach einigen Bemühungen ist es mir gelungen, ihn zu entziffern. Was soll ich Dir antworten? Du schreibst nur Tatsachen, und dazu läßt sich wenig bis gar nichts sagen. Von Europa aus kann man überhaupt kein Urteil fällen, und was hier Gültigkeit hat, kann man nicht schematisch auf den Fernen Osten übertragen. — Hier liest man wieder viel in der Zeitung aus dem Fernen Osten, und ich bin neugierig, wie das nochmal enden wird. (Gemeint ist der chinesisch-japanische Krieg, der besonders auch Schanghai betraf.) — *Von Klurchen hörte ich, daß*

Schafs(Freunde der Eltern, die über die UdSSR nach Schanghai kamen, nachdem der Seeweg durch den Krieg versperrt war) *inzwischen in Schanghai eingetroffen sind. Die Fahrt muß sehr interessant gewesen sein, und es würde mich interessieren, Einzelheiten von ihrer Reise zu erfahren. Ich lasse sie vielmals grüßen. Sonst gibt es von mir nichts Neues. Klurchen wird Dir ja sicher immer ausführlich Bericht über mich erstatten. Euer Bild habe ich noch nicht zurück bekommen, hoffe aber, es noch zu kriegen. — Für heute Schluß, Ursel, der übrige Brief ist für Ernst; mit ihm habe ich ein Riesenhuhn zu rupfen. Mach's weiter gut, und sei innigst gegrüßt und geküßt, Deine Helga. Schreibe bald wieder; Weihnachten werden alle Briefe ausgehändigt. — Lieber Ernst, Du beklagst Dich über die Nichteinhaltung unseres Agreements meinerseits. Schmollend schreibst Du, ich hätte bestenfalls Anstandsgrüße für Dich übrig, ohne zu bedenken, daß das ja eigentlich ganz auf Gegenseitigkeit beruht. Und da ich ebenso wie Du eine Abneigung gegen nichtssagende Grußformeln habe, habe ich diese lieber gleich weggelassen. Sieh mal, Du lebst jetzt über eineinhalb Jahre in einem fremden Land; und wenn auch Ursel darüber schon viel geschrieben hat, läßt sich bestimmt noch viel sagen; und Du mußt ja nicht die gleichen Eindrücke wie Ursel haben. Na, hoffentlich langt es mal zu einem längeren Brief, und da wirst Du auch ausführlich Antwort erhalten. — Herzlichst Helga.*

15. Dez. 1940

Liebe Ursel, Deine letzten Briefe haben mich sehr beruhigt, denn ich hatte mir tatsächlich wegen des Taifuns Sorge um Euch gemacht; die „Leipziger Neuesten Nachrichten" berichteten sehr alarmierend darüber. Deine Bilder habe ich inzwischen wiederbekommen; ich schrieb es schon an Klurchen, daß ich sie angemahnt hatte. — Ab 1. Jan. darf ich nur noch alle vier Wochen schreiben. Du wirst also seltener Post von mir kriegen; ich schreibe dann nur noch acht Briefe von hier aus. (Hier rechnet man nämlich die Zeit nicht nach Monaten, sondern nach Briefe schreiben, duschen, wiegen gehen usw.). — Ansonsten ist hier absolut nichts Neues. Der Sonntag ist die einzige Unterbrechung; da kann man lernen, lesen, wenn alles sauber gemacht und gescheuert ist, Strümpfe gestopft sind usw. Das Buch, von dem Du schreibst, ist in deutscher Übersetzung hier in der Bibliothek („Vom Winde verweht");

ich hatte es mir schon vor längerer Zeit bestellt, aber noch nicht bekommen, da es hier sehr viel verlangt wird. — Ursel, Du wirst diesen Brief voraussichtlich erst im neuen Jahr erhalten. Ich wünsche Euch beiden weiter alles Gute. Ob wir uns nächstes Jahr wiedersehen? — Kleines, ich muß Schluß machen, denn gleich gibt es Abendbrot. — 1000mal grüßt und küßt Dich Deine Helga.

Nein, sie sahen sich nicht wieder im nächsten Jahr. Und Helga gelang es auch während der letzten acht Monate ihrer Gefängniszeit nicht, Margaret Mitchells Südstaaten-Roman aus der Bibliothek zu entleihen. Gegen Sommer 1941 dachte sie dann allerdings auch nicht mehr an das Buch; es gab anderes zu bedenken. Sie hatte im April die Siegesmeldungen gelesen: Jugoslawien und Griechenland besetzt und besiegt. Und dann der Einfall deutscher, später auch slowakischer, rumänischer, ungarischer und italienischer Truppen in die Sowjetunion, der Bruch des auf zehn Jahre abgeschlossenen Nichtangriffspakts zwischen Hitler und Stalin; dies geschah im Juni, genau zwei Monate vor Helgas Entlassung aus dem Leipziger Gefängnis. Nun also war ganz Europa überzogen mit Krieg. Würde man, dachte sie, später auch von einem Weltkrieg sprechen, die Weltkriege zu numerieren beginnen? Würde womöglich Amerika eingreifen und dadurch das Ziel ihres Lebens in Freiheit in unerreichbare Ferne rücken? Würde sie einen Umweg gehen müssen über China, wie die Schwester? Aber sie wollte ja ohnehin einmal nach China; warum also nicht bei dieser Gelegenheit? Und immer wieder sah sich Helga Kartenbände aus der Gefängnisbibliothek an, verfolgte mit dem Finger die weiten und die näheren Fluchtwege, die Verwandte und Freunde gegangen waren: die Schwester nach Schanghai, der Vater in die USA, eine Tante nach Palästina; dann andere, die in Europa geblieben und dort ein äußerst unsicheres Leben zu führen genötigt waren: Jinny in England, Peter gewiß in Schweden, Onkel Georg mit der Familie irgendwo im südlichen Frankreich, Erich ausgeliefert an die Deutschen, Elsa aus der Tschechoslowakei nach Skandinavien geflüchtet.

Oft in jenem letzten Sommer im Gefängnis sah sich Helga diese Karte an: das kleine Deutschland und die riesenhafte Sowjetunion. So groß konnte keine Wehrmacht sein, dieses Land zu besetzen. Sie empfand Mitleid mit den Russen, und sie litt bei jeder neuen Siegesmeldung, die sie in der ihr zugänglichen Nazipresse las. Und doch war da so ein

Gefühl: Stalin, der betrogene Betrüger. Später, in ihrem letzten erhaltenen Brief, in ihren letzten Zeilen an die Schwester äußerte sie darüber ihre Meinung, sehr vorsichtig, freilich, ein wenig verschlüsselt wegen der Zensur; die Sowjetunion und deren Regime nannte sie zur Tarnung „Rudi". Trotzdem aber blieb Helga zuversichtlich. Zwar lernte sie weiter Englisch, das sie inzwischen fast perfekt beherrschte; gleichzeitig aber stellte sie sich auf die Möglichkeit ein, zunächst nicht auswandern zu können, vielmehr vorerst mit Tante Klurchen in Breslau zu leben, irgendeine Arbeit anzunehmen, sich irgendwie durchzuschlagen, womöglich tatsächlich die Krankenpflegeausbildung noch in Deutschland hinter sich zu bringen, bis dann die Umstände günstiger, die Zeiten besser wären. Mit diesen Fragen beschäftigte sie sich auch in den fünf Briefen, die aus den letzten acht Monaten ihrer Haftzeit in Leipzig erhalten sind.

12. Jan. 1941

Meine liebe Ursel, Dein Brief vom 21. Nov. kam erst Sylvester. Klurchen schrieb mir schon, daß die Post jetzt wieder lange geht. — Also, Deine Firma zieht um, wie mir Klurchen schrieb. Da wirst Du schätzungsweise viel zu tun haben, und wenn Du infolgedessen nicht so viel schreiben kannst, bist Du entschuldigt. — Es ist wirklich rührend von Dir, wie besorgt Du um ein Permit für mich bist. Weißt Du, ich betrachte die ganzen Vorbereitungen, die zu meiner Auswanderung getroffen werden, mit einem weinenden und einem lachenden Auge. Mit einem lachenden Auge, weil mir wohl kaum die Wahl bleiben wird, und mit einem weinenden in Erkenntnis der unbefriedigenden Lösung der zur Debatte stehenden Fragen; denn im Grunde genommen kommt man ja doch nur vom Regen in die Traufe, wie zum Beispiel Onkel Georg und seine Familie. — Ansonsten scheint sich ja bei Euch noch allerhand zu tun. Schanghai ist doch eigentlich schon sehr lange (wie lange genau?) von den Japanern besetzt und liegt doch auch ein ganzes Ende hinter der Front. Ich bin neugierig, wie das noch mal enden wird . . . — Bei mir hat sich nicht viel verändert, bis auf die Dinge, die die Einführung der neuen Strafvollzugsordnung mit sich gebracht hat, z.B. nur alle vier Wochen schreiben dürfen. An den Feiertagen habe ich seit längerer Zeit mal wieder Schach gespielt und gelegentlich sogar gewonnen (was aber nicht besagt, daß ich es schon gut kann).

— Du, ist Klurchen nicht rührend? Sie will mich abholen kommen. Onkel Richard (Bruder von Else Beyer und Klara Junker) *hat ihr zwanzig Mark als Vorschuß für die Reise geschenkt. Du kannst Dir denken, wie ich mich über ihren Brief gefreut habe. — Also, Ursel, mach's so gut wie bisher, schreib' mal wieder und sei 1000mal gegrüßt und geküßt — Deine Helga.*

3. März 1941

Ihr Lieben beide, Vatel wird Euch ja geschrieben haben, daß er die Aussicht hat, demnächst legalisiert zu werden; er denkt, er wird es noch in diesem Jahr rüberbekommen. Klurchen hält diese Hoffnung für verfrüht. Ich auch. Aber auf die Gefahr hin, von Dir, Ernst, ausgelacht zu werden: Wenn meine Auswanderung schon notwendig ist, möchte ich doch erst mal nach China. Amerika läuft ja nicht weg, und dann habe ich ein Vorurteil gegen USA. Schon die Fahrt (nach China) *würde mich reizen trotz aller Unbequemlichkeiten und schlechten Erfahrungen. Ich denke, daß man wenigstens an den größeren Orten Aufenthalte hat. O, überflüssig zu erwähnen, daß mich alles, was Du, Ursel, über die dortigen Verhältnisse schreibst, selbstverständlich interessiert, obwohl mir einiges schon bekannt war. Du kannst Dir denken, daß ich mich auf jede Nachricht im allgemeinen und aus dem Fernen Osten im besonderen stürze. Ich habe sogar versucht, mit Hilfe von Bibliotheksbüchern in die chinesische Geschichte der letzten Jahrzehnte einzudringen; das Ergebnis war sehr unbefriedigend. Vor allem das Buch einer Amerikanerin wimmelte von Widersprüchen; sie sieht eben alles zu einseitig. Ich sehe schon: Wenn man etwas genau wissen will, muß man sich selbst überzeugen; aber wenn man das auf allen Gebieten wollte, müßte man Natur- und Geschichtsforscher, Archäologe usw. in einer Person sein, und dazu reicht das Leben nicht aus. — Zu dem, was Du sonst schreibst, kann ich nur wiederholen, was ich Klurchen schon schrieb, daß nämlich der Unterschied zu Europa nicht so groß ist. Du schreibst, daß sich kein Mensch um einen Sterbenden auf der Straße kümmert, keiner, also auch kein Europäer. Was ist also der Unterschied? Die Chinesen sehen mit einer für unsere Begriffe primitiven Neugier zu, und die Europäer gehen auf der anderen Straßenseite schnell vorbei, denn sie finden so etwas erschütternd, und es verdirbt ihnen den Appetit. — Nun, Ernst, zu Dir. Für*

Deinen Brief hab' vielen Dank. Ich kann gut verstehen, daß Du Dich unglücklich fühlst, denn ich weiß aus eigener Erfahrung, wie solche Tatenlosigkeit auf die Nerven geht. Für Dich gibt es vorläufig nur eine Tätigkeit: Englisch lernen, und zwar soviel wie möglich, damit Du Dich später in USA nicht noch mit Sprachschwierigkeiten rumzuschlagen hast. Ich versuche auch, so gut es geht, weiter zu lernen. Habe auch wieder eine Lektüre bekommen, ein Drama von Shaw. — Liebe Ursel, zum Geburtstag alles Gute. Wenn ich im Herbst zu Euch kommen sollte, bringe ich Dir nachträglich ein Geschenk mit. — Euch beide grüßt und küßt innigst Eure Helga.

4. Mai 1941 (Helgas Geburtstag)

Meine liebe Ursel, heute bist Du wieder dran; das letzte Mal habe ich nämlich an Vatel geschrieben. Von ihm habe ich einen prima Geburtstagsbrief bekommen. Er denkt, wie alle anderen, „übermorgen ist alles anders", ohne daß man selbst etwas dazu tun muß. Typisch. Aber gefreut habe ich mich trotzdem. Klurchen hat mir ein wunderschönes Bild geschickt; ich denke, daß Du auch eins bekommen hast. — Weißt Du, wer jetzt meine Auswanderungssache bearbeitet? Dr. Spitz. (Vorsitzender des Breslauer jüdischen Hilfsvereins, bemühte sich um Auswanderungsmöglichkeiten für alle noch in Breslau lebenden Juden). *Ich habe Klurchen geschrieben, sie soll sich mal bei ihm nach Jannerle* (Marianne Spitz, Tochter von Dr. Spitz, gehörte zu den Breslauer Kameraden, beging Selbstmord) *erkundigen. — Meine Lage hat insofern eine Verbesserung erfahren, als ich jetzt im Garten arbeite. Ich bin schon etwas braun gebrannt, und es geht das Gerücht, daß ich doch etwas schlanker geworden wäre. Na, Du wirst ja sehen, ob etwas Wahres daran ist. Vor allen Dingen vergeht die Zeit jetzt viel schneller, denn vor einiger Zeit schien sie stillzustehen — natürlich nur gemessen an meiner Ungeduld. Sonntags versuche ich halt immer noch meine englischen Kenntnisse zu vertiefen. Aber, weißt Du, manchmal fehlen mir die Vokabeln für Dinge im täglichen Leben, und im Lexikon kann ich sie nicht finden. Jedenfalls hat Tante Paula eine dankbare Aufgabe, wenn ich rauskomme. Vor Dir habe ich großen Respekt bekommen: daß Du nicht nur auf Englisch, sondern sogar auf Chinesisch telefonieren kannst. Wenn ich komme, werde ich sofort bei Dir chinesische Stunden nehmen; bereite Dich also darauf vor. Daß Du Dich auf mich freust, ist hübsch von Dir und beruht ganz auf Gegenseitigkeit. Der Mangel an vernünftigen Leuten ist bedauerlich; man muß halt versuchen, sie vernünftiger zu machen. — Nun, liebes Schwesterlein, für heute Schluß. Grüße den Ernst, schreibe bald wieder, und sei innigst geküßt von Deiner Helga.*

1. Juni 1941

Liebe Ursel, am Donnerstag kam Dein Brief vom 12. April, und da ist mir gleich so viel durch den Kopf gegangen, daß ich Dir unbedingt schreiben muß, obwohl eigentlich Vatel an der Reihe ist. Weißt Du — wie ich die Geschichte von Deinem Clerk las, der sich seines kleinen Gehaltes schämt, fiel mir folgendes ein, was ich hier mit einer Frau vor ca. zwei Jahren erlebt habe: Sie brauchte eine Brille und hatte sich ein sehr schönes Gestell ausgesucht. Als die anderen fragten, was es gekostet habe, sagte sie, zwölf Mark. Mir sagte sie später, es hätte nur sieben Mark gekostet, aber den anderen könne sie das nicht sagen. Und Dein Clerk sagt, er bekäme soundsoviel Gehalt, bekommt aber in Wirklichkeit weniger. Liegt da nicht auch eine Ähnlichkeit? Im übrigen kommen nicht nur solche ähnlichen, sondern auch genau dieselben Fälle vor. — Dann muß ich nochmal auf Deinen Geburtstagsbrief zurückkommen. Weißt Du, was Du über die wirtschaftliche Lage dort und ihre Wechselwirkungen schreibst. Ich bin da grundsätzlich anderer Ansicht geworden. Aber darüber unterhalten wir uns später mündlich, denn schriftlich kann man sich nicht so klar ausdrücken. — Wie geht es Dir sonst? Was macht Dein Job? Meinst Du, Du hast Aussicht, eine besser bezahlte Stellung zu kriegen? Ich habe ja auch englische Stenografiebücher hier; aber dazu ist hier zu wenig Zeit, und das kann ich drüben schnell nachholen. Die Sprache selbst ist vorläufig für mich noch wichtiger. — Von mir ist nichts Neues zu berichten; daß ich jetzt im Garten arbeite, weißt Du ja. Übrigens fällt mir ein, daß ich außer heute nur noch zweimal von hier aus schreibe. Ob du noch einen direkten Brief kriegst, weiß ich noch nicht. Was soll ich Dir dann noch schreiben? Daß ich mich unheimlich auf das Wiedersehen mit Dir freue, weißt Du ja auch. Wann und wo es stattfinden wird, ist zwar noch nicht raus, spielt ja auch keine Rolle. Auf jeden Fall haben wir uns viel zu erzählen. — Mach's weiter gut, Ursel. Dich und Ernst grüßt und küßt innigst Eure Helga.

29. Juni 1941

Mein liebes Klurchen, dieser Brief soll eine Weltreise antreten. Du sollst ihn an Vatel schicken, und Vatel soll ihn dann an Ursel weiterbefördern. Mal wird er ja schließlich ankommen. — Also, unsere Pläne sind so ziemlich alle ins Wasser gefallen, denn mit Amerika scheint es nichts zu werden; wie ich in der Zeitung las, sind die amerikanischen Konsulate geschlossen worden. Na, wir werden ja sehen; in acht Wochen kann sich noch vieles ändern. Liebes Klurchen, jetzt habe ich noch einige Bitten an Dich, und zwar folgende: Ich habe doch nur das gestreifte Charmeuse-Kleid hier, das durch die Transporte seinerzeit arg mitgenommen ist. Ich bitte Dich daher, mir für meine Entlassung Sachen zu schicken. Was Du schicken willst, überlasse ich Dir, am besten etwas, was nicht schnell schmutzt und evtl. für schlechtes Wetter geeignet ist. Außerdem ein Paar Strümpfe, ein Taschentuch und eine Aktenmappe für die Bücher, denn ich weiß nicht, wie ich die transportieren soll. Natürlich brauchst Du die Sachen nicht schon jetzt zu schicken; ich schreibe es Dir nur jetzt schon, damit Du genügend Zeit hast, die Sachen rauszusuchen und die Genehmigung einzuholen. Ferner schicke bitte zwei Päckchen Kopfwaschpulver; Du kannst sie einfach Deinem nächsten Brief beilegen. Es genügt, wenn Du die Sachen für meine Entlassung ungefähr eine Woche vorher abschickst, so daß sie drei bis vier Tage vorher da sind. — Nun, liebes Klurchen, für heute Schluß; Du kommst dieses Mal etwas zu kurz, dafür wird der nächste Brief wieder länger. 1000mal grüßt und küßt Dich innigst Deine Helga. —

Lieber Paps, jetzt zum Schluß will ich Dir auch noch ein paar Zeilen schreiben, denn ich muß gestehen, ich habe Dir gegenüber schon wieder ein schlechtes Gewissen. Wie geht es Dir? Was macht Deine Legalisierung? Klurchen schrieb mir, daß Du demnächst nach Kanada fahren wirst. — Daß ich seit Ostern im Garten arbeite, weiß Du sicher von Klurchen. Wir hatten viel schlechtes Wetter hier, sind oft eingeregnet; dafür waren die letzten Tage so heiß, daß man es kaum aushalten konnte. Aber es gefällt mir trotzdem. Ordentlich wetterfest bin ich geworden und jedem Sturm gewachsen. Außerdem habe ich mein Herz für die Landarbeit entdeckt. Ich bin dunkelbraun gebrannt und sehe nicht aus, als ob ich dreieinhalb Jahre im Gefängnis gesessen hätte, sondern eher, als ob ich zu Ostern drei Wochen im Gebirge

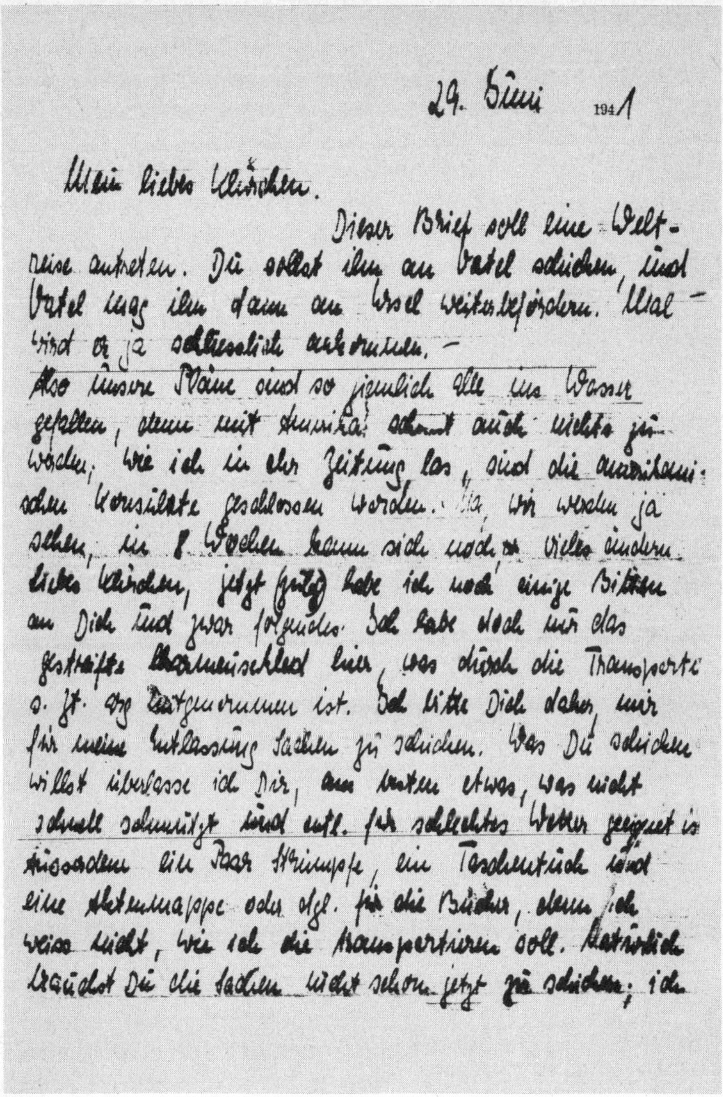

29. Juni 1941

Mein liebes Klärchen.

Dieser Brief soll eine Weltreise antreten. Du sollst ihn an Vatel schicken, und Vatel mag ihn dann an Ursel weiterbefördern. Mal wird er ja schliesslich ankommen. —

Also unsere Pläne sind so ziemlich alle ins Wasser gefallen, denn mit Amerika scheint auch nichts zu werden; wie ich in der Zeitung las, sind die amerikanischen Konsulate geschlossen worden. Na, wir werden ja sehen, in 8 Wochen kann sich noch so vieles ändern. Liebes Klärchen, jetzt ([illegible]) habe ich noch einige Bitten an Dich und zwar folgendes. Ich habe doch nur das gestreifte [illegible] hier, was durch die Transporte z. Zt. arg mitgenommen ist. Ich bitte Dich daher, mir für meine Entlassung Sachen zu schicken. Was Du schicken willst überlasse ich Dir, am besten etwas, was nicht schnell schmutzig wird resp. für schlechtes Wetter geeignet ist. Ausserdem ein Paar Strümpfe, ein Taschentuch und eine Aktenmappe oder dgl. für die Bücher, denn ich weiss nicht, wie ich die transportieren soll. Natürlich brauchst Du die Sachen nicht schon jetzt zu schicken; ich

Helgas letzter Brief, der „eine Weltreise antreten" sollte: Zwei Monate danach wurde sie aus der Haft entlassen — ins Frauen-KZ Ravensbrück.

gewesen wäre. Schlanker geworden bin ich auch. Jetzt während der heißen Tage bin ich den ganzen Tag barfuß rumgelaufen. Klurchen wird mich ja bald selbst in Augenschein nehmen und Dir dann genau Bericht erstatten. — Der Rest des Briefes ist für Ursel, es umarmt und küßt Dich 1000mal Deine Helga. —

Mein liebes Schwesterlein, ich muß Dir doch noch mal von hier aus schreiben, denn unser Wiedersehen werden wir ja wohl vertagen müssen, und da will ich schriftlich die Scharte wettmachen. Wie geht es Dir? Über mein Leben hier brauche ich Dir ja nichts mehr zu schreiben; Du ersiehst alles aus obigem Brief an Vatel. — Daß es mit Rudi soweit kommen mußte, ist bitter, wenn ich auch nichts anderes erwartet hatte. Er büßt jetzt für die Sünden seiner Geschwister, zum Teil auch für seine eigenen. Für uns ist es ein trauriger Triumph, daß der Gang der Dinge uns recht gegeben hat. Was nützt es? Ein Recht zur Kritik hat nur der, der nicht nur in der Theorie den richtigen Weg zu finden, sondern ihn auch in der Praxis erfolgreich zu beschreiten vermag. Man muß sich durchsetzen können. Und ob ich das einmal können werde, weiß ich nicht. Hoffen wir das Beste. — Hast Du daran gedacht, daß Muttel vergangene Woche zehn Jahr tot war? Weißt du, ihr ist zwar vieles erspart geblieben; aber ich habe vor allen Dingen in den Jahren hier drinnen immer daran denken müssen, was sie wohl zu allem gesagt hätte. Sie hätte uns bestimmt verstanden; damals waren wir doch noch so klein. — Liebe Ursel, hoffentlich erreicht Dich dieser Brief. Ich nehme an, daß auch Du auf die Idee gekommen bist, über Vatel unsere Korrespondenz aufrecht zu erhalten, und hoffe, in Breslau von Dir Post vorzufinden. — Mit einem festen Händedruck verabschiede ich mich von Dir, Mach's gut! Herzlichst — Helga.

Bereits zwei Tage vor dem 20. August 1941, Helgas Entlassungstermin, trat Tante Klurchen, ausgerüstet mit den dafür aufgehobenen zwanzig Reichsmark von Onkel Richard, die beschwerliche Reise nach Leipzig an. Sie erhielt Besuchserlaubnis und war überglücklich, ihre Nichte in einer Verfassung anzutreffen, die man nur als hervorragend bezeichnen konnte. Helga sah fröhlich aus und übrigens kerngesund und braungebrannt, wie sie es geschrieben hatte. Die Arbeit in der Sommersonne, an der frischen Luft schien ihr so gut getan zu haben wie früher die Wanderfahrten mit dem Rad oder die Skifahrten im Riesengebirge. Klara Junker, der dies wie ein Wunder vorkam, entdeckte keine Spur irgendeines Schadens, den ihre Nichte durch die lange Haftzeit genommen hätte. Die zwei Tage bis zur fälligen Entlassung der Kleinen, wie sie Helga immer noch nannte, konnte sie kaum abwarten. Als sie dann erneut zum Gefängnis ging, um ihre Nichte endlich heimzuholen, kam die alte Frau vergebens. Helga wurde entlassen — aber nicht nach Hause. Kaum einer, der „Politischer" war, noch dazu Jude, wurde damals nach Hause entlassen.

Ravensbrück

Das Frauenkonzentrationslager Ravensbrück war die dritte Einrichtung, welche die Nationalsozialisten speziell für weibliche „Schutzhäftlinge" geschaffen hatten; die ersten beiden Frauen-KZ waren rasch zu klein geworden. In Moringen am Solling hatte man frühzeitig begonnen; schon im März 1933 war dort das ehemalige Provinzial-Werkhaus zunächst als Männer-, bald aber als Frauen-Lager eingerichtet worden. Da es aber nur einige hundert Personen faßte, die Zahl der weiblichen „Politischen", der deportierten Jüdinnen, der verschleppten „Asozialen" sehr schnell immer größer wurde, hatte man die fünfhundert Frauen aus Moringen schon 1937 nach Lichtenburg verlegt. „Die Lichtenburg", wie die Häftlinge das KZ nannten, war jedoch nur für weniger als zwei Jahre zentrales Frauen-KZ; ein neues, geräumigeres mußte gebaut werden. Als Standort fand man das Dorf Ravensbrück außerordentlich gut geeignet; es liegt mitten in der lieblichen, seenreichen und bewaldeten mecklenburgischen Mark. Der Ort ist einerseits gut zu erreichen, andererseits aber auch etwas abseits gelegen. Vom Städtchen Fürstenberg mit seiner günstigen und direkten Bahnverbindung nach Berlin ist es nur durch den Schwedt-See getrennt.

Im Herbst 1938 — Helga saß zu diesem Zeitpunkt schon monatelang in Untersuchungshaft — wurden fünfhundert männliche Häftlinge aus dem Konzentrationslager Sachsenhausen, welches der Reichshauptstadt noch näher lag als das neue geplante Frauenkonzentrationslager, nach Ravensbrück gebracht. Sie mußten auch in der bitteren Kälte während des Winters 1938/39 zunächst ein kleines Männerlager, dann das eigentliche Frauen-KZ bauen. Es entstanden vierzehn Wohnbaracken, ein Krankenrevier, bestehend aus zwei weiteren Baracken, dazu am Lagereingang ein langgestreckter Holzbau. Eine hohe steinerne Mauer umgab das gesamte Lagergelände; mit Starkstrom geladene Drähte verhinderten zusätzlich etwa geplante Fluchtversuche. Ein wenig abseits vom eigentlichen KZ entstand bald eine hübsche kleine Wohnsiedlung für die Lager-SS; die soliden, von Gärtchen umgebenen Häuser stehen heute noch. Auch an ein Beutelager der SS, gelegen zwischen Siedlung und Lager, wurde von vornherein gedacht. Das Jugendlager Uckermark, weit ab vom Seeufer gelegen, wurde allerdings erst später, ab Sommer 1940, gebaut. Auch einige der Lagerwerkstätten wurden erst nach dem Kriegsbeginn in Betrieb genommen; der Siemens-Konzern und die Deutschen Ausrüstungswerke etablierten sich übrigens mit Arbeitsbaracken zweckmäßigerweise direkt auf dem Lagergelände. Gleich am Eingang des gesamten Areals, unmittelbar neben der Kommandantur, mußten Häftlinge den soliden, steinernen Zellenbau errichten. Die Holzbaracken, also das eigentliche Lager, wurden Jahre nach der Befreiung der überlebenden Frauen abgerissen; doch der doppelstöckige Zellenbau, den man besichtigen kann, blieb als Museum, als Mahn- und Gedenkstätte erhalten. Straßen gab es in dem weitläufigen Gelände zunächst nicht; die mußten von den Frauen selbst angelegt werden. Die technische Ausrüstung für derartige Schwerstarbeit, darunter die tonnenschwere Straßenwalze, war mittelalterlich. „Vernichtung durch Arbeit" war das Motto der Lager-SS: Bevor die Frauen an Erschöpfung, Infektionen, Hunger, Mißhandlungen starben, sollten sie noch Nützliches leisten, und zwar nicht nur innerhalb des Lagers, sondern auch als Leiharbeiterinnen in Rüstungsbetrieben, etwa bei Heinkel oder bei Siemens & Halske, also in sogenannten Außenkommandos.

Schon im Mai 1939 wurde das neue zentrale Frauen-KZ Ravensbrück in Betrieb genommen. Es wurden 867 Frauen aus „der Lichtenburg" eingeliefert; wenige Wochen danach deportierten die Nazis 440 Zigeunerinnen mit ihren Kindern aus dem österreichischen Burgenland in die mecklenburgische Mark. Nach Kriegsbeginn füllte sich das Lager noch schneller: 1940 kamen 2.490 Frauen ins KZ Ravensbrück, 1941 etwa 3.100 weibliche Häftlinge aus den Niederlanden, aus Jugoslawien, aus Polen und aus der Sowjetunion; 1942 wurden ungefähr 6.500 neu eingelieferte Gefangene registriert, darunter nun auch einige Männer, da inzwischen in Ravensbrück auch ein kleineres Männerlager eingerichtet worden war. 7.600 Häftlinge trafen 1943 in Ravensbrück ein, unter ihnen russische Kriegsgefangene. Ende 1943 waren etwa 15.100 Frauen und Männer in dem Lager inhaftiert; ein Jahr später, Ende 1944, war die Häftlingszahl sprunghaft angewachsen auf 43.733, von denen sich allerdings etwa die Hälfte in den immer zahlreicher gewordenen Außenlagern befand. Am Beginn des letzten Kriegsjahres, im Januar 1945, vegetierten im KZ Ravensbrück 45.637 Häftlinge, in der Überzahl Frauen; sie stammten aus allen von den Deutschen besetzten Ländern Europas. Als am 30. April 1945 die ersten Sowjetsoldaten in Ravensbrück einrückten, fanden sie nur noch 3.000 Personen vor, kranke, fast ganz verhungerte Frauen und Kinder, einige Männer. Über 40.000 Häftlinge waren vorher, in den letzten Monaten des Zweiten Weltkriegs, wegtransportiert worden — in westlicher gelegene Lager, in den Tod[1].

Während sich Klara Junker im August 1941 von Breslau nach Leipzig aufmachte, um ihre Nichte Helga nach mehr als dreieinhalbjähriger Haftzeit aus dem Gefängnis abzuholen, feierte das Personal der sogenannten Euthanasieanstalt in Hadamar, einem Städtchen im Kreise Limburg an der Lahn, gerade die zehntausendste Vergasung, die zehntausendste Vernichtung „unwerten Lebens"; etwa ein halbes Jahr zuvor hatte man begonnen, auch arbeitsunfähige Häftlinge aus Konzentrationslagern auf diese Weise zu beseitigen. Im selben August 1941 hielt der Bischof von Münster in Westfalen, Graf Galen, in der dortigen Lamberti-Kirche seine Predigt gegen den Massenmord an Geisteskranken; er äußerte zu Recht die Befürchtung, daß der nächste Schritt die Tötung von Kranken, Krüppeln und Alten sein werde. Diese Predigt und die vorangegangenen Proteste — unter ihnen drei Briefe des Vorsitzenden der Fuldaer Bischofskonferenz, welcher damals der Fürstbischof von Breslau, Kardinal Bertram, war — führten am 24. August 1941 zur Einstellung der als „Aktion T 4" bezeichneten Ermordung kranker und sonst als nutzlos betrachteter Menschen. Faktisch aber wurde weiter getötet; man bediente sich nach einer gewissen Schamfrist in den dazu mißbrauchten Heil- und Pflegeanstalten nur anderer, weniger auffälliger Methoden.

Wenige Tage später — der Krieg dauerte nun schon zwei Jahre, im Konzentrationslager Auschwitz wurde mit der systematischen Vergasung vorwiegend jüdischer Menschen begonnen, und auf den Straßen war den Juden inzwischen das Tragen des gelben Sterns vorgeschrieben — erhielt Klara Junker die Nachricht, ihre Nichte Helga Beyer werde nach einem kurzen Aufenthalt im Breslauer Gefängnis keineswegs nach Hause entlassen, sondern vielmehr ins Frauenkonzentrationslager Ravensbrück eingeliefert. Eine Begründung für diese Maßnahme erhielt Klara Junker nicht; es war in der Mitteilung lediglich von irgendwelchen Sicherheitsvorkehrungen die Rede. All dies konnte sie nicht verstehen. Hatte man ihr im Leipziger Gefängnis, als Helga eigentlich entlassen werden sollte, nicht gesagt, es gäbe keinerlei Probleme, da ihre Nichte sich ausgezeichnet geführt habe? Es seien nur noch irgendwelche Formalitäten zu erledigen? Mehr als dreieinhalb Jahre hatte Tante Klurchen auf diesen Tag hin gelebt. Viel mehr als das Warten auf die Nichte war ihr ja nicht geblieben; fast alle Verwandten waren fort, viele Bekannte deportiert oder geflüchtet. Sie, Klara Junker, hatte dies ertragen mit ihren fast siebzig Jahren, hatte wartend ausgeharrt; nun aber konnte, nun wollte sie nicht mehr warten.

Wie alle weiblichen Häftlinge wurde Helga im September 1941 in einem Eisenbahnwaggon über Berlin nach Fürstenberg an der Havel transportiert; das Städtchen liegt kaum hundert Kilometer nördlich von der Reichshauptstadt. Die Frauen hatten die Fahrt in einem fast vollkommen lichtlosen Wagen verbringen müssen. Auf einem Nebengleis des Fürstenberger Bahnhofs wurden sie ausgeladen; nicht anders konnte man bezeichnen, wie die mehr als 120 Frauen, deren Glieder steif waren vom Stehen oder Kauern, aus dem Waggon kommandiert und dann wie Vieh zusammengetrieben wurden. Es blieb ihnen kaum Zeit, frische Luft zu atmen, so rasch wurden sie durch neuerliche Kommandos aufgefordert, sich in Fünferreihen aufzustellen. Nachdem sie gezählt worden waren, wurden die Hälftlinge in bereitstehende Lastwagen verfrachtet. SS-Frauen mit Bluthunden hatten sich neben die Wagenklappen postiert und trieben die Frauen zu Eile und Ordnung an. Aber es gab nichts zu ordnen. Jede Frau, ein kleines Bündel mit Habseligkeiten um die Schulter oder über den Arm gehängt, kletterte auf einen der hohen Lkw und wartete, bis die völlig fensterlose Ladefläche besetzt war. Die Fahrzeuge waren so gedrängt gefüllt, daß die Häftlinge stehend weitertransportiert werden mußten. In rascher Fahrt ging es vom Fürstenberger Bahnhof um einen Teil des Schwedt-Sees zum nahen Ort Ravensbrück, der heute ein Teil des Havelstädtchens ist. Ein großes Tor öffnete sich und wurde hinter den Frauen sofort wieder geschlossen. Als Helga dort wieder Tageslicht sah, erblickte sie hoch über sich die Wipfel märkischer Kiefern, darunter scheinbar endlose Reihen von Holzbaracken, umgeben von Mauer und Stacheldraht.

Über Helgas kurzen Aufenthalt im größten Frauen-KZ des nationalsozialistischen Regimes ist nichts bekannt. In den wenigen nur durch Zufall erhaltenen Häftlingslisten — die Lager-SS hatte kurz vor Kriegsende alle Akten vernichtet — taucht ihr Name nicht auf. Sie hat, wie alle Häftlinge, das immer gleiche Aufnahmezeremoniell mitgemacht. Darüber berichtete in einem Interview Rosa Jochmann, die österreichische Sozialistin und spätere Leiterin des Ravensbrück-Komitees; sie wurde eineinhalb Jahre vor Helga in das Frauen-Konzentrationslager deportiert... *Wir wurden von männlicher und weiblicher SS erwartet. Leider muß ich sagen, daß die weiblichen Aufseher — es handelte sich zumeist um junge BDM-Mädchen — an Grausamkeit und Brutalität den männlichen Bewachern in nichts nachstanden. Wir sahen unsere Peiniger nie ohne Peitsche; ihre Hunde waren auf uns abgerichtet. Wir wurden am ersten Tag nicht geschlagen, mußten uns aber nackt ausziehen vor der versammelten SS-Mannschaft. Sie erlaubten sich uns gegenüber vulgäre und beleidigende Bemerkungen, die man nicht wiedergeben kann...* [2]

Zuerst wurden alle Habseligkeiten, auch die Kleider, die eine jede gerade am Körper trug, in einen Sack gesteckt und abgegeben. Dann folgte ein kurzes Duschen, anschließend das Scheren des Haares, in einigen Fällen bis zur Kahlköpfigkeit, schließlich in vollkommen nacktem Zustand das Warten auf einen der Lagerärzte. Der ließ jede Frau vor seinem Stuhl Aufstellung nehmen, brüllte regelmäßig ein „Umdrehen!“, begutachtete den Häftling von allen Seiten und beschloß mit einem „Wegtreten!“ seine sogenannte Untersuchung. Es folgte die Austeilung der Häftlingskleidung: ein grau-blau gestreifter Kittel aus derbem Drillich, dazu Unterhose, Unterrock, Strümpfe, Holzpantinen. Wer Glück hatte, erhielt einigermaßen passende Kleidung zugeteilt; viele Frauen aber boten einen grotesken Anblick in ihren viel zu großen, breit gestreiften oder, umgekehrt, in lächerlich knappen, an allen Enden zu kurz geratenen Kitteln.

Ebenso wichtig wie die Austeilung der auffallenden KZ-Kleidung war der Lagerleitung die sofortige Versorgung der Frauen mit bunten kleinen Stofflappen: die Häftlingsmarkierung. Diese Lappen, Winkel genannt, doch der Form nach Dreiecke, mußten von den Frauen am linken oberen Ärmelteil ihres Kittels festgenäht werden; unter Androhung schwerster Strafen wurde den Häftlingen gleich bei ihrer Aufnahme

„Vernichtung durch Arbeit": Die Frauen in Ravensbrück mußten unter anderem Baugruben ausheben. . .

verboten, ohne Markierung irgendwo in Erscheinung zu treten. Die ausgeteilten Winkel besaßen unterschiedliche Farben. Frauen, die als Asoziale eingestuft worden waren, erhielten ein schwarzes Dreieck; sogenannte Berufsverbrecherinnen mußten eine grüne Markierung auf ihre linken Ärmel nähen; Bibelforscherinnen erhielten einen violetten, Zigeunerinnen zeitweise einen braunen Winkel.

Helga wurde ein roter Winkel zugeteilt; so war die Markierung für die „Politischen". Da sie zudem Jüdin war, bekam sie noch ein zweites, ein gelbes Dreieck aus Stoff — die besondere Diskriminierung der Juden hörte selbst unter den für alle Häftlinge grauenvollen Bedingungen des Konzentrationslagers nicht auf. Helga mußte das gelbe Juden-Dreieck und den roten Winkel der politischen Häftlinge derart versetzt übereinander nähen, daß die äußere Form eines sechseckigen, eines Davidsterns entstand. In einem Abstand von zwei Fingerbreiten unter dem Stern nähte sie, wie es vorgeschrieben war, einen weiteren Lappen an; er trug, entsprechend der Gefangenenliste, ihre Häftlingsnummer. Manche Frauen mußten ihre KZ-Kittel mit noch mehr Kennzeichnungen versehen. Da gab es Winkel mit aufgedruckten Buchsta-

. . . und auch im Winter, dürftigst bekleidet, schwerste Erdarbeiten verrichten.

ben: B, F, T — Belgierinnen, Französinnen, Tschechinnen. Wer fluchtverdächtig war oder der Lagerleitung so erschien, mußte sich regelrechte Zielscheiben, rot-weiß, auf Brust- und Rückenteil des Kittels nähen; in manchen Lagern wurden diese Zielscheiben auch einfach mit Farben auf die Kleidung gepinselt.

Die Häftlingsmarkierungen und Sonderkennzeichnungen waren absurd und übrigens keineswegs immer zutreffend. Sie sollten auch nicht dazu dienen, daß die jeweils gleich markierten Häftlinge unter sich waren; die Lagerleitung legte, im Gegenteil, Wert darauf, daß Frauen mit roten, grünen, schwarzen Winkeln — „Politische", „Kriminelle", „Asoziale" — gemeinsam den jeweiligen Blöcken zugeteilt wurden. Das förderte Verwirrung, Bespitzelung und erschwerte solidarisches Verhalten der Häftlinge gegenüber der Lager-SS und ihren Helfern.[3]

Nach dem Ritual der Häftlingsmarkierung folgten einige Tage im Zugangsblock, in einer Art Durchgangsstation, die der endgültigen Einweisung der Frauen in eine der Wohnbaracken vorausging. Dem Zugangsblock stand damals, als Helga nach Ravensbrück kam, eine

Österreicherin mit grünem Winkel am Ärmel vor; sie verlängerte ihr Register von über vierzig Strafen aus früherer Zeit im KZ dadurch, daß sie den Neuzugängen jeden Trauring, jedes Halskettchen, jeden kleinen, noch geretteten Armreif abnahm, ohne allerdings diese Wertsachen, wie sie es hätte tun müssen, bei der KZ-SS abzuliefern. Ansonsten aber war diese Blockälteste ein williges Werkzeug der Lagerleitung. Sie ließ die Frauen stundenlang strammstehen, bestand auf absolutem Stillschweigen im Tagesraum des überfüllten Zugangsblocks und prügelte auf jede Frau ein, die es wagte sich zu regen. Wer Glück hatte, geriet in der Baracke, welcher man schließlich zugeteilt wurde, an eine menschliche Blockälteste. Doch die waren in dieser Position in der Minderzahl, denn die SS war bestrebt, solchen Frauen die Verantwortung für den Block zu geben, die es aufgrund ihres früheren Lebens genossen, ihre Mitmenschen zu schikanieren, zu mißhandeln, zu quälen.

Was hat Helga in Ravensbrück erlebt? Was hat sie erlitten? War sie noch zuversichtlich? Hatte sie resigniert? Wie hat sie das Wiedersehen mit ihrer Freundin Sophie erlebt, die nach der Haftverbüßung auch in das Frauen-KZ eingeliefert worden war und dort umkam? Wurde Helga auf den Prügelbock geschnallt und bewußtlos geschlagen? Sah sie, wie Frauen im Erschießungsgang zu Tode gebracht wurden? Spielte sie mit kleinen mutterlosen KZ-Kindern? Entdeckte sie, wie verzweifelt geflüchtete Frauen, zu Tode erstarrt, im hochspannungsgeladenen Stacheldraht hängenblieben? Wie hat sie die SS-Aufseherinnen in ihren grauen Uniformjacken, den passenden Hosenröcken und den hohen schwarzen Schaftstiefeln erlebt? Wurde sie von diesen bestialischen Handlangerinnen der KZ-Leitung mißhandelt oder — als sehr hübsche junge Jüdin — von SS-Männern mißbraucht? Es gab damals, 1941/42, noch vieles auszubauen im Lager. Frauen und Mädchen mußten Zugmaschinen, Bagger, Zementmischer ersetzen. Die Vernichtung der Häftlinge durch Arbeit hatte zu jener Zeit noch Vorrang vor rein wirtschaftlichen Erwägungen. Die Arbeitssklavinnen wurden nicht geschont; wer umkam, war schnell durch Neuzugänge ersetzt. Hob auch Helga Baugruben für die SS-Villen aus? Entlud sie Kähne, die Baumaterial über den See brachten, und schleppte sie Ziegelsteine im Laufschritt über schwankende Planken? Schob sie sandbeladene Eisenloren über Baugeleise? Zog sie, zusammmen mit alten Frauen und jungen

Mädchen, die Straßenwalze über den schwarzen Schotter zwischen den Baracken? Gehörte sie zur Kübelkolonne, die täglich die schweren Abfallbottiche aus den Baracken holen, leeren und zurückbringen mußte? War sie der Leichenkolonne zugeteilt, die mit mehreren Karren von Wohnbaracke zu Wohnbaracke, zum Zellenbau und ins Krankenrevier gehen mußte, um dort verhungerte, erschlagene, zu Tode gequälte Frauen und Kinder einzusammeln und in den Leichenkeller zu bringen? Mußte sie die Asche verbrannter Häftlingsleichen in Urnen schaufeln? Arbeitete sie im Straßenbau und schleppte mit den bloßen Händen kiloschwere kantige Steine? Oder gehörte sie zu jenen Unglücklichen, die durch vollkommen sinnlose Tätigkeit zerbrochen werden sollten? Mußte also auch sie, wie viele andere Jüdinnen und häufig auch Zigeunerinnen, mit nichts als Holzpantinen an den Füßen tagein, tagaus Sand und Schnee von einem Ort zum anderen schippen? Arbeitete sie im KZ-Betrieb des Siemens-Konzerns, in der SS-eigenen Strohmattenflechterei? Oder mußte sie in einem der Außenkommandos Bäume fällen und andere schwere Waldarbeiten verrichten? Hatte man den Häftling Helga möglicherweise gewinnbringend an eine Munitionsfabrik draußen vermietet? Beköstigt wurden die Häftlinge im Konzentrationslager Ravensbrück am Morgen mit einem Becher Flüssigkeit, die als Kaffee ausgegeben wurde; mittags gab es eine Kelle Wassersuppe, in der billigste Gemüsestücke, nämlich etwas Kohl, ein paar Steckrübenecken und zuweilen Kartoffelschalen aus der SS-Küche, schwammen; das Abendbrot bestand aus einer weiteren Kelle Wassersuppe. Helga kam als kräftiges gesundes, ja, braungebranntes und erholt wirkendes Mädchen nach Ravensbrück; sie wird zu Schwerstarbeiten herangezogen worden sein. Hatte sie nach der Schinderei am Tage, nach den endlos sich wiederholenden Zählappellen wenigstens des nachts ein Bett für sich? Oder war auch ihre Wohnbaracke so überbelegt, daß sich dort statt 270 Frauen eintausend jeweils zu dritt oder zu viert in den dreifach gestapelten Etagenbetten und am anderen Morgen um sechzehn Waschbecken drängten? Und: Wie oft mußte sie erleben, daß nachts oder am Morgen eine Tote neben ihr lag?

Vielleicht aber hat Helga auch einige glückliche menschliche Erlebnisse gehabt; vielleicht hat sie miterlebt, was Rosa Jochmann über ihre kommunistische jüdische Freundin Käthe Leichter und den „Judenblock“in Ravensbrück erzählte: . . . *Wir durften mit Juden weder sprechen noch zusammenkommen, haben es aber trotzdem getan. Käthe veranstaltete im Block 11, dem jüdischen Block, am Sonntag literarische Nachmittage. Wir mußten scharf aufpassen, daß uns die SS nicht erwischte, denn dafür hätte es Prügel und Bunker gegeben. Alte Freiheitsgedichte und Lieder erklangen, und Käthe bescherte uns unvergeßliche Stunden, die uns der Hölle entrückten. Gemeinsam mit der kommunistischen Kameradin, Dr. Hertha Breuer, einer Rechtsanwältin aus Wien, schrieb Käthe ein Theaterstück, welches von jungen Mädchen aufgeführt wurde. Alle Beteiligten waren Jüdinnen und wurden später vergast. . . .*[4]

Eine einzige Mitteilung von Helga gelangte durch die Lagermauern von Ravensbrück nach Breslau, eine Mitteilung an Tante Klurchen: Sie möge den Mut nicht sinken lassen; eines Tages werde alles wieder gut.

Drei Monate nach Helgas Einlieferung ins Frauenkonzentrationslager Ravensbrück traf dort am 19. November 1941 der Dr. med. Fritz Mennecke mit einem, wie es hieß, besonderen ärztlichen Auftrag ein, den er freiwillig, sogar gern auszuführen bereit war; denn Mennecke war ein ehrgeiziger Arzt, der trotz seiner noch jungen Jahre schon eine gewisse Karriere gemacht hatte: als Leiter einer Heil- und Pflegeanstalt, in der „unwertes Leben“ vernichtet wurde. Nun betrachtete er es als eine Art Auszeichnung, beauftragt worden zu sein, von KZ zu KZ zu reisen, um dort „unwertes Leben“ zu registrieren und für dessen Vernichtung zu sorgen. Dabei ging es aber schon längst nicht mehr nur um die Ermordung unheilbar erkrankter Frauen, denn Mennecke kam mit einer Mindestvorgabe nach Ravensbrück: „Es sind 2.000 zu machen“, notierte er für seine Frau, die er auch sonst täglich mit Briefen über seine, wie er schrieb, „sehr, sehr interessante Arbeit“ auf dem Laufenden hielt:[5]

Fürstenberg, d. 20.11.41

Ich habe mein Tagwerk vollbracht und sitze wieder im Hotel. Das Ergebnis unserer heutigen Arbeit sind 95 Bögen . . . Die Arbeit flutscht nur so, weil ja die Köpfe jeweils schon getippt sind und ich nur die Diagnose, Hauptsymptome etc. einschreibe. Über die Zusammensetzung der Pat. möchte ich hier im Brief nichts schreiben, später münd-

lich mehr . . . es klappt tadellos. Ich esse im Lager; heute mittag gab's im Kasino Linsensuppe mit Speckeinlage, als Nachtisch Omelett. Um 17 ʰ machte ich Schluß, aß im Kasino wieder zu Abend; 3 Sorten Wurst, Butter, Brot, Bier . . . In meinem Bett schlafe ich herrlich . . . Hoffentlich geht's Dir genauso gut wie mir; ich fühle mich tadellos! . . . Wir werden nun morgen zu dritt arbeiten und zunächst mit den bereits vorbereiteten Bögen fertig werden. Dann werden wir allerdings doch noch weit mehr machen, als bisher vorgesehen, nämlich etwa 2.000! Es heißt einfach in Berlin . . ., es sind 2.000 zu machen — ob soviel nach den grundsätzlichen Richtlinien überhaupt in Frage kommen, darum kümmert man sich nicht!

Eine der Erfolgsmeldungen an seine Frau — Mennecke pflegte sie mit „*Meine liebste Mutti!*" anzusprechen — begann mit den Worten: „*Auf geht's zum fröhlichen Jagen!*". Der „Jagd" wegen mußte der Arzt die Briefe an die Gattin mehrmals täglich unterbrechen; aber er setzte sie, immer die aktuelle Uhrzeit hinzufügend, auch mehrmals täglich fort.

1.12.41, Fürstenberg

Obwohl ich heute früh eine halbe Stunde später erst anfangen konnte, ist heute ein Rekord geschlagen: 230 Bögen habe ich fertigbekommen, so daß jetzt insgesamt 1.192 fertig sind, da doch nicht ganz 2.000 Stück in Frage kommen werden, wird sich das Endziel vielleicht doch noch etwas verkürzen.

5.1.42, Fürstenberg

Sonst ist zum heutigen Tag noch zu melden, daß ich 151 fertigbekommen habe; mit den gestrigen also bis jetzt 181. Es sind nämlich Arierinnen mit zahlreichen Vorstrafen. Nun fehlen noch etwa 70 Arierinnen und 90 bis 100 Jüdinnen. Ich hoffe, diese alle morgen zu schaffen, so daß ich am Donnerstag und Freitag sie schnell durchuntersuchen und schon am Sbd. mit den 300 Männern anfangen kann. Das ist dann der Schluß, so daß ich in dieser Periode insgesamt etwa 650 fertigschaffe.

12.1.42, Fürstenberg

11.40h (im Lager): Heissali! Fertig mit allen Fragebögen! Jetzt wird gleich angefangen zu begutachten . . . 16.40h. So, mein Lieb, nun ist's für heute wieder Schluß. Ich habe sämtliche Männer und die arischen Frauen fertig begutachtet . . . Für morgen fehlen lediglich noch die Jüdinnen, mit denen ich bis zum Mittag fertigwerde.

Ob Helga schon jetzt, ob sie bereits vorher oder wenig später „begutachtet" wurde? Niemand weiß es. Die bürokratische Gründlichkeit des Dr. Mennecke ging so weit, daß er von einigen Juden in Ravensbrück Fotos anfertigen ließ, sie auf der Rückseite beschriftete und verwahrte. Die auf diese Weise überlieferten „medizinischen Diagnosen" lauteten unter anderem folgendermaßen:

Schneidhuber Dorothea Sara, geb. 3.8.81 in Läch. — Schrieb fortgesetzt deutschfeindl. Hetzartikel über die kirchenpolitische Lage in Deutschland, die sie von dem Referenten des Erzbischöfl. Ordinariat in München erhielt. 541 Ravensbrück 1819

Lamensdorf Margarete Sara, Witwe, 16.8.83 Landsberg/Warthe — 140 Ravensbrück 879 — Als Wirtschaftsleiterin in jüdischem Schwesternheim — Sabotage an Lebensmittelzuteilung. Falsche Zahlen für die Zuteilung angegeben.

Capell Charlotte Sara, 4.10.93 Breslau, gesch. Ehefrau, kath. Jüdin — 740 Ravensbrück 2005 — Krankenschwester. Fortgesetzte Rassenschande. Tarnte ihre jüdische Abstammung durch den Katholizismus, hängte sich ein Christenkreuz um den Hals.

Die Aktion, der sich der Dr. Mennecke mit solchem Eifer widmete, wurde „Sonderbehandlung 14 f 13" genannt, auch als „Invalidentransport" bezeichnet und den selektierten Häftlingen als vorbereitende Maßnahme für den Aufenthalt in einem „Erholungslager" dargestellt — und dies noch zu einem Zeitpunkt, da auf der „Wannsee-Konferenz" am 20. Januar 1941 bereits über das Schicksal der Juden, über staatliche Maßnahmen zu ihrer endgültigen Vernichtung entschieden worden war. Hatte sich der SS-Staat zuvor damit begnügt, die Auswanderung zu forcieren, so mußte, nachdem es in Europa für Juden faktisch kein Ausweichen mehr gab, weil ringsum die Länder von deutschen Truppen besetzt waren, aus der Sicht der herrschenden Nazis nun dringlich nach anderen „Lösungen" gesucht werden. Man fand sie in der systematisch betriebenen physischen Vernichtung jüdischer Menschen. *„Im Zuge dieser Endlösung der europäischen Judenfrage kommen rund elf Millionen Juden in Betracht"*, erklärte auf der entscheidenden Konferenz im Berliner Interpol-Gebäude Am Großen Wannsee 56-58 Reinhard Heydrich, der neben Himmler und Hitler die Hauptverantwortung für die Massenvernichtungsaktionen, besonders an Juden in Konzentrationslagern, trug. Doch im KZ Ravensbrück und in den immer zahlreicher gewordenen anderen Lagern sprach man noch von „Erholungsmaßnahmen". Das „Erholungslager" für die ersten Transporte von Frauen aus Ravensbrück — zwei bereits im Februar, dann einer Anfang März 1942 — war die Heil- und Pflegeanstalt in Bernburg bei Dessau; sie besaß, wie die Anstalten in Hadamar, in Grafeneck bei Ulm, in Brandenburg, in Sonnenstein bei Dresden, Gaskammern zur Vernichtung „unwerten Lebens"; solange die Opfer nicht nach Auschwitz gebracht oder in der später gebauten Ravensbrücker Gaskammer umgebracht wurden, nahm die Lagerleitung des Frauen-KZ die Dienste der Bernburger „Pflegeanstalt" in Anspruch.

Spätestens nach der ersten Verschickung von „Invaliden" nach Bernburg wußten die KZ-Häftlinge in Ravensbrück, was sie erwartete, wenn sie, wie es hieß, „auf Transport ins Erholungslager" gehen mußten. Eine Frau aus Ravensbrück hat ihre Erinnerung an einen jener Tage im Februar 1942 aufgeschrieben.

. . . Eines Morgens, das Lager lag noch im tiefen Dunkel, kamen große Lastautos mit dichten Verdecken, um die ausgesuchten Frauen und Mädchen abzuholen. Sie wurden ins Bad gebracht, wo ihnen die Trauringe und etwa vorhandenes Geld abgenommen wurden. Ich mußte helfen, einige Schwerkranke auf Bahren an das Auto zu schaffen. Dort wurden sie uns von SS-Männern abgenommen, und wir waren wie erstarrt vor Entsetzen, als wir sahen, daß sie z.B. eine gelähmte Frau wie ein totes Stück Vieh auf den Wagen warfen. Uns ahnte Schreckliches.

Vollständige Gewißheit erhielten wir jedoch, als die Autos nach zwei Tagen zurückkamen und Brillen, Gebisse, Zahnbürsten, Krückstöcke, Kleidungsstücke der Abtransportierten zurückbrachten. Wir vereinbarten mit einigen Kameradinnen späterer Transporte, daß sie uns durch eingenähte Zettel in ihren Kleidungsstücken Mitteilung zurück-

schickten. So erhielten wir die Nachricht, daß alle diese Frauen nach Bernburg bei Dessau gebracht wurden.

Wir erfuhren gleichzeitig, daß SS-Leute in der Kommandantur wochenlang damit beschäftigt waren, Totenscheine auszustellen. Wie dies zuging, habe ich später in Auschwitz erlebt. Dort gab es fünf verschiedene Vordrucke mit Todesursachen wie Herzschwäche, Lungenentzündung, Kreislaufstörung usw. Der Schlußsatz lautete immer: Alle ärztlichen Bemühungen waren vergebens. Die Häftlinge, die diese Totenscheine ausstellen mußten, konnten sich aussuchen, an welcher Krankheit sie die einzelnen Frauen sterben lassen wollten. . . [6]

Ende März 1942 erhielt Klara Junker in Breslau Paketpost aus Ravensbrück; sie enthielt eine Urne. Die Nachricht, ihre Nichte Helga Beyer sei an Lungenentzündung gestorben, hatte sie bereits Mitte des Monats erhalten.

Anmerkungen und Quellen

Begegnung am Mahnmal

1 Siehe auch Autorenkollektiv unter Leitung von G. Zörner: Frauen-KZ Ravensbrück, Berlin/DDR 1973
2 Den überwiegenden Teil der Informationen, die sich auf das Schicksal von Helga Beyers Familie während der Zeit des NS-Regimes beziehen, dankt die Autorin Helgas Schwester, Ursel Beyer, New York.

1933 — Frühling in einer deutschen Stadt

1 Siehe auch Walter Tausk: Breslauer Tagebuch 1933-1940, hrsg. von Ryszard Kincel, Berlin/DDR 1975
2 Volkswacht für Schlesien, Organ für die werktätige Bevölkerung, 44. Jg., Nr. 46, 9.2.1933
3 Hanno Drechsler: Die Sozialistische Arbeiterpartei Deutschlands (SAPD), Meisenheim am Glan 1965, S. 105
4 Bildarchiv des Archivs der sozialen Demokratie, Bonn (AdsD)
5 Gerhard Sauder (Hrsg.): Die Bücherverbrennung. 10. Mai 1933, München, Wien 1983, S. 185 f und S. 245 ff.

Kameraden

1 Depositum Putzrath, (AdsD)
2 Siehe auch George Günther Eckstein: The Freie Deutsch-Jüdische Jugend (FDJJ) 1932-1933, in: Leo Baeck-Yearbook XXVI, New York 1981, sowie Arno Klönne: Jugend im Dritten Reich. Die Hitlerjugend und ihre Gegner, Düsseldorf, Köln 1982
3 Siehe auch K. H. Tjaden: Struktur und Funktion der KPD-Opposition (KPO). Meisenheim am Glan, 1964
4 Anklageschrift des Generalstaatsanwalts Breslau vom 20.12.1938 gegen 19 Anhänger der KPO Breslau, Aktenzeichen 2-O-Js, (Kopie im Besitz der Autorin)
5 Depositum Putzrath, AdsD

6 Anklageschrift des Generalstaatsanwalts Breslau, a.a.O.
7 Artikel von George Günther Eckstein in der Sonntagsbeilage „Die Brücke zur Welt“ der Stuttgarter Zeitung, 10.9.1949
8 Depositum Putzrath, AdsD
9 Arno Klönne: Jugend im Dritten Reich . . ., a.a.O.
10 Depositum Putzrath, AdsD

Eine jüdische Familie

1 Friedrich-Ebert-Stiftung (Hrsg.): Widerstand und Exil der deutschen Arbeiterbewegung 1933-1945, Bonn 1981, S. 390 ff.
2 Siehe auch Werner Röder, Herbert A. Strauss (Hrsg.): Biographisches Handbuch der deutschsprachigen Emigration nach 1933, New York, München 1980, sowie Benno Haunhorst: Katholizismus und Sozialismus. Georg Beyer, Erinnerungen an einen vergessenen Brückenschlag, in: Die Neue Gesellschaft/Frankfurter Hefte, 32. Jg., Heft 1, 1985, S. 80 ff.
3 Blutiger Tag in Breslau, in: Rheinische Zeitung, Köln, 42. Jg., Ausgabe v. 1.2.1933
4 Deutschlandberichte der SOPADE, hrsg. von Klaus Behnken, Salzhausen und Frankfurt/Main 1980, hier: 3. Jg. 1936, S. 197 f und 4. Jg. 1937, S. 1052. Auch weitere, hier nicht immer wörtlich zitierte Informationen über die wirtschaftlichen, sozialen und politischen Zustände in Breslau und im damaligen schlesisch-tschechischen Grenzgebiet sind überwiegend den Deutschlandberichten der SOPADE entnommen.
5 Deutschlandberichte der SOPADE, a.a.O., 1936, S. 198
6 Ebd., 1935, S. 930 ff.
7 Siehe auch Joseph Walk (Hrsg.): Das Sonderrecht für die Juden im NS-Staat, Heidelberg, Karlsruhe 1981
8 Depositum Putzrath, AdsD

Grenzgänge

1 Eidesstattliche Erklärung v. 25.2.1957, Depositum Putzrath, AdsD
2 Siehe auch Patrick von zur Mühlen: Spanien war ihre Hoffnung. Die deutsche Linke im Spanischen Bürgerkrieg, Bonn 1985
3 Brief an die Autorin

4 Julian Gorkin: Stalins langer Arm. Die Vernichtung der freiheitlichen Linken im Spanischen Bürgerkrieg, Köln 1980
5 Brief an die Autorin
6 Siehe auch Hermann Weber: Die Wandlungen des deutschen Kommunismus. Die Stalinisierung der KPD in der Weimarer Republik, Frankfurt/Main 1969, Band 1, sowie Röder/Strauss (Hrsg.): Biographisches Handbuch . . ., a.a.O.
7 Siehe auch K. H. Tjaden: Struktur und Funktion . . ., a.a.O.
8 Brief an die Autorin
9 Depositum Putzrath, AdsD
10 Akte Sophie K., Breslau, Zentrales Parteiarchiv im Institut für Marxismus-Leninismus beim ZK der SED, Berlin/DDR, Sign. NJ 975/1 (im folgenden: IML)

Verhaftet und verhört

1 Vernehmungsprotokoll Helga Beyer, Breslau, 1.7.1938, Akte Sophie K., a.a.O.
2 Anklageschrift des Oberreichsanwalts beim Volksgerichtshof Berlin gegen Gramatte, Beyer und Beyer vom 14.10.1938, Aktenzeichen 7 J 348/38, IML, Sign. NJ 9464, S. 15 f. In der Anklageschrift werden die oppositionellen deutschen Kommunisten sowohl mit „KPO" als auch mit „KPDO" bezeichnet.
3 Ebd., S. 15 f
4 Ebd., S. 3
5 Ebd., S. 16 f
6 Ebd., S. 17
7 Brief an die Autorin
8 Anklageschrift gegen Gramatte . . ., a.a.O., S. 18 f
9 Ebd., S. 19 f
10 Anklageschrift gegen 19 KPO-Anhänger, Breslau, a.a.O., S. 123
11 Anklageschrift gegen Sophie K., Akte Sophie K., a.a.O., S. 8
12 Vernehmungsprotokoll Helga Beyer, Breslau, 1.7.1938, a.a.O.
13 Ebd.
14 Ebd., Breslau, 29.8. 1938
15 Ebd., Berlin, 10.2.1939
16 Ebd.
17 Vernehmungsprotokoll Sophie K., Breslau, 25.8.1938, Akte Sophie K., a.a.O.
18 Brief Helga Beyer an Sophie K., Breslau, 7.6.1937, Akte Sophie K., a.a.O.
19 Vernehmungsprotokoll Helga Beyer, 1.7.1938, a.a.O.

20 Anklageschrift gegen Alfons Lüdke, Akte Sophie K., a.a.O., hier S. 27 f. und S. 31

21 Brief von Helga Beyer an Ursel Beyer, Haftanstalt Leipzig, 13.8.1939. Alle erhaltenen Briefe Helga Beyers stellte deren Schwester der Autorin zur Verfügung.

22 Deutschlandberichte der SOPADE, a.a.O., 1937, S. 1551 f

Der Prozeß

1 Die Darstellung der Entstehung und Funktion des Volksgerichtshofs Berlin folgt im wesentlichen Walter Wagner: Der Volksgerichtshof im nationalsozialistischen Staat, in: Die deutsche Justiz und der Nationalsozialismus, Stuttgart 1974, hier: Band III.

2 Völkischer Beobachter v. 19.11.1935, nach Wagner, a.a.O., S. 18

3 Anklageschrift gegen Gramatte . . ., a.a.O., S. 1

4 Ebd., S. 2

5 Ebd., S. 1

6 Völkischer Beobachter v. 18.4.1936, nach Wagner, a.a.O., S. 25

7 Abschrift der Urteilsschrift des Oberreichsanwalts beim Volksgerichtshof Berlin für den Reichsminister der Justiz v. 15.2.1939 in der Strafsache gegen den Bäcker Paul Gramatte und zwei andere wegen Vorbereitung zum Hochverrat, IML, Sign. NJ 9368, S. 1

8 Anklageschrift gegen 19 KPO-Anhänger, Breslau, a.a.O., S. 132 f

9 Walter Wagner: Der Volksgerichtshof . . ., a.a.O., S. 141

10 Urteilsschrift in der Strafsache Gramatte . . ., a.a.O., S. 22

11 Ebd., S. 1

12 Ebd., S. 23

13 Ebd.

14 Ebd., S. 24

15 Ebd., S. 21

16 Ebd., S. 13 f

17 Ebd., S. 14

18 Ebd.

19 Ebd., S. 24

20 Wegen Verbindung mit Emigranten, in: Pariser Tageszeitung, Nr. 900 v. 22./23.1.1939

1 Siehe auch Autorenkollektiv unter Leitung von G. Zörner: Frauen-KZ Ravensbrück, a.a.O. und Charlotte Müller: Die Klempner-Kolonne in Ravensbrück, Berlin/DDR 1981

2 Maria Sporrer, Herbert Steiner (Hrsg.): Rosa Jochmann, Zeitzeugin, Wien 1983, S. 77 f

3 Eugen Kogon: Der SS-Staat, München 1974, S. 67 ff

4 Maria Sporrer, Herbert Steiner (Hrsg.): Rosa Jochmann . . ., a.a.O., S. 78 f

5 Eugen Kogon u.a.: Nationalsozialistische Massentötungen durch Giftgas, Frankfurt/Main 1983, S. 66 ff

6 Bericht von Emmy Handke in: Frauen-KZ Ravensbrück, a.a.O., S. 130

Bildnachweis

Zeichnung S. 5: Eckhard Dertinger; S. 9, 12: Informationsbroschüre der Nationalen Mahn- und Gedenkstätte Ravensbrück; S. 19 Besitz der Autorin, Zeichnung: A. Dertinger; S. 25, 28, 35: Archiv der sozialen Demokratie, Bonn; S. 44: Besitz der Autorin; S. 47: K. H. Tjaden, Struktur und Funktion der KPD-Opposition, Meisenheim am Glan 1964, S. 130; S. 60, 61: Besitz der Autorin; S. 84, S. 101: Depositum Putzrath, Archiv der sozialen Demokratie, Bonn; S. 108, 109: Besitz der Autorin; S. 132: *Vorwärts* vom 26.1.1984; S. 133: Archiv der sozialen Demokratie, Bonn; S. 151, 157: Zentrales Parteiarchiv im Institut für Marxismus-Leninismus beim ZK der SED, Berlin/DDR; S. 159, 181: Ursel Beyer, New York; S. 190, 191: G. Zörner u.a., Frauen-KZ Ravensbrück, Berlin/DDR, nach S. 48.

Die Autorin

Antje Dertinger, geboren 1940, beschäftigt sich als Journalistin und Schriftstellerin seit einigen Jahren vorwiegend mit der Geschichte der Arbeiterinnenbewegung, über die sie verschiedene Bücher veröffentlichte, sowie mit dem Widerstand gegen das NS-Regime.

CIP—Kurztitelaufnahme der Deutschen Bibliothek

Dertinger, Antje:
Weisse Möwe, gelber Stern: d. kurze Leben d. Helga Beyer; e. Bericht/
Antje Dertinger. — Berlin; Bonn: Dietz, 1987.
(Dietz-Taschenbuch; 20)
ISBN 3-8012-3020-1

NE: GT